Das Buch

Die Eigenart eines Schr
der Welt gefunden hat,
die Aufgabe, die den 42
gestellt wurde. So versch
Werk Heinrich Bölls bet
sind die Themen der hie
und Sensibilität, das Personal seiner Epik und seine Konzeption
des »Helden«, seine Sprache und seine Erinnerungstechnik, sein
Verhältnis zur Wirklichkeit, zum Katholizismus und zum Staat,
das Kölnische und Rheinische in seinem Werk, sein Moralismus
und sein Engagement. Bölls Werk ist ein Phänomen, dessen
Ursachen und Wirkungen weit über das Literarische hinaus-
reichen. Daher äußern sich hier neben den Literaturwissen-
schaftlern, den Schriftsteller-Kollegen und Kritikern auch Philosophen, Soziologen und politische Publizisten. Theodor W.
Adorno nennt seinen Beitrag ›Keine Würdigung‹, und auch die
anderen Verfasser wollen Böll nicht blindlings rühmen. Sie
erklären und verdeutlichen Bölls Sonderstellung in der deutschen Literatur.

Der Herausgeber

Marcel Reich-Ranicki, geboren 1920 in Wloclawek an der
Weichsel, wuchs in Berlin auf, wurde jedoch im Herbst 1938
nach Polen deportiert. Von 1940 bis 1943 lebte er im Warschauer
Getto, dann illegal ebenfalls in Warschau. Nach dem Krieg
begann in Polen seine schriftstellerische Betätigung, die von
Anfang an vornehmlich der deutschen Literatur gewidmet war.
Im Jahre 1958 siedelte er nach der Bundesrepublik um und
wohnt seit 1959 in Hamburg. Nachdem er zuerst für ›Die Welt‹
und die ›Frankfurter Allgemeine Zeitung‹ geschrieben hatte,
wurde er ständiger Literaturkritiker und Kolumnist der ›Zeit‹.
Veröffentlichungen: ›Deutsche Literatur in West und Ost‹ (1963),
›Auch dort erzählt Deutschland‹ (1960), ›Sechzehn polnische
Erzähler‹ (1962), ›Erfundene Wahrheit – Deutsche Geschichten
seit 1945‹ (1965), ›Lauter Verrisse‹ (1970), ›Wer schreibt, provo-
ziert‹ (dtv-Band 384).

Eine ausführliche Bibliographie der Werke Heinrich Bölls und der Literatur über den Autor und sein Werk enthält der dtv-Band 530 ›Der Schriftsteller Heinrich Böll. Ein biographisch-bibliographischer Abriß‹.

Ungekürzte Ausgabe
1. Auflage Februar 1971
4. Auflage Dezember 1973: 30. bis 36. Tausend
Deutscher Taschenbuch Verlag GmbH & Co. KG, München
© 1968 Verlag Kiepenheuer & Witsch, Köln · Berlin
Umschlaggestaltung: Celestino Piatti
Gesamtherstellung: C. H. Beck'sche Buchdruckerei, Nördlingen
Printed in Germany · ISBN 3-423-00730-3

In Sachen Böll
Ansichten und Einsichten
Herausgegeben von Marcel Reich-Ranicki

Deutscher
Taschenbuch
Verlag

Inhalt

Theodor W. Adorno
Keine Würdigung

Böll ist einer der erfolgreichsten deutschen Prosaschriftsteller seiner Generation, von internationalem Ruf. Er gilt zugleich, seit seinen Anfängen, als fortschrittlich; keiner wird ihn retrospektiv-kulturkonservativer Gesinnung bezichtigt haben. Und er ist aktiver, praktizierender Katholik. Die Konstellation dieser nicht leicht versöhnbaren Momente hätte ihn vorbestimmt zum offiziellen deutschen Dichter, zu dem, was man repräsentativ nennt. Man hätte ihn beschlagnahmt als Zeugen für den bestehenden Zustand, ohne daß er sich als dessen Ideologen verdächtig gemacht hätte und damit wiederum der herrschenden Ideologie Abtrag getan. Die allgemeine Billigung hätte, bei seiner Modernität, nicht dem Verdacht des Reaktionären sich ausgesetzt; man hätte an seinem Engagement ethisch sich wärmen können und hätte dennoch, angesichts seiner Kirchentreue, wenig riskiert. Ihn feierlich zu approbieren, wäre von Festrednern mit Tiraden über die echte Bindung zu vereinen gewesen. Der Lokkung alles dessen zu widerstehen, bedarf es, wie sehr sie auch Ironie herausfordert, außerordentlicher geistig-moralischer Kraft. Böll hat sie aufgebracht. Die Trauben hingen ihm nicht zu hoch: er hat sie ausgespuckt. Mit einer in Deutschland wahrhaft beispiellosen Freiheit hat er den Stand des Ungedeckten und Einsamen dem jubelnden Einverständnis vorgezogen, das schmähliches Mißverständnis wäre. Dabei hat er sich mit allgemeinen Deklarationen über die Schlechtigkeit der Welt oder mit der Bekundung jener Reinheit, welche keinen Schmutz anfaßt, nicht begnügt. Er hat dort zugeschlagen, wo es weh tut: dem Schlechten, das er mit den krassesten Namen bedachte, und ihm selbst, der solche Namen für das wählen mußte, womit er ursprünglich identifiziert war. So ist er wirklich zum geistigen Repräsentanten des Volkes geworden, in dessen Sprache er schreibt, während er, hätte er solche Repräsentanz von sich aus übernommen, sie verraten hätte. Kein Jasager und Apologet wird sich auf ihn als leuchtendes Beispiel berufen dürfen; deshalb ist er Beispiel. Es hätte nur einer Geste, nur eines unmerklichen Tons sogenannter Positivität bedurft, und er wäre der poeta laureatus geworden. Vielleicht hat er nicht einmal mit ganzem Bewußtsein dem sich versagt, sondern, weit triftiger, kraft seiner Weise des Reagierens, aus purem Ekel, unfähig zum Mitspielen, wenn dazu ein

7

Mindestmaß an Konzilianz, auch nur edler Tonfall ausgereicht hätte. Indem er nicht zum offiziellen Dichter sich hergab, ist er das geworden, was durchs offizielle Lob bloß erniedrigt wird. Ausgebrochen ist er aus jener abscheulichen deutschen Tradition, welche die geistige Leistung ihrem affirmativen Wesen gleichsetzt. Meine Phantasie ist exakt genug, daß ich mir vorstellen kann, welches Maß an Feindschaft und Rancune er damit auf sich lenkte; einem Menschen seiner Empfindlichkeit muß es kaum erträglich sein. Seit Karl Kraus hat es nichts dergleichen unter deutschen Schriftstellern gegeben. Dem Ausdruck dankbarer Bewunderung füge ich den Wunsch hinzu, die Kraft, die ihn inspirierte, möchte ihn auch vor dem Leiden beschützen, das sein Handeln ihm einträgt, und ihm soviel Glück verschaffen, wie es möglich ist in einem Gesamtzustand, in dem alles individuelle Glück zum Hohn wurde. Hätte einer ein Anrecht darauf, so wäre es Heinrich Böll.

WERNER ROSS
Ein Rheinländer

Josef Nadler hat die Sortierung der Dichter nach Stämmen und Landschaften in Mißkredit gebracht. Robert Minder zeigt seinerseits, was man dem Thema entlocken kann, wenn man es nicht mystisch-urmütterlich faßt, sondern in dem bescheidenen und zugleich umfassenden Sinn, den das Wort »Milieu« meint. Milieu heißt »Ort in der Mitte«, Zentrum, um den sich ein Kreis schlagen läßt. Jeder ist ein Mittelpunkt, um den sich »Umwelt« legt – nur daß das Verhältnis beider Partner nicht immer untersuchenswert ist.

Böll ermuntert uns, bei ihm den Versuch einer solchen Umweltbestimmung zu machen. Seine Romane und Erzählungen sind häufig im Rheinland lokalisiert, meist in dem Raum, der durch Köln im Norden, Bonn im Süden bestimmt ist, eine Strecke von dreißig Kilometer Länge. Der Aufsatz ›Über mich selbst‹ beginnt: »Geboren bin ich in Köln...« 1959 erscheint unter dem Titel ›Stadt der alten Gesichter‹ ein Aufsatz über die Geburtsstadt, 1960 geht es weiter mit ›Der Rhein‹ und ›Was ist kölnisch?‹, und ein Ende ist nicht abzusehen. In den ›Frankfurter Vorlesungen‹ steht der Satz: »Die ungeheure, oft mühselige Anstrengung der Nachkriegsliteratur hat ja darin bestanden, Orte und Nachbarschaft wiederzufinden.« Und noch nachdrücklicher: »Wie ich Spott über Heimat für dumm halte, so halte ich es für provinzlerisch, Provinzialismus zu verachten.« Bölls »Heimatliteratur« wird in Rußland, Japan, Kalifornien, Mexiko mit Interesse gelesen. Niemand nimmt Anstoß an *diesem* Bonn.

Böll warnt freilich auch davor, das Rheinische zu wörtlich zu nehmen, ihn selbst zu voreilig zu einem Dichter-Verein zu schlagen, dem immerhin auch der aus Bingen stammende Stefan George angehören könnte. Schaut man genauer hin, wird es kompliziert, angefangen von dem Unterschied zwischen links- und rechtsrheinisch bis zu all den Querlinien, die Konfessionen, Dialekte, Stile, Gesinnungen scheiden. »Eine ganze Literatur würde nicht ausreichen, wollte man das Geheimnis lösen, was nun quer und was längs begrenzt wird.«

Mißtrauen gegen Mythenbildung also. Wir wollen nicht Konrad Adenauer und Heinrich Heine, nicht Heinrich Böll und Kardinal Frings unter einen, den rheinischen Hut bringen. Es gibt *den* Rheinländer nicht. Aber die alte Kulturlandschaft am Rhein hat Sitten und Gewohnheiten ausgebildet, hat Konventionen geschaffen und Traditionen weitergegeben, hat in die vielen Gesichter den einen oder anderen gemeinsamen Zug hineingeschmuggelt. Danach wollen wir – mit Bölls Hilfe – bei Böll Ausschau halten.

Fangen wir zunächst mit ein paar Negationen an. Die Rheinländer sind kein Stamm. Das »Urige«, das die Bayern haben, geht ihnen ab. Sie haben auch nicht soviel alten Zusammenhang wie die Schwaben oder soviel charakteristisch Einendes wie die Sachsen. Sie sind dem Ursprung nach zwar meistens Franken, aber davon wissen sie nichts mehr. Was noch schwerwiegender ist: sie haben nie eine sauber umrissene politische Einheit gebildet; man ist frei darin, wen man noch dazurechnen will, wen nicht.

Halt, das stimmt nicht ganz: Als Böll auf die Welt kam, gab es schon mehr als hundert Jahre lang die preußische Provinz Rheinland, gebildet aus den geistlichen Kurfürstentümern Köln und Trier und aus den schon seit längerem preußischen Besitzungen im Norden, dem Herzogtum Berg, Hauptstadt Düsseldorf, dem Herzogtum Cleve, dem einen oder anderen kleineren Besitz. Genau erinnere ich mich nicht, wenn ich auch noch vom Schulatlas her das rautenförmige Gebilde vor mir sehe mit den fünf Regierungsbezirken Aachen, Düsseldorf, Köln, Koblenz und Trier. Meine Heimatstadt Uerdingen war die nördlichste Stadt von Kurköln, am Rhein gelegen und gut katholisch, während das benachbarte Krefeld schon zur Grafschaft Moers gehört und ausgewanderte mennonitische Weber beherbergt hatte. Wir waren »Mußpreußen«, auch noch hundert Jahre nach dem »Anschluß«, das Rheinland war ein Kunstgebilde, und als bei der Neugliederung des Bundesgebietes wiederum quer statt längs gegliedert wurde und Nordrheinland in neuer Ehe mit Westfalen zusammengetan wurde, Südrheinland mit der Pfalz, da hat es kaum ins lebendige Fleisch geschnitten.

Der Rhein ist lang, und mit Recht könnten sich die Basler sowohl wie die Rotterdamer, die Straßburger wie die Duisburger als Rheinländer fühlen. Tatsächlich machte immer eine Quergrenze einen Strich durch die Rechnung, Germania Superior und

Germania Inferior, Ober-Lotharingien und Nieder-Lotharingien, und heute, tausend Jahre später, sind der Niederrhein und der Oberrhein immer noch gleich weit voneinander entfernt. Aber es sind nicht nur die Entfernungen. Stefan George aus Bingen macht der Klassifizierung größeren Kummer als Erasmus, der sich von Rotterdam bis nach Basel den Rhein hinauf »hocharbeitete«: man ist erleichtert, wenn man George den Rhein-Hessen zuschlagen kann.

Bölls Vorfahren jedenfalls, das erfahren wir aus seiner autobiographischen Skizze, zogen als Schiffszimmerleute von Holland rheinaufwärts, bis nach Köln. Das ist legitim rheinländisch: eine Wallfahrt zum Heiligtum und Mittelpunkt hin, zum Herzen des Rheinlandes. Das Herz nämlich läßt sich genau bestimmen, so verfließend auch die Konturen des dazugehörigen Leibes sein mögen: Köln ist die Metropole, die Mutterstadt; keine andere, nicht Aachen und nicht Düsseldorf oder Mainz, macht ihr Konkurrenz. Schon in Deutz, auf der anderen Seite, fängt für die echten Kölner ja das »Ausland« an. Kurköln ist die Domäne, zu der man ruhig noch als zweites Zentrum Bonn rechnen kann, die alte Residenz, in die dann, ach, eine preußische Universität einzog, und später gar, nur durch Adenauers Kölnertum gemildert, der ganze Bundestag.

Wir vereinfachen also nicht ungehörig, wenn wir hier erklären: nur der Kölner ist ein ganz richtiger Rheinländer, und ich selbst leite die Berechtigung, über dieses diffizile Thema zu schreiben, nur von meinem uerdingischen Noch-Kurkölnertum her.

Böll, der Rheinländer, oder Böll, der Kölner, sei also das Thema, und es gliedert sich augenblicks und ganz von selbst nach drei Motiven: Bölls Katholizismus, Bölls Narrentum und Bölls vernünftige Humanität. Der rheinische Katholizismus ist so eigentümlich und unverwechselbar wie der römische oder wie der irische. Ein Witzbold hat von ihm gesagt, er habe nur ein Dogma und zwei Sakramente. Das Dogma: der liebe Gott sei ja nicht so, und die Sakramente: der Blasiussegen und das »Aschekrüzchen«.

Die Stadt läßt sich nicht denken ohne ihren Erzbischof, aber Böll unterstreicht, daß jahrhundertelang Streit herrschte zwischen dem Bischof und den Kölnern. »Seit einhundertfünfzig Jahren erst wohnt der Bischof wieder in der Stadt; alle Hirtenschreiben und Predigten haben seitdem einen versöhnlichen, fast werbenden Ton, und das in einer Stadt, wo knapp zwanzig Prozent der Katholiken ihre kirchlichen Pflichten erfüllen.« Böll hat auch den Dom, dieses Touristensymbol, nicht sehr gern, wie er neben dem Bahnhof liegt, von Hotels umgeben, »an der zugigsten Stelle der Stadt, die wahrscheinlich schon die römischen Wachtposten ihrer Zugigkeit wegen verflucht haben«.

Viel lieber hat er Sankt Gereon, die Märtyrer- und Meutererkirche. Das Doppel-Epitheton ist eine schöne Böllsche Kombination, ein kölnisch-katholischer Stabreim. Es ist nicht genau auszumachen, woher die Neigung zur Meuterei stammt; aus der reichsstädtischen Tradition, aus der Aufsässigkeit gegen den Bischof, aus den römischen Ursprüngen? *Da* ist sie jedenfalls in dieser Stadt, wo man Hitler mit Blumentöpfen bewarf, Göring öffentlich verlachte. Sankt Gereon meuterte zwar nur gegen den Kaiser, nicht gegen den Bischof, aber das macht für den Rheinländer wenig Unterschied. Was er haßt, ist der Dienst, der Zwang des Offiziellen, das Gespreizte der Obrigkeit, der Unsinn des Amtlichen. Er nimmt die Macht nicht ernst. Desertieren heißt dieser Macht ein Schnippchen schlagen. ›Entfernung von der Truppe‹ und ›Ende einer Dienstfahrt‹ sind rheinische Wunschträume und Lustphantasien.

Man darf vermuten: dem Heinrich Böll ist der Meuterer Gereon noch lieber als der Märtyrer. Die rheinische Kirche verfügt zwar nicht nur über die vielen Märtyrer der thebaischen Legion, sondern auch über die heilige Ursula mit ihren elftausend Jungfrauen, aber nie hat sich die rheinische Frömmigkeit an diesen Massakern erbaut. Telle und Winkelriede bringt der Landstrich nicht hervor. Die Macht wird nicht ernst genommen, aber eben deswegen geduldet. Der Meuterer bleibt in den Grenzen des Gemütlichen. Das Fanal verharmlost sich zum Happening.

Von den drei Predigern der Nation – Grass, Böll und Enzensberger – ist Böll zwar keineswegs der sanfteste. In seiner Wuppertaler Rede steht der Ratten-Vergleich; in seinem ›Spiegel‹-Artikel über das letzte Amery-Buch hat er zur Attacke geblasen wie nur je ein zorniger junger Mann. Aber man weiß: das ist der Zorn des Friedfertigen, das Gepolter des Sensitiven, die Attacke des Antimilitaristen. In Köln kann der Zorn nicht umhin, sich komisch zu finden.

Die Wahrheit sagen, ohne gesteinigt zu werden, Meuterei ohne Märtyrerkrone, das ist nur einem zugestanden: dem Hofnarren. »Der professionelle Habitus ist der beste Schutz, auf Leben und Tod zu treffen sind nur Heilige und Amateure« – liest man im Schlußkapitel der ›Ansichten eines Clowns‹. Der

Clown heißt auf kölnisch »Jeck«; im Kölner Karneval verwandeln sich Bürger in Jecken und verkehren für ein paar Tage die unnatürliche Ordnung der Welt zurück ins Paradiesische, wo man sagen darf, was man denkt, und küssen darf, wen man will. Der Karneval demaskiert jene Gecken, die sich selbst für hochmögende Würdenträger halten; es ist kölnisch, wenn Böll den uniformprotzenden Göring einen »blutrünstigen Gecken« nennt und Wilhelm II. einen »kaiserlichen Narren«.

Gewiß wurde der »bürgerliche Unernst« der Stadt mit dem Nazi-Unheil nicht fertig, und auch die Kölner paßten sich an. Aber es ist ein Unterschied, ob man sich einrichtet, weil es tausend Jahre dauern wird oder weil es wie ein Gewitter vorüberzieht. »Alles, was sich an seinen Ufern tut und getan hat, erscheint wie ein Witz, der erst zwei Jahrtausende währt, wie ein zweiter, dritter, vierter Traum von Dauer, auch die gewaltigen Industriekulissen, die sich in törichtem Optimismus immer dichter, immer aufdringlicher auftun.«

Eine melancholische Philosophie: die der alten Völker und der alten Städte; in diesem Punkt stimmen die Römer von heute mit den Rheinländern überein. Nur auf dem Boden dieser Melancholie kann man fröhlich sein, kann man die Dauer ironisieren wie in dem Lied vom treuen Husar, der sein Mädchen »ein ganzes Jahr« liebt – *ein ganzes Jahr, und noch viel mehr, die Liebe nahm kein Ende mehr.*

Worauf die Deutschen sich so schrecklich viel einbilden – daß sie sachlich sind, *Deutsch sein heißt eine Sache um ihrer selbst willen tun* –, das ist angesichts dieser Memento-mori-Philosophie das Allersinnloseste. Die Sache verfällt, zerfällt. Das »Aschekrüzchen« ist das wahre Sakrament. Was bleibt, ist die menschliche Geste. In den ›Frankfurter Vorlesungen‹ hat Böll eine Ästhetik des Humanen proklamiert, eine, die sich für Ehe und Essen, Familie und Freundschaft, Geld und Arbeit, Zeit und Liebe erwärmt. Der Roman ›Ende einer Dienstfahrt‹ ist die Probe aufs Exempel.

Er hat manche Böll-Freunde befremdet: endlich war mit den ›Ansichten eines Clowns‹ der große Durchbruch gelungen, die Überwindung des »Milieus«, und nun wird man zum Amtsgericht in Birglar zurückversetzt, in die rheinische Kleinwelt, welcher der Clown entfloh. Aber genau das war die Absicht. Die gefüllten Paprikaschoten und der Nachtisch, Mokkacreme mit flüssiger Sahne, die der Gerichtsvollzieher Hubert Hall von seiner Frau vorgesetzt bekommt, sind Hauptsache ebenso wie die

Nudeln mit einer Sauce aus Corned beef, Paprika und grünen Erbsen, als Nachtisch Kaffee mit Makronen, die dem Finanzoberinspektor Kirffel II das Leben würzen. Und dies nicht etwa als Indizien für eine Sozialenquete über den deutschen Mittelstand; sie stehen für sich selbst, als Akzentsetzung und Appetitanreger für den Leser.

Was erstrebt wird, ist: Klatsch und Klüngel, die rheinische Kleinwelt, klassisch zu machen. Weg vom Metaphysischen, hin zum Menschlichen; weg von den Problemen und ihren utopischen Lösungen, hin zum Humor. Jede Pseudowelt wird entlarvt: wer, außer Böll, ist schon auf die Idee gekommen, eine für Schriftsteller so segensreiche Einrichtung wie den Rundfunk in milder Satire bloßzustellen?

Alle Prominenten müssen sich heute leutselig geben. Aber niemand ist so völlig frei von Pose, auch von der Pose der Natürlichkeit, wie Freund Böll. Das hat er in Köln gelernt. Die Mitteilsamkeit, die sich anderswo als »Kontaktfreude« stilisiert, ist dort zu Hause, bei den Kellnern und Chauffeuren fängt es schon an. Kölner unterwegs gelten gern als vulgär; hemdsärmelig sind sie auf jeden Fall. Die Verbrüderung bei Wein und Schunkeln wird anderwärts leicht als peinlich empfunden; hier erfreut sie den Augenblick und bleibt ohne Folgen.

Fehlt den Rheinländern der letzte Ernst? Ich würde sagen: der *vor*letzte. Ihnen würde vor jeder Revolution einfallen, daß irgendwann eine weitere fällig würde oder daß die zu Beseitigenden ja auch Menschen sind. Der Böll, dem in den Sinn kommt, daß schon der römische Wachtposten unter der Zugigkeit des Domhügels gelitten haben könnte, ist »echt« in der humorvollen Verquickung von feierlicher Geschichte und ärgerlicher Gegenwart wie im Mitleid über zwei Jahrtausende hinweg.

Das Große wird klein, das Kleine wird groß. Der nächste Nachbar heißt nicht Joyce, sondern Dickens. Die Schilderung wirft keine modisch-apokalyptischen Schlagschatten, sondern malt sauber Miniaturen aus. Das Gesicht mit den kummervollen Augen und dem kleinen Mund in der langen, niederländischen Kinnpartie bleibt unbewegt, wenn die Hand Satirisches, Sarkastisches zu Papier bringt. Das Heitere kommt trocken aus dem Mundwinkel. Der Zorn über die Kirche und über den Staat, tiefgefühlt, der Widerwille gegen Militär und Polizei, kräftig entwickelt, wird in einem stabilen Koordinatensystem aufgefangen, in dessen Mittelpunkt das Zuhause liegt. »Und Serge

sagte: ›Sie müssen nach Hause.‹ ›Ja‹, sagte ich, ›nach Hause.‹«
So hört der Roman ›Und sagte kein einziges Wort‹ auf. Der
Schluß der ›Dienstfahrt‹ lautet: »Den häuslichen Ledergeruch fürchtete er längst schon nicht mehr, er begehrte fast danach.«

Mir fällt ein rheinischer Kellner ein, den ich fragte, ob er auch
schon in London gearbeitet hätte. »Ach, wissense, Här«, sagte
er, »was über Erkelenz heraus ist, das kommt doch alles aufs selbe
heraus.«

HANS MAYER
Köln und der Clown

> »Was bist du eigentlich für ein Mensch?« fragte er. »Ich bin ein
> Clown«, sagte ich, »und sammle Augenblicke. Tschüs.« Ich
> legte auf.

> (Aus: ›Ansichten eines Clowns‹)

Daß der Kölner Heinrich Böll in der alten Römerstadt am Rhein,
deren ursprünglicher Name an die Claudier erinnerte, an Agrippa
und Agrippina, seinen eigentlichen literarischen Kosmos be-
sitze, wird in vielen Rezensionen und in vielen Sprachen immer
wieder behauptet. Es paßt so hübsch in das Schema und eignet
sich nicht übel für Features im Fernsehen. Proust und Paris,
Kafka und Prag, Thomas Mann und Lübeck, Camus und Algier,
Günter Grass und Danzig, Heinrich Böll und Köln am Rhein.
Aller Rangunterschiede ungeachtet.

Es stimmt aber nicht. Oder vielmehr: es paßt nur so obenhin.
Thomas Mann kam von Lübeck nicht los. Er machte sich selbst
darüber lustig und deutete nach Erscheinen des ›Zauberberg‹
an, Hans Castorp stamme diesmal aus Hamburg, vor allem wegen der Abwechslung. Noch gegen Ende seines Lebens verar-
beitete er im ›Doktor Faustus‹ bei Schilderung des imaginären
Städtchens Kaisersaschern einige zählebige Lübecker Jugend-
reminiszenzen.

Ähnlich könnte es bei der Entstehung des Romans ›Ansichten
eines Clowns‹ zugegangen sein, denn Hans Schnier stammt
aus Bonn, nicht aus Köln; er ist zur Abwechslung einmal ein Protestant, stammt überdies aus dem Großbürgertum, gehört zur
Familie der Braunkohlen-Schniers. Diesmal scheinbar kein Ka-

15

tholizismus, keine Kölner Lokalepik mit tieferer Bedeutung, auch keine Wohnküche.

Trotzdem befindet sich der Leser des Romans ›Ansichten eines Clowns‹ nicht in unvertrautem Land, und die Ursache hierfür ist nicht darin zu finden, daß Köln und Bonn nahe beieinander liegen, verbunden durch die Rheinuferbahn, so daß sie eigentlich eine Art von geographischer und soziologischer Einheit bilden könnten, was sie übrigens durchaus nicht tun. Die Gemeinsamkeit nämlich zwischen Heinrich Bölls Kölner Geschichten, etwa dem Roman ›Und sagte kein einziges Wort‹, und diesem romanhaften Bericht über den Clown Hans Schnier aus Bonn ist keineswegs durch Geographie und Kulturgeschichte determiniert. Sie beruht im Gegenteil auf der Distanz Heinrich Bölls sowohl zu Köln wie zu Bonn, wie überhaupt zu irgendeinem Schauplatz irgendeiner Geschichte, als deren Verfasser er zeichnet.

Köln ist nicht der Kosmos Heinrich Bölls. Es ist bloßer Schauplatz vieler Geschichten dieses Schriftstellers, aber die Situierung erfolgte aus Gründen des literarischen Handwerks, weil sich Böll in seiner Vaterstadt gut auskennt, nicht jedoch aus Gründen einer tiefen Affinität des Kölners Böll zu seinen Landsleuten und Mitbürgern. Affinität ist auch im Haß gegeben, aber Heinrich Bölls Verhältnis zu Köln wäre mit den Klischees der Ambivalenz oder der Haßliebe sehr unzureichend gedeutet.

Eine Stadt und Landschaft als Exklusivbereich eines Schriftstellers setzt Teilnahme und Teilhabe voraus. Bei Grass und Danzig läßt sich von solcher aktiven und passiven Partizipation sprechen. Nicht aber bei Böll und Köln. Der Schriftsteller Jürgen Becker hat sein erstes Buch mit dem Titel *Felder* ganz und gar als Bericht über diese seine Vaterstadt Köln angelegt. Er gehört nämlich selbst in diese Geschichte: sein literarischer Versuch läuft darauf hinaus, in Feldern des Erlebens und Beschreibens die eigene Teilhabe an diesem Köln als Lebens- und Schreibvorgang zu fixieren.

Keine Rede von alledem bei Heinrich Böll. Der läßt sich in seinen Geschichten selbst nicht auffinden, wozu nicht im Widerspruch steht, daß viele Erzählungen des frühen Böll – von ›Der Zug war pünktlich‹ aus dem Jahre 1949 bis zu der schönen Geschichte von den ›Schwarzen Schafen‹ aus dem Jahre 1951 – als Selbstdarstellungen verstanden werden dürfen.

Immer wieder schildern diese Romane und Erzählungen gewisse Formen des gesellschaftlichen Zusammenspiels, die man in dieser Art nicht ohne weiteres in Berlin oder Hamburg, München oder im badischen Freiburg wiederfinden könnte. Der Erzähler Heinrich Böll kennt seine Mitbürger: die Mischung aus Jovialität und Niedertracht ist ihm durchaus vertraut, jene spezifische Verfilzung der religiösen, finanziellen und familiären Interessen, die man in Köln selbst mit dem Fachausdruck »Klüngel« zu bezeichnen pflegt.

Man kann als Kölner den Klüngel mitmachen oder bekämpfen. In beiden Fällen vollzieht sich eine Teilnahme. Der Erzähler Heinrich Böll (der Privatmann geht uns nichts an) praktiziert keine Form einer solchen Partizipation. Er steht außerhalb. Köln ist nicht sein Kosmos, sondern nichts anderes als sein Anschauungsobjekt.

An dieser Attitüde des Schriftstellers hat sich seit den ›Schwarzen Schafen‹ nichts geändert. Der Ich-Erzähler in dieser Geschichte betrachtet seine Eigenschaft, schwarzes Schaf einer total formierten Familie zu sein, als Beruf besonderer Art, aber eben als seinen Beruf. Als er seinen Neffen vor sich sieht, einen Jungen mit der virtuellen Begabung, schwarzes Schaf der nächsten Generation werden zu können, möchte er Erziehungshilfe leisten: »Ich möchte ihn warnen, denn auch wir haben unsere Erfahrungen, auch unser Beruf hat seine Spielregeln, die ich ihm mitteilen könnte, dem Nachfolger...«

Berufsbezeichnung: schwarzes Schaf. Gewiß gehört auch ein schwarzes Schaf zur Familie; seine Abseitigkeit läßt sich immer noch – eben als solche – in der Familie integrieren.

Beim Clown Hans Schnier ist das schon schwieriger. Auch er tritt als Ich-Erzähler auf. Aber der Abstand zwischen Ich-Erzähler und erzählter Welt ist in dem Roman ›Ansichten eines Clowns‹, der zwölf Jahre nach den ›Schwarzen Schafen‹ entstand, viel größer geworden.

Auch Hans Schnier betrachtet sein Clown-Dasein als Beruf. Er wird sehr zornig, wenn man – schonungsvoll – die Berufsbezeichnung fortretuschieren möchte, etwa durch die »offizielle Berufsbezeichnung: Komiker«. Unter dieser Rubrik nämlich kann einer bequem von und in der Gesellschaft integriert werden. Beim Clown ist das weitaus heikler. Aus inneren wie äußeren Gründen. Hans Schnier meint einmal, und hat vermutlich sogar recht: »Ich glaube, es gibt niemanden auf der Welt, der einen Clown versteht, nicht einmal ein Clown versteht den anderen, da ist immer Neid oder Mißgunst im Spiel.«

Das Dasein eines Clowns macht alle Teilnehmerschaft an ir-

gend etwas, an einer Gruppe, Religion, Ideologie, nahezu un-
möglich. Das liegt nicht an der Mimesis dessen, der nachmacht
und etwas, also imitierte Wirklichkeit, vorführt. Der Mime steht
nicht außerhalb der Gesellschaft, im Gegenteil, er braucht sie
ebenso wie sie ihn. Man kennt die Beispiele aus Politik, Religi-
onsgeschichte und aus dem Kunstleben. Der Clown aber, besonders wenn man ihn sich, wie Hans Schnier, als wortlosen
Pantomimen vorstellen muß, sieht alles nur von außen, affektlos,
und neugierig bloß in Hinsicht auf die technischen Schwierigkeiten, den Vorgang möglichst exakt nachspielen zu können.

Dabei ist der Clown immer in Gefahr, durch die Besonderheit
des nachzuahmenden Vorgangs wieder in eine geheime Teilnehmerschaft zu geraten, was unfehlbar seine Kunst zum Kitsch er-
niedrigen muß. Schnier kennt sich in diesen Gefahren vorzüglich
aus. Auch Heinrich Böll selbst übrigens, denn man fragt sich
beim Lesen, wer hier die Selbstaussage vollzieht: der Clown
Hans Schnier oder sein Autor Heinrich Böll:

»Alle meine lyrischen Versuche waren gescheitert. Es war mir
noch nie gelungen, das Menschliche darzustellen, ohne furcht-
baren Kitsch zu produzieren. Meine Nummern ›Tanzendes Paar‹
und ›Schulgang‹ und ›Heimkehr aus der Schule‹ waren wenigstens artistisch noch passabel. Als ich aber dann ›Lebenslauf
eines Mannes‹ versuchte, fiel ich doch wieder in die Karikatur.
Marie hatte recht, als sie meine Versuche, Lieder zur Gitarre zu
singen, als Fluchtversuch bezeichnete. Am besten gelingt mir die
Darstellung alltäglicher Absurditäten: ich beobachte, addiere
diese Beobachtungen, potenziere sie und ziehe aus ihnen die
Wurzel, aber mit einem anderen Faktor, als mit dem ich sie po-
tenziert habe.«

Wer so lebt und arbeitet, hat auf alle Formen der Kommunion
verzichtet. Er steht außerhalb: als schwarzes Schaf, als Clown,
als Erzähler ohne Teilhabe.

Heinrich Böll wird nicht müde, solche Formen des Distan-
ziertseins immer wieder zu schildern. Er geht so weit, diese Attitüde als Erzähler auch durch räumliche Distanz zu präsentieren.
Bei kaum einem anderen Schriftsteller, das wäre unschwer nachzuweisen, spielen die Telefongespräche eine so entscheidende
Rolle wie im Werk von Heinrich Böll. Der Ehemann in dem Roman ›Und sagte kein einziges Wort‹ ist ein ebenso leidenschaftli-
cher Telefonierer wie der Clown Hans Schnier. In Bölls Romanen vollziehen sich die menschlichen Auseinandersetzungen
sehr gerne im Zeichen einer *long distance*.

Die Beziehung zwischen Menschen als akustische Beziehung gehört zu den Eigentümlichkeiten dieser Literatur. Vermutlich hängt damit auch zusammen, daß Heinrich Böll große Erfolge erzielte beim Schreiben von Hörspielen, aber als Bühnenautor bisher gescheitert ist.

Der Pantomime ohne Anteilnahme, die menschliche Distanz dargestellt als räumliche Distanz und als bloß akustische Verbindung. Schließlich ein Primat des Details, welches für sich selbst steht und nicht mehr als Teil eines Ganzen verstanden wird. Der Clown sieht und spielt nur diese Einzelheiten: weil er den großen Zusammenhängen und Gefühlen mißtraut.

Er glaubt erkannt zu haben, daß die Einzelheit nur allzuoft zur scheinbaren Gesamtheit im Widerspruch steht. Der Clown Hans Schnier schüttelt den Kopf über die einstmals verjagten, jetzt nach Bonn (oder Köln) zurückgekehrten Emigranten, über Verbrüderungen und Umarmungen unter den Auspizien seiner eigenen Mutter, der einstigen Durchhaltedenunziantin, die ihre eigene Tochter mit sanfter Stimme zu opfern wußte und von welcher der Sohn jetzt zu berichten weiß:

»Meine Mutter ist inzwischen schon seit Jahren Präsidentin des Zentralkomitees der Gesellschaften zur Versöhnung rassischer Gegensätze; sie fährt zum Anne-Frank-Haus, gelegentlich sogar nach Amerika und hält vor amerikanischen Frauenklubs Reden über die Reue der deutschen Jugend.«

Sohn und Clown Schnier fällt nicht auf diese Verlogenheit herein, denn er kennt bloß das Detail und wundert sich über die Emigranten: »Sie begriffen nicht, daß das Geheimnis des Schreckens im Detail liegt. Große Sachen zu bereuen ist ja kinderleicht. Politische Irrtümer, Ehebruch, Mord, Antisemitismus – aber wer verzeiht einem, wer versteht die Details?«

Auch ein Buch wie ›Billard um halbzehn‹ ist ganz auf diesen Details aufgebaut, die unverzeihbar bleiben. Aber in jenem Roman hatte Böll noch durch die Komposition der Geschichte eine Art Zirkel herstellen wollen oder wohl eher eine elliptische Bewegung, welche Gemeinsamkeit zuließ. Daran fehlt es in den ›Ansichten eines Clowns‹. Dieser Clown sammelt Details und Augenblicke. Er lebt auf Distanz. Sein Autor beschreibt diesen Vorgang, macht aber keinen Versuch, sich seinerseits von dieser Distanziertheit zu distanzieren.

Köln ist nicht der Kosmos Heinrich Bölls. Wohl eher die Gegenwelt dieses Schriftstellers. Er sieht alles, was die ihm bekannten Menschen dieser Stadt in Köln-Nippes und Köln-Ehrenfeld und Köln-Lindenthal tun oder getan haben.

Er sammelt die Details und die Augenblicke, hat nichts vergessen und nichts vergeben. Er stellt sie dar.

WALTER JENS
Lob der Phantasie

Befragt, warum eigentlich er keinen Kriminalroman schreibe, eine spannende, im katholischen Milieu spielende Story (obwohl er doch selbst dem Schriftsteller Amery ein solches Unterfangen als ebenso erwünscht wie lohnend dargestellt habe), antwortete Heinrich Böll mit einer bemerkenswerten Sentenz: »Ich glaube nicht«, sagte er zu Marcel Reich-Ranicki, »daß ich den katholischen Kriminalroman oder den Roman der neunzehn Ruhrbistumskapläne schreiben sollte. Ich brauche wenig Wirklichkeit für einen Roman – und in beiden Stoffen ist zu viel Wirklichkeit.«

»Ich brauche wenig Wirklichkeit«: das ist in der Tat ein erstaunlicher Satz für einen Mann, den man gemeinhin als einen handfest schreibenden Realisten bezeichnet und von dessen Werk manche Literaturkritiker sagen, es bestünde im Grunde nur aus einer Anhäufung exakt verifizierbarer Ingredienzien rheinischer Herkunft: Kölner Destillen und Stundenhotels, Kölner Kleinbürgerzimmer, Beichtstühle und Bischofspalais, Abbilder der Bezirke um den Ring und ums Severintor, Spiegel einer Region, die nicht viel weiter als von Raderthal nach Müngersdorf reiche.

In Wahrheit aber hat Bölls Köln, sein Dublin-Jefferson-Danzig, mit dem Breitengrad Köln so viel und so wenig zu tun wie Fontanes, Döblins oder Schnurres Berlin mit der Bismarckschen, Stresemannschen oder Reuterschen Hauptstadt. Nicht die eindeutige Erscheinung, sondern die Janusgesichtigkeit der Regina Rheni, nicht der Augenblick, Köln im Frühjahr 1953, sondern die geschichtliche Formation will dargestellt sein: deshalb die Montage heterogener »Colonialismen«, deshalb das Kindheits-Köln (»Friede den katholischen Kindheiten! Immer wieder müssen die von ihr Geprägten zur Kindheit zurück!«)

neben dem Trümmer-Köln, deshalb Maria vom Kapitol Seit' an Seit' mit der Trümmer-Madonna.

Böll – auch er mit dem lateinischen Sinn für Kontinuitäten und Traditionen begabt – liebt den geheimen Verweis, der den Figuren Tiefenschärfe und den Elementen ihren Schatten verleiht: Hinter den Kneipen erkennt man Konturen der Römer-Tabernen, die Karnevals- und Zirkusszenen erinnern an alte Parolen, *das Brot und die Spiele*, Schnier hat Züge des kaiserzeitlichen Historionen, Venus und Dionysos sind mit dabei, wenn die Karnevalszüge durch die Ringstraßen ziehen. Böll braucht die geschichtsträchtige Szene (Dublin, Köln, Assisi; zu *Mecki und Hochhaus* fällt ihm nur Bescheidenes ein), um farbig schildern und von der Vordergrundebene aus jenen Bezirk erreichen zu können, in dem Imagination und Phantasie aus Tatsachen Wirklichkeit machen, eine Wirklichkeit, die, als Widerpart der Aktualität, nichts mehr mit dem von Böll, terminologisch unexakt, im Reich-Ranicki-Interview genannten Begriff zu tun hat, sondern im Gegenteil dessen Aufhebung anzeigt:

»Aus dem Aktuellen das Wirkliche zu erkennen, dazu müssen wir unsere Vorstellungskraft in Bewegung setzen, eine Kraft, die uns befähigt, uns ein Bild zu machen. Das Aktuelle ist Schlüssel zum Wirklichen.«

Man erinnere sich der berühmten Geschichte von Balzac, der ein Gemälde betrachtet und angesichts der Winterlandschaft, der Bauern und der Hütten, aus denen Rauch steigt, zu phantasieren beginnt: »Wie ist das schön! Aber was machen die da in der Hütte? Woran denken sie? Welche Sorgen haben sie? Ob die Ernte gut war? Wie werden sie die Miete bezahlen?«

Fragen Balzacs, Fragen Bölls: gestellt im Angesicht vertrauter Gegenstände – *Theodor Kotthoff*, *Lackfabrik*, *Köln Raderthal*, *Hitzeler Straße* –, die so geordnet sind, daß sie, über sich hinausweisend, Schatten werfen, an Symbolkraft und Verbindlichkeit gewinnen, raum- und zeitsprengend wirken, um dann, auf einer dritten Ebene, jene poetische Phantasie zu entzünden, ein *ich stelle mir vor* und *ich male mir aus* und *ich diktiere im Traum*, das Böll in Essay, Novelle und Roman immer wieder zu verdeutlichen sucht... dann, wenn er die zur Transzendenz bereite Realität mit Hilfe der Vorstellungskraft aus ihrer Tatsachenbindung erlöst; dann, wenn ihm – beschrieben in der Meditation ›Der Zeitgenosse und die Wirklichkeit‹ – ein Siebenzeilenzitat plötzlich, im Akt jähen Erkennens, einen Erdbereich erschließt, über dessen grünliche Atlas-Öde – der Norden Rußlands ist gemeint –

die Finger bis dahin teilnahmslos hingehuscht waren; dann, wenn die Balzac-Phantasie die Tatsachen nicht hinnimmt, sondern interpretiert, wenn sich, bei Worten wie Ruhr oder Rhein (»eine Möglichkeit, dem Rhein gerecht zu werden: sich ihn wegzudenken oder ausgetrocknet vorzustellen«), Gedankenverbindungen auszulösen beginnen; dann, wenn die Imagination triumphiert, das große Ausmalen, das Bild-Machen, Befreien und Ändern; wenn ein Eisenbahnfahrer (>Über die Brücke<) sich das Leben einer Frau vorstellt, an deren Haus er tagtäglich vorbeifährt, wenn (>Hierzulande<) die Sprache der Bahnhöfe entdeckt und die Lyrik der Eisenbahnschienen entziffert wird; wenn ein Autor dem Kommunismus die gleiche Jahrhundertmöglichkeit, sich zu entfalten, wie dem Kapitalismus wünscht und dabei bedenkt, was daraus würde; dann, wenn Thesen in Antithesen verwandelt, Soldatendenkmäler-Sprüche ausgelöscht und durch Gegenzeichen ersetzt werden; wenn »es hätte anders kommen« gesagt wird:

»Nur eine winzige Verfälschung seiner selbst, und in einem Trierer, Kölner oder Bonner Museum würde jenes Gemälde im Biedermeierstil hängen: seine Exzellenz, der Herr Minister (Marx), mit Orden auf der kostbar betuchten Brust; um ihn herum eine strahlend hübsche Frau, glückliche Kinder, die mit einem Hund spielen, die Bäume eines großen Gartens im Hintergrund; ein verführerisches Bild, deutlich sichtbar, fast greifbar in seiner fröhlichen Sinnlichkeit. Statt dessen eine dunkle Existenz im Londoner Armenviertel, Terroristendoktor, Schreckgespenst der gesamten bürgerlichen Welt, die sich dafür entschied, Bourgeois zu bleiben und nicht Citoyen zu werden.«

Ein Realist aus Köln? Nein, ein Träumer, Ausmaler, Sinnierer, Herr und konsequenter Exeget der Tatsachen, nicht ihnen unterworfen, ein Zuendedenker (»wenn es christlich ist, Besitz zu erwerben, ist der Arme dann kein Christ, ist dann Franz von Assisi ein Heide?«), einer, für den Sehen mit Gesicht, ein Gesicht haben zusammenhängt, ein Schriftsteller also, der die Realitätspartikel, all diese scheinbar so leicht verifizierbaren Elemente unserer Gegenwart, der eigenen und der Phantasie seiner Figuren ausliefert, auf daß sie mit ihnen spielen.

So betrachtet ist es kein Zufall, daß Böll ein Freund der Rollenprosa ist, ein Autor, der auch dort, wo er in der dritten Person Singularis oder Pluralis erzählt, immer wieder die Attitude des souveränen Berichterstatters vergißt, sich aller Objektivität entschlägt und Feinhals – Greck – Fähmel – Welten ersinnt, Welten, die – sehr weit davon entfernt, »real« zu sein – als Korrelate für die Seelenstimmung ihrer schweifenden, trinkenden, rauchenden, träumenden, telephonierenden, Billard und Automaten spielenden Helden erscheinen, höchst subjektive Phantasiewelten, deren Schilderung nicht mit jenen nüchternen Reporten verwechselt sein will, denen Böll, wie die kapitelweise vorgeführten Nachholberichte in dem Roman ›Wo warst du, Adam‹ oder die Dokumentationen über Mutter Ey und über das Ruhrgebiet zeigen, um des Abhebens willen einen stärkeren Zitatcharakter verleiht. (Das Tertium comparationis beider Darstellungsarten ist der durch Anapher, Parallelismus und Isokolie bestimmte Tonfall der Litanei, der vor allem die Wechselmonologe in ›Und sagte kein einziges Wort‹ akzentuiert.)

Es ist das Entsprechungsspiel von Monolog und Rapport, von Phantasiediktion und Zitat, von Personalreflexion und dem scheinbaren Sich-aus-allem-Heraushalten des Erzählers, das Bölls beste Passagen charakterisiert. Ihr Fehlen macht die Schwäche der Satiren aus, denen es, wie dem Schwank ›Ende einer Dienstfahrt‹, an Balance und jenem Schwebeschritt zwischen Aktualität und Potentialität, den Fakten und der Fülle der Möglichkeiten mangelt, die Böll immer dort anschaulich macht, wo er die Eindimensionalität des kruden Sich-an-die-Tatsachen-Haltens und Immer-auf-der-Höhe-der-Zeit-Seins mit der Phantastik seiner rückblickenden, sich erinnernden, hoffenden und fürchtenden, im Gestern und im Morgen wohnenden Helden konfrontiert, dieser Ritter von der traurigen Gestalt und Angehörigen der Ecclesia sub cruce, der Clowns, Saboteure, Traumtänzer, Friedhofsgänger und Klopfzeichen-Hörer, die den Passepartout der Phantasie besitzen, zugleich am Rhein und in Irland zu Haus sind, Augustus, Marx und Adenauer *(den Dialektiker und den Dialektsprecher)* als Zeitgenossen betrachten und nicht aufhören wollen, *jenem verpönten Laster zu frönen, das Nachdenken heißt.*

Die Zweiteilung des Böllschen Personals – Adenauer contra Schnier; hier die Witwen, dort Rommerskirchen und Frings –, oberflächlich betrachtet ein Gegensatz zwischen Funktionären und armen Leuten, zwischen denen, die sich eingerichtet haben, und denen, die unterwegs sind, zwischen den Turnlehrern (alias Bischöfen, alias Generälen, alias Ministern) und deren friedlichen Opfern, den Überlebenden und den Kindern, ist in Wahrheit ein Gegensatz zwischen den auf ihren Tagesertrag starrenden Wirklichkeitsmenschen und jenen Vorstellungskünstlern, die, von den Mächtigen durch Jahrhunderte, nämlich durch die Erinnerung an Krieg und Nachkrieg getrennt, wenig Wirklichkeit brauchen, weil ihre Phantasie die Zeit überschaut, weil sie mit den Toten Umgang haben und statt aufs Wohlergehen der Staatspartei auf ihr eigenes Ende, das Sterben und das Gericht vorausblicken: Memento, quia pulvis es et in pulverem reverteris.

Wenig Wirklichkeit, viel Phantasie: das gilt für Bogner, Schnier und Brühl so gut wie für Böll – auch wenn es sich auf den ersten Blick gerade umgekehrt ausnimmt.

SIEGFRIED LENZ
Sein Personal

I

Ich denke an einen Strand, vielleicht an ein befestigtes Flußufer, da ist ein Ortsschild, sagen wir ruhig: Neu-Zimpren, man weiß noch nicht, wie die Leute hier wählen; man erkennt lediglich, daß es Schnaps- und Biertrinker sind. Es gibt keine westwärts reitenden Denkmalsfiguren, keine Wegweiser, die an Berlin, an Görlitz und Königsberg gemahnen, keine Straße, die nach einem Militär benannt ist. Der Bundeswehr ist die Durchfahrt nicht gestattet. Da übrigens ist die Bank – man hat sie in einer Baracke untergebracht – und hier der Bahnhof: Man versteht schon, warum der Vorsteher dieser attraktiven Trübseligkeit in jeder freien Minute mit seinem Vertreter Mensch, ärgere dich nicht spielt.

Die Leute heißen Feinhals, Schneider und Schnier, Frau Bach und Frau Brielach wohnen hier, Fred und Käte selbstverständlich, man begegnet den Fähmels, der Elsa Baskoleit, einem Doktor Murke, man glaubt die Leute irgendwoher zu kennen, natürlich, nach einer Weile besteht kein Zweifel mehr darüber, daß in Neu-Zimpren das gesamte epische Personal von Heinrich Böll wohnhaft ist. Alle diese Leute, denke ich mir, haben die Schmerzlosigkeit romanhafter Existenz aufgegeben, haben sich, nach allen nachgesagten Beschädigungen durch Geschichte und Gesellschaft, verabredet, einen realen Ort mit Verheißungen zu gründen, man kennt sich, man glaubt, eine Expedition ins Wirkliche riskieren zu können.

Bölls Personal ist also aus den Büchern desertiert, hat – so nehmen wir an – Neu-Zimpren gegründet, nicht um leben zu lernen, sondern um ohne »die anderen« leben zu können, und man hat insofern einen Grund zur Hoffnung, als man durch eine besondere Solidarität miteinander verbunden ist: man weiß, daß man überlebt hat.

Wie lebensfähig ist solch ein Ort? Welche Wahrheit mutet er uns zu? Und wieviel beispielhafte Wirklichkeit können wir ihm und seinen Bewohnern zugestehen?

2

Zugegeben: Als ich Heinrich Bölls Personal kennenlernte, erschrak ich manchmal. Woher kennt er deinen Lehrer, deine Wirtin, deinen Kumpel: so fragte ich mich, wo begegnete er dem Beschädigten, mit dem du selbst eine Weile gezogen bist. Ich weiß, für die Gallionsfiguren unserer Literatur gehört solch ein Erschrecken schon zum Kulinarischen, aber ich gebe trotzdem zu, daß ich auch noch über anderes unvermutet erschrak: über die Verletzlichkeit von Bölls Personal nämlich, über seine lakonische Reizbarkeit und Befangenheit, über die mitunter listige, jedenfalls erklärte Untauglichkeit zur Anpassung. Die geht so weit, daß man Gesten unterdrückt aus Furcht, man könnte sie sich im Kino angeeignet haben. Ich erkannte meine eigene Befangenheit und Verletzlichkeit wieder, ich entdeckte einen Grund für meine eigene Weigerung, mich ohne Erinnerungen einzurichten.

Also Selbstgenuß in erträglicher Identifikation? Kaum. Viel eher, scheint mir, war dieses Erschrecken – und eine Art heikler Zustimmung – eine Folge der Einsicht, daß es Heimsuchungen gibt, die keine freie, souveräne oder gar beliebige Haltung zulassen. Ja, ich weiß, in diesem Sinne ist Bölls Personal kein »freies Personal«: Der Mann mit den Messern, der Mann mit dem teuren Bein, der Mann, der mit seiner Frau nicht zu Hause, sondern in billigen Hotels schläft, und auch der Mann, der aus Enttäuschung und Protest nur noch »Augenblicke« sammelt: sie sind Leibeigene ihrer Erfahrung, sie sind verurteilt, mit Erinnerungen zu leben, kühne Klimmzüge in eine von Schmerzen aufgeräumte Welt gelingen ihnen nicht. Sie sind nicht »frei«. Und nicht nur dies: An manchen Figuren Bölls läßt sich, glaube ich, ein abgründiges Einverständnis mit ihrer Lage feststellen: zwar tragen sie ihre Leiden nicht schön zu Markte, aber sie scheinen nicht allzuviel dagegen zu haben, wenn sie bestehenbleiben, eine Zeit-lang zumindest, eine gewisse Zeit – und sei es nur für die Dauer eines weltbeglückenden Drogisten-Kongresses.

Die Leidenswilligkeit dieser unwirklichen Leute stellt die Wirklichkeit bloß, die die Leiden durch Vergeßlichkeit korrumpiert hat. Nella Bach will ihren gefallenen Mann nicht vergessen; der Knabe Heinrich ist einverstanden mit seinem Leid über den vermißten Vater; Fred hat nicht den Mut, seine Frau anzusprechen, um – vielleicht – die Zeit der Not zu beenden; und der junge Elektriker gesteht sich ein, daß er nicht »vorwärtskommen« will.

Sie wollen alle nicht »vorwärtskommen«. Sie wollen nicht gerettet werden. Sie bestehen darauf, mit dem Schrecken zu leben, der in sie eingebrochen ist, das hat mit Wehleidigkeit nichts zu tun. Robert Fähmel will das beschämendste Kapitel der Familiengeschichte nicht aufdecken; warum? Weil er vermutlich verhindern will, daß es durch kosmetische Beichten neutralisiert wird: es soll keine wohlfeile Rettung geben.

Es trifft zu: Die Kennkarte des Böllschen Personals ist seine manchmal lächelnde, manchmal kohlhaassche, immer aber herausfordernde Leidenswilligkeit. Da bietet sich allerdings kein Traum von »freien« Handlungen an (und welch ein Mißverständnis in ihm liegen kann, hat ja Sartre mit seinem Matthieu erlebt, der nichts weniger als das Abenteuer der Freiheit suchte). Da ist jede Figur gebunden. Und darin scheint mir eine der unbarmherzigsten Wahrheiten im Böllschen Werk überhaupt zu liegen: seine Personen, machtlos, empfindlich beschädigt und allem ausgesetzt, diese Personen ziehen sich, da ihnen alle Hoffnungen bestritten werden, auf eine unglaubliche Gegenwehr zurück: sie bleiben ihren Leiden treu. Ja, sie verteidigen sich gegen die Umwelt, indem sie ihre Leiden bestätigen, ihre Depressionen ins Recht setzen. Das ist fast schon zu erwarten. Es geschieht mit Notwendigkeit.

3

Figuren sind nicht erkennbar ohne Gegenfiguren, Spieler nicht ohne Gegenspieler. Man kann eine Person segnen mit Sinnlichkeit, kann ihr sogenannten Saft eintrichtern, sie mit Gegenständlichkeit kostümieren oder sogar mit filigranhaft feinem, von mir aus Proustschem Bewußtsein ausstatten – es wird nichts helfen ohne die entscheidende Beglaubigung durch eine Gegenperson. Man kann das durchaus den Beatrice-Effekt nennen. Das klingt nach abgedroschenem Schema, doch da ist kaum etwas zu ändern: Das Leben folgt nun einmal – und zwar häufiger, als es den Priestern der Originalität lieb ist – dem Schema, dem Muster, dem Modell. Es gibt halt den andern, und dieser andere kann zum Schicksal werden: er sorgt für das Leiden oder für ein bißchen Glück; das ist der generelle Befund.

Auch im Personal von Heinrich Böll ist die Gegenfigur vorgesehen, freilich nie im Sinne eines konsequenten, die Hieb- und Stichfähigkeit erprobenden Gegenspielers. Ein permanentes Duell wie, sagen wir, zwischen Naphta und Settembrini, findet nicht statt. Die Gegenfigur: Das können zunächst alle sein, und daß heißt niemand Bestimmtes; also aus zweiter Hand lebende Kinogänger, Fernsehzuschauer, Sparer, Militärs, mit einem Wort: Leute wie du und ich, die nicht ursprünglich leben, die die Nachmittagssonne des Wohlstands auf sich scheinen lassen, die angepaßt sind, die sich arrangiert haben.

Gegenfigur? Gegenseite sollte man wohl eher sagen. Und in dieser Hinsicht ist all das Gegenseite, was kein Verständnis für die Erinnerungslast heimgesuchter Personen aufbringt, was sich in eifriger Seelenlosigkeit selbst genügt, was für den einzelnen zuständig sein soll, ihn aber in der Masse abspeist: Ministerien, bischöfliche Ordinariate, Amtsstuben, Kasernen.

Allerdings, das Personal Bölls lebt nicht allein von einer mehr oder weniger bestimmten Gegenseite; die einzelne Gegenfigur ist durchaus auch vorhanden. Und sie wird auch hier und da zur Reizperson, sie mischt sich ein, sie besorgt sogar eine gewisse Gegenspiegelung, nur eines bringt die Gegenfigur hier kaum zustande: Steigerung; und zwar Steigerung durch die systematische Herausforderung der Person. Die Gegenfigur bewirkt nicht Entwicklung, sondern kommentiert sie allenfalls, sie dient mehr der Belichtung als der Modellierung.

Frau Frankes Einmischung in Freds Ehe kann Käte nicht verwandeln, sie liefert nur den Kommentar des höhnischen Spießers; der ehemalige Leutnant Gäseler, der den Dichter Rai in den Tod schickte und nach dem Krieg Vorträge über ihn hält, bestätigt im Grunde nur die bereits vorhandene (und formulierte) Bitterkeit der Überlebenden; Nettlinger, einst ein überzeugter Nazi und jetzt schon wieder in amtlicher Stellung, denunziert die Gesellschaft mehr durch sein Vorhandensein als durch eine Aktion; Schniers Mutter, einst eine stramme Anhängerin Hitlers, ist heute Präsidentin einer Gesellschaft zur Versöhnung rassischer Gegensätze und hat lediglich die Funktion, die Protesthaltung des Clowns zu rechtfertigen.

Was ich an Bölls Gegenfiguren vermisse, das ist ihre, wenn auch nur zeitweilige, Ebenbürtigkeit mit seinem, sagen wir, erklärten Personal. Sobald sie auftreten, haben sie bereits einen schlimmen Vorsprung. Ihre widerwärtige Überlegenheit scheint gesichert. Sie sind immer »schon da«. Auch wenn unser gemeinsamer Erfahrungshaushalt Böll in der Annahme recht gibt, daß bestimmte Typen immer »schon da« sind: Gerade um das Typische zu vermeiden, müßten sich Figur und Gegenfigur dauerhafter bedingen. Sie sollten mehr zu ihrer gegenseitigen Entwicklung beitragen, als sich damit begnügen, ihre verschiedenen Positionen festzustellen und nur noch die Entfernung zu sanktionieren.

4

Nehmen wir also an, Heinrich Bölls Personal befindet sich nicht zwischen Buchdeckeln, sondern im Grünen, in Neu-Zimpren. Dies ist, wie gesagt, kein Ort zum Verwittern: Man hat ihn vielmehr gegründet, um ein Muster zu entwerfen, ein mögliches Leben, das ja ebenso mannigfaltig sein kann wie Satzformen. Die Figuren erhalten eine Chance, ihr mehr oder weniger formuliertes utopisches Konzept zu verwirklichen, und wir können sie an ihrem erfüllten Konzept messen. Was fällt da ins Auge?

Ich zweifle nicht einen Augenblick daran, daß Neu-Zimpren ein Ort zum Leben wäre: jeder Einwohner ein Fall für sich, ein tief verständliches Durcheinander, jeder im Licht der Erfahrungen, die er nicht vergessen kann. Die Unordnung ist von einnehmender, sie ist von menschlicher Art. Einige Schicksale sind korrigiert: Fred geht nicht hinter seiner Frau her, sondern neben ihr, der Zähler auf der Brücke rächt sich nicht an der Behörde, indem er ein bestimmtes Mädchen ausläßt; und der Clown Schnier lebt immer noch mit Marie Derkum zusammen. Es fehlt alles, was, im Sinne des Autors, das Ideal der Ursprünglichkeit beeinträchtigt: Kinos, Profitgier, Ausstellung von Besitz, blinder Massenkonsum, militärischer Stumpfsinn. Da Heinrich Böll einer Figur tatsächlich deshalb Natürlichkeit zuerkennt, weil sie wenig ins Kino geht, wollen wir einmal annehmen, daß Neu-Zimpren ein ganz und gar ursprünglicher, ziviler, in allen Regungen »spontaner« Ort sei. Aber ist es auch ein glücklicher Ort?

Ich fürchte, daß es der Autor selbst ist, der dem größten Teil seines Personals ein wenn auch graues Glück bestreitet, indem er ihm ein Leben nach dem Massenschema verwehrt und ihm statt dessen eine »Natürlichkeit« vorschlägt, die mir unerreichbar erscheint. In Neu-Zimpren müßte es sich zeigen, daß es heute keine praktizierbare Alternative zur Massengesellschaft gibt, zumindest nicht diese Alternative: Ursprünglichkeit und Originalität.

Zwar, ich sehe den Grund des Protestes ein, und es kann keinen unabhängigen Geist geben, der Bölls kunstvoller und unentmutigter Bloßstellung einer angepaßten Gesellschaft seine bewundernde Aufmerksamkeit entzieht: seine Überredungen zum Zweifel am Klassenschema sind allemal gerechtfertigt – fraglich indes ist das Gegenangebot, das so sanft daherkommt und plötzlich solchen Anspruch fordert: das Ursprüngliche, das Echte.

Wer will, wer kann so leben? »Die Welt bestand aus Epigonen«, schreibt Heinrich Böll, nun gut: Sollen wir uns in eine Welt der Originale verwandeln? Dürfen wir übersehen, daß das bescheidenste – und am meisten verbreitete – Glück in der Epigonalität gefunden wird?

Neu-Zimpren würde, es müßte den Beweis dafür liefern, daß unser Bewußtsein montiert wird und daß wir uns montieren lassen. Über kurz oder lang würde es auch hier einen berufsmäßig Trauernden geben, ein Wegwerfer wäre vonnöten, und Chefs würden mit dem Ruf ins Büro stürzen: Es muß etwas passieren! Sich selbst überlassen, erschöpft vom zumutbaren Umgang mit ihresgleichen, würden sich die Figuren hilfesuchend nach dem Autor umsehen und ihn bitten, ihnen entweder die Welt mit ihren Heimsuchungen zurückzugeben oder ihnen wenigstens zu erlauben, die Spielarten der Welt im Ausschnitt zu wiederholen.

Neu-Zimpren würde klarmachen, daß man vom Widerstand ernährt wird. Ohne Heimsuchungen, ohne Schrecken verlöre der Ort seine Wahrheit. Man kann nur leben lernen mit den »anderen«, die für Schmerz sorgen oder für Geborgenheit. Neu-Zimpren, die angenommene Gründung von Bölls Personal, könnte uns kein Beispiel sein, der utopische Entwurf ginge nicht auf.

Was Heinrich Bölls Personen so oft zu unbedingt »wahren« Personen macht, das sind ja die Beschädigungen, die sie davontrugen, als sie von der Welt Gebrauch machten, oder die Welt von ihnen. Jede Narbe hat ihre Geschichte, jede Verkorkstheit ihren genauen Grund. In Neu-Zimpren könnten sie nicht sein, was sie unter uns sind: unseresgleichen nämlich; und das heißt: schlaue, gutmütige, erinnerungsfähige und gewitzte Leute.

Kleine Leute? Ja, durchaus, auch kleine Leute, allerdings nicht im Legendenzuschnitt, sondern in einem außerordentlich protesthaften Sinn: Sie sind in der Hinsicht klein, als sie ihre Verluste nicht elegant ausgleichen können. Sie sind es, die immer wieder von der Geschichte zur Kasse gebeten werden, die den ganzen Mist ausbaden müssen, die Hilfe nur von sich selbst erwarten können. Da mag sich groß fühlen, wer will.

Ich habe die sogenannten kleinen Leute bei Böll immer nur so verstanden: Sie sind »klein«, weil sie die Verletzungen nicht leugnen, weil sie, anstatt im allgemeinen Karriere-Ballett mitzumachen, sich damit aufhalten, die Lehre aus ihren Verletzungen zu begreifen oder ihre Trauer zu legitimieren. Deshalb verzichtet Schnier auf die »Scheißmillionen« seiner Familie, deshalb vererbt Robert Fähmel den Familienbesitz dem Liftboy Hugo.

Abgesehen davon hat jeder Schriftsteller das Recht, sich die Objekte des Zorns oder seiner Sympathie frei zu wählen, das heißt: er sucht sich das Personal, mit dem er sich, gewissermaßen, versteht. Wenn man bedenkt, zu welch einem fatalen Prozentsatz Geschichtsschreibung sich darauf beschränkt, die Biographien von gekrönten Narren, Beutemachern und gesalbten Totschlägern anzubieten, dann muß man doch die Notwendigkeit begreifen, denen Stimme und Beachtung zu verschaffen, die immer nur bezahlen müssen, von mir aus: die kleinen Leute.

Freilich, schon Camus' beredsamer und heruntergekommener Anwalt warnte davor, alle Witwen und Waisen pauschal unter die Engel zu versetzen; vor Gericht macht man so seine Erfahrungen. Oben und unten: das ist doch, nicht nur soziologisch betrachtet, ein ziemlich abenteuerlicher Begriff; jedenfalls bringt er kaum einen Zuwachs an Erkenntnis. Neu-Zimpren würde das musterhaft bestätigen. Es müßte zeigen, daß es nicht nur »oben« wie in schlechten Romanen zugeht – etwas, was mich mitunter an Bölls Personal ein bißchen irritiert.

Daß es »oben« mies zugeht, weiß man ja bereits vom Hörensagen, aber als Leser von Gerichtsberichten habe ich erfahren, daß alles seine Entsprechung hat und daß es auch aus den Niederungen Mitteilenswertes gibt, das den Alltag nicht unbedingt erhellt. Und wie fragwürdig der Gegensatz heute geworden ist, das kann man an einem beliebigen sozialen Relief ablesen: Mittlerweile sind die »unteren« weniger, die »oberen« zahlreicher geworden. Fast kann man es sich angewöhnen, von den oberen Millionen zu sprechen. Auch Neu-Zimpren hätte sie eines Tages, unausbleiblich.

Man kann sagen, Heinrich Bölls Personal ist auf die Welt angewiesen. Die Konflikte seiner Figuren sind nicht unverbindlicher Art, sondern durch die Erfahrungsregel bestimmt, daß die Wirklichkeit den Menschen erprobt und zeichnet: man wird zum Leser seiner eigenen Not. Wo immer diesen Personen etwas zustößt: im Ruhrgebiet, in Rußland, in einer rheinischen Großstadt – ihre Not macht sie durch und durch vertrauenswürdig.

5

Ja, ich weiß, die Literatur liegt weit hinter unseren Einsichten zurück. Stück für Stück ihres alten Hoheitsgebiets mußte sie abtreten: an die Anthropologie, an die Biologie, an die Soziologie, meinetwegen auch an die Religionssoziologie; ihre Zuständigkeit wird beinahe in jeder Hinsicht bestritten, seitdem das Gespräch über den Wettlauf der Ungleichen: über Wissenschaft und Literatur begonnen hat.

Was also kann Literatur noch bestellen, wenn der ganze Stoff, wenn alle Zwecke und Handlungen des Lebens anscheinend verläßlicher bei der Wissenschaft aufgehoben sind? Sind ihr tatsächlich nur noch Hochzeitsvorbereitungen und Sonnenuntergänge geblieben? Sozusagen Spiele mit feuchten Streichhölzern?

Ich glaube, die Literatur hat nichts von ihrer Funktion eingebüßt, zur Erkennbarkeit des Menschen in der Zeit beizutragen; zumindest die Möglichkeiten der Erkennbarkeit festzustellen. Es kommt ihr weniger darauf an, Fragen des Daseins zu lösen, als Fragen an das Dasein zu stellen. Um das zu tun, braucht ein Autor, der das Gesetz der Zeitlichkeit anerkennt, ein spezifisches, und das heißt: ein mehr oder weniger charakterisiertes oder charakterisierbares Personal.

Heinrich Böll charakterisiert seine Personen knapp und – etwa im Gegensatz zu Proust, der Albertines auch auf tausend Seiten nicht habhaft wurde – endgültig. Delikate Identitätsprobleme werden nicht aufgeworfen. Böll macht seine Figuren erkennbar, indem er sich immer wieder dieser Charakteristika bedient: Haut, Zähne, Augen, Haar, Geruch; dazu verwendet er sanfte Farbvergleiche aus der Lebensmittelbranche. Die Gefühlsäußerungen sind reduziert auf starrsinnige oder lustvolle Trauer, auf kalkulierte Wut, auf Bitterkeit, Furcht, entschlossenen Grimm und einer Art wehender Angst.

Man weiß nicht nur, wie die Personen aussehen, man kann hier auch nahezu sicher sein, daß sie sich im Gedächtnis nicht verändern. Sie sind nicht Bewegung, veränderliche Sensibilität; die Personen Bölls beziehen ihre Wirkung vielmehr daraus, daß sie sich so intensiv dem Gedächtnis anvertrauen. Einmal kennengelernt, empfinden wir sie auch weiterhin als Bekannte – was von einem gewissen Standpunkt natürlich auch gegen sie sprechen kann.

Aber indem er so konsequent auf der Umwandelbarkeit seiner Figuren besteht, will Böll uns ja zu verstehen geben, daß auch für ihre Trauer, Bitterkeit und Furcht kein Wandel bevorsteht. Und warum sollte ein Autor nicht das Recht haben, sein Interesse begrenzten und gewissermaßen verfügbaren Charakteren zu widmen? Mir scheint, daß die erreichte Tiefe einer einzigen Perspektive ebenso Aufschluß über den Menschen geben kann wie eine uferlose Folge von qualifizierten Beobachtungen, die zu einer kunstvollen Wahrscheinlichkeitsrechnung zusammengebunden werden.

In diesem Sinne erfüllen Bölls Figuren den Anspruch, den ich an das Personal eines Schriftstellers stelle: nach einer geschlossenen Bekanntschaft mit ihnen wissen wir mehr über uns selbst. Man kann es auch Bereicherung nennen. Und solch eine Bereicherung können wir wohl kaum aus wissenschaftlichen Einsichten beziehen. Denn worin besteht sie? In der Entdeckung beispielsweise, daß wir einen bestimmten Schmerz heftiger als zuvor empfinden, in der Feststellung, daß unsere Trauer sich nuanciert, unsere Erbitterung sich Klarheit verschafft hat. Man fühlt sich aufgefordert, deutlicher zu leben.

Das Personal von Böll verpflichtet den Leser in unnachgiebiger Weise zur Zeitgenossenschaft; und Zeitgenossenschaft verlangt nun einmal die Deutlichkeit des Gegenwärtigen. Sein Personal macht uns wieder zu dem, was wir zwar seit langem sind, was wir uns jedoch aus Gleichgültigkeit oder Zaghaftigkeit nicht einzugestehen wagen: zu Mitwissern. Zu Teilhabern an einem Erinnerungsfonds, der uns mehr belastet als freispricht und der uns nicht nur an unsere vergangene Rolle erinnert, sondern auch an unsere gegenwärtige Aufgabe.

In einem Heinrich Böll gewidmeten Aufsatz, den das Hamburger ›Sonntagsblatt‹ vom 6. August 1967 veröffentlichte, berichtet Geno Hartlaub von Gesprächen, die sie in der Stadt Irkutsk mit jungen Russen über den deutschen Autor geführt hat. In sibirischer Sicht erscheint »Genrich Bell« offenbar ganz wesentlich als ein Mann, der Zustände anprangert. Zustände, die, wie man dort zu wissen glaubt, der ungebrochenen Herrschaft der »Faschisten und Kapitalisten, Militaristen und Imperialisten« über die westdeutsche Bevölkerung zu verdanken sind. Bölls religiöse Thematik, was die betrifft, so müssen die Meinungen auseinandergegangen sein. Die einen vermuteten, sein Glaube könne sehr stark nicht sein, wenn er sich mit so viel Bitterkeit über soziale Mißstände verbreite. Andere meinten, »der Dichter wolle durch sein Bekenntnis zum christlichen Glauben eigentlich etwas anderes ausdrücken, das er mit Rücksicht auf die Bonner Regierung (!) nur indirekt sagen könne«.

Der neben Grass gefeiertste Autor der deutschen Nachkriegsliteratur wird also in dieser Deutung zum verzweifelten Einzelgänger, der unter dem Druck einer gesellschaftlichen Verfassung von unmenschlicher Rückständigkeit zu leiden hat und von einer imaginären Zensur daran gehindert wird, rückhaltlos zu sagen, was er »eigentlich« sagen will. Die schaudererregende Primitivität dieser Auslegung ist übrigens keineswegs nur in kommunistischen Ländern verbreitet. In der amerikanischen Literaturkritik, wo man sich anstatt mit Böll lieber mit Grass beschäftigt, findet man die genau entsprechenden Argumente: Grass habe seine Landsleute mit einem Roman (der ›Blechtrommel‹) skandalisiert, der die »Schutzschicht aus Sentimentalität, Selbstmitleid und Arroganz zerrissen habe, um die eiternde Wunde der jüngsten deutschen Vergangenheit bloßzulegen«; Grass, und er allein, habe gewagt, was »für einige Zeit« und »aus durchsichtigen Gründen« kein deutscher Autor riskiert habe (nämlich das Porträt des Juden Markus geschaffen) usw. (in der ›New York Times‹ vom 31. Mai 1964).

Auch hier also die irreführende Vorstellung vom einsamen Außenseiter und literarischen Widerstandskämpfer, der gegen eine stumpfsinnige, in reaktionärer Bosheit verharrende Masse die Stimme der Menschlichkeit erhebt. Die größten »Auslandserfolge« der zeitgenössischen deutschen Literatur sind, so scheint es, von tiefwurzelnden Mißverständnissen begleitet.

Nun ist es gewiß nicht uninteressant, das Werk eines Schriftstellers unter gesellschaftskritischen Gesichtspunkten zu betrachten. Wir haben uns nachgerade auch in Deutschland daran gewöhnen müssen, daß alle Welt der Suggestivität dieser Betrachtungsweise verfallen ist. Könnte man nicht auf den Gedanken kommen, daß das außerordentliche Ansehen, das Heinrich Böll nicht nur in Rußland, sondern auch in Deutschland genießt, etwas zu tun haben muß mit der Empfänglichkeit der deutschen Kritik und des deutschen Publikums für gesellschaftskritische Motive? Muß man nicht, wenn man sich schon auf gesellschaftskritische Kategorien einläßt, darauf bestehen, daß es für die Beurteilung einer Gesellschaft nicht gleichgültig sein kann, wer in ihr Erfolg hat?

Wie ist es möglich, daß ein Autor, der sich, heiße er Böll oder Grass, als Ankläger einer moralisch verrotteten, politisch verbockten Gesellschaft in den Augen russischer Kommunisten und amerikanischer Professoren Lorbeeren erworben hat, von eben dieser Gesellschaft mit Auflagen, Preisen, Geld und Ehren aller Art überhäuft wird? Wieso wird man bei uns, indem man »Wunden bloßlegt« und »Masken herunterreißt«, zum literarischen Liebling der Nation?

Mit der Gesellschaft, die hier zur Debatte steht, hat es offenbar doch eine sehr viel diffizilere Bewandtnis, als man es jenseits des Ural und jenseits des Atlantik wahrhaben will. Man kann diese Gesellschaft mit soziologischen und politologischen Begriffen als alles mögliche definieren, zum Beispiel als Industrie-, Konsum- oder Überflußgesellschaft, als offene, pluralistische, als restaurative oder – mit Dahrendorf – »moderne« Gesellschaft; man kann ihre politische Verfassung als autoritäre oder improvisierte Demokratie beschreiben, als »Kartell der Angst« oder als fest zementiertes »establishment«, dem durch ein linksintellektuelles Gegenestablishment von beneidenswert krisenfestem Prestige pausenlos die Leviten gelesen werden. Man kann, wenn man sich in demagogischen Manövern gefällt, diese Gesellschaft in aller Öffentlichkeit auch faschistoid, monopolkapitalistisch usw. nennen, ohne deswegen belangt zu werden. Man kann das alles behaupten und bezweifeln; aber eines wird man nicht leugnen können: daß nämlich diese Gesellschaft, soweit sie sich überhaupt literarisch artikuliert, Raum bietet für ein schier grenzenloses Fluktuieren von Ideen, Interessen, Sympathien und spontanen Neuigkeiten und daß sie alles »frißt«, außer einer kritiklosen Bestätigung ihrer selbst. Denn insofern man sich bei uns nicht als Volk, Nation, Gemeinschaft usw., sondern als Gesellschaft versteht, denkt man eo ipso ja immer schon gesellschaftskritisch.

Es ist also gerade der gesellschaftskritische Autor, der in dieser Gesellschaft eine Chance hat, zu reüssieren und unter Umständen Gefühle der Solidarität zu erwecken, die mehr sind als ein lang anhaltender Publikumserfolg. Man kann, indem man mit der Bundesrepublik hadert und rechtet, zum literarischen Favoriten der Bundesrepublik werden. Ein solcher Glücksfall ist Böll.

Glücksfall – warum? Durch Böll ist etwas geleistet worden, was sozusagen auf der Hand lag, was man ein Ei des Columbus nennen könnte und was doch zu der Zeit, als er sich als Protagonist von seinen Konkurrenten absonderte, um 1950, noch niemand so recht geschafft hatte: die geschichtliche Novität, die sich da als Germania post finem Germaniae, als nachfaschistisches Westdeutschland etabliert hatte, erzählerisch anzugehen. Einen gesellschaftlichen Befund, dem man mit soziologischen Abstraktionen und politischen Schlagwörtern wie »Ära Adenauer« schon dieses und jenes abgelesen hatte, nun auch als konkrete menschliche Wirklichkeit beim Wort zu nehmen.

Konkret hieß in seinem Falle, daß er im Gegensatz zu vielen begabten Zeit- und Zunftgenossen den unschätzbaren Vorteil mitbrachte, im Regionalen auf unbedingt glaubwürdige Weise verwurzelt zu sein, im regionalen Weltausschnitt ein Ganzes zu erfassen: was Dublin für Joyce, Danzig für Grass, das war für ihn Köln und das niederrheinische Gebiet. Konkret hieß ferner, daß sein Wirklichkeitssinn das neue soziale Erscheinungsbild, das nach dem Untergang des Dritten Reiches auf deutschem Boden entstanden war, richtig erfaßte: nicht mehr als die Klassengesellschaft von einst, sondern als ein amorphes Gemenge vorwiegend kleinbürgerlichen Charakters, ein Volk von Angestellten, verbürgerlichten Arbeitern und bürgerlichen Honoratioren.

Auf exemplarische Weise wurde hier ein neues Muster des »realistischen«, gesellschaftlich denkenden Romans entwickelt, wurde hier die bildungsbürgerliche Welt der (nichtfaschistischen) Literatur der dreißiger Jahre (Carossa, die Jüngers, Winkler) verabschiedet und der Anschluß an den sozialen Roman der zwanziger Jahre (Döblin, Seghers und andere) wiederhergestellt, wurde also, in einer neuen Sprache für ein neues soziales Klima, eine erzählerische Tradition fortgesetzt, die bei uns bisher wohl nur zweimal, bei Fontane und Thomas Mann, ein weltliterarisches Niveau erreicht hatte.

Wenn es je so etwas wie den »Roman der Ära Adenauer« hat geben können, so konnte es, wie die Dinge lagen, kein, sagen wir, christlich-sozialer ›Ole Bienkopp‹ sein. Was es sein konnte, wenn sozialkritische Streitbarkeit der mitmenschlichen Solidarität nicht im Wege stand und moralischer Ernst sich verständigen konnte mit der künstlerischen Empfänglichkeit für das ewige Cosi fan tutte, das sich nicht ideologisieren läßt, das hat Böll gezeigt.

Was diesen Autor auszeichnet, ist eine Konstellation von Eigenschaften, Motiven und thematischen Interessen, die mit dem landläufigen Klischee vom literarischen Widerstandskämpfer durchaus nicht zu vereinbaren ist. Einerseits die vererbte und niemals verleugnete Katholizität, andererseits die bittere Polemik gegen das klerikale Establishment. Einerseits die kritische Auseinandersetzung mit der rheinischen Bourgeoisie, andererseits die unverblümte, unausrottbare Zärtlichkeit für die Heimat und ihr Volk, ein Volk von »rheinischen Füchsen«, eine Anhänglichkeit, die Reinhard Baumgart nur wenig übertreibend als »Affenliebe« bezeichnet hat. Einerseits die Solidarität mit den linken Intellektuellen, wenn sie die Unbedingtheit der moralischen Forderung nach Reinigung, Erneuerung und Umkehr an die zähe Mittelmäßigkeit der politischen Zoologie herantragen wollen; andererseits die entschiedene Parteinahme für den »kleinen Mann«, für das Wohn- und Waschküchenmilieu und die grimmige Distanz zum literarisch-intellektuellen Betrieb.

Das sind die Spannungen, denen das Böllsche Romanwerk seinen Charakter und seine prägende, soziale Wirklichkeit definierende Kraft verdankt, und genau diese Mischung ist es gewesen, die in Adenauers Deutschland zum Erfolg führen mußte: als eine literarische Interpretation der neuen, vom Rheinland her, vom willensmächtigsten aller »rheinischen Füchse« regierten »Bonner« Republik.

Man könnte diesen Autor mit Dickens vergleichen; das passionierte soziale Interesse, die Kunst der humoristischen Charakterisierung, die doch eine gewisse Sentimentalität nicht ausschließt, nicht zuletzt das Festhalten am überlieferten Begriff der erzählerischen Zeit, die Verläßlichkeit und Instinktsicherheit der fabelbildenden Phantasie: dies alles erinnert an den großen und volkstümlichen Erzähler des frühviktorianischen England.

Was Böll nicht mehr leisten, weil nicht mehr anstreben kann, ist die sogenannte epische Breite, die »behagliche« Umständlichkeit einer Darstellung, die es auf panoramatische Vollständigkeit abgesehen hat. Seine Bücher sind straffer, schlanker, pointierter als die klassischen Romane des 19. Jahrhunderts; neuerdings, bei wachsender Sicherheit im Gebrauch der eigenen Kunstmittel, scheint er sich mehr und mehr auf eine zeitgemäß abgewandelte, mit spielerischer Souveränität komponierte Form der »Erzählung« festlegen zu wollen (›Entfernung von der Truppe‹, ›Ende einer Dienstfahrt‹).

Was im Unterschied zu Dickens (oder Balzac oder Flaubert) vor allem fehlt, ist der mittebildende »Romanheld«, die anspruchsvoll individualisierte Figur, die auch noch außerhalb des erzählerischen Zusammenhangs eine starke, erinnerungsfähige Lebenskraft besitzt. Ein David Copperfield, ein Micawber wäre von Böll nicht zu erwarten, auch ein Franz Biberkopf, ein Hans Castorp nicht mehr. Seine Menschen haben oft etwas Chargenhaftes, sie sind im besten Falle knapp und lebhaft und ein wenig »leitmotivisch« skizziert, in minder glücklichen Fällen auch karikiert, wie zum Beispiel die Mutter in den ›Ansichten eines Clowns‹.

Bölls Stärke liegt, so scheint es, nicht in der Gestaltung von unvergeßlichen Menschenwesen, sondern in der Erfassung und sprachlichen Bewältigung von Stimmungen, Gesinnungen, Perspektiven, Milieus, atmosphärischen Bedingungen, die für die bundesdeutsche Gesellschaft kennzeichnend sind. Die schwüle Prosperität dieser Gesellschaft und das moralisch Depressive ihres Selbstgefühls, das Flache, Rastlose, blind Restaurative, die nervöse Energie, die zerstörte Städte durch »Wiederaufbau« noch einmal zerstören kann, und die unheilbar-unauslotbare Denkwürdigkeit einer gemeinsam zu verantwortenden Vergangenheit: dieser spezifische Zusammenhang in der spezifischen, melancholisch-sarkastischen Sprache, die Böll dafür gefunden hat, das ist der eigentliche Beitrag dieses Autors zur Bewußtseinsbildung der zeitgenössischen Deutschen.

Was ich die Instinktsicherheit seiner Fabulierkunst genannt habe, ist freilich nicht immer unfehlbar. Es gibt Stellen, wo die demonstrierende Absicht zu nackt hervortritt, das Sentiment nicht ganz kontrolliert wird und der Kunstverstand vor dem moralischen Pathos kapituliert. Eine solche Stelle ist, fürchte ich, der Schlußauftritt in ›Ansichten eines Clowns‹: Hans Schnier auf der Bonner Bahnhofstreppe sitzend und für Geld singend.

Da haben wir so etwas wie ein lebendes Bild, eine allegorische Draperie, nicht die solide Leistung der erzählenden Phantasie, die man sich hier gewünscht hätte.

Wo Böll in Form ist, da würde er sich lebende Bilder und larmoyante Montagen nicht durchgehen lassen. Er würde sich, um eine menschliche Situation melancholischer Art zu definieren, zum Beispiel folgendermaßen ausdrücken: »Zuerst ging ein großes, gelbes, tragisches Gesicht an ihnen vorbei, das war der General. Der General sah müde aus. Hastig trug er seinen Kopf mit den bläulichen Tränensäcken, den gelben Malariaaugen und dem schlaffen, dünnlippigen Mund eines Mannes, der Pech hat, an den tausend Männern vorbei.« Es sind die ersten drei Sätze aus dem Kriegsbuch ›Wo warst Du, Adam‹; als ich sie vor vielen Jahren zum ersten Male las, da wußte ich sofort, daß es sich um einen beträchtlichen Erzähler handeln müsse. Ich muß es mir versagen, die eigentümliche Qualität dieser Stelle, die für jeden Leser evident sein müßte, ausführlich zu untersuchen. Vielleicht ist es ein sinnförderndes Mißverhältnis – der melancholische Kontrast zwischen der Idee, zumal der faschistischen Ideologie eines Generals, und den Tränensäcken, Malariaaugen und dem Air eines Mannes, der Pech hat –, was hier so überzeugend ist.

Ein anderes Beispiel für Bölls Fähigkeit, sich im richtigen Augenblick etwas unbedingt Zwingendes einfallen zu lassen, wäre die Stelle in ›Ende einer Dienstfahrt‹, wo der Staatsanwalt, von dem füchsisch-regelwidrigen Verlauf dieses Prozesses irritiert, strapaziert, schließlich aus der Fassung gebracht, sich ans Herz greift und zusammenbricht und wo dann der Justizwachtmeister Schroer ihm beispringt, während er mit dem Rufe »Geh, hol rasch die Lisa« den angeklagten Gruhl junior vorschriftswidrigerweise sowohl duzt als auch aus dem Gerichtssaal schickt. Hier ist es ein *komisches* Mißverhältnis, ist es der Kontrast zwischen dem öffentlichen Zeremoniell der Verhandlung und der anarchischen »Menschlichkeit« des komplizenhaft zusammenhaltenden Volkes, was die Pointe zum Springen bringt. Dies »Geh, hol rasch die Lisa« könnte fast aus dem ›Zerbrochenen Krug‹ sein. Hier bewährt sich die Art von künstlerischer Vollmacht, die Thomas Mann rühmen wollte, als er einmal im Hinblick auf einen großen Erzähler – war es nicht Tschechow? – von »hypnotischen Erzählergriffen« sprach.

Ohne solche Qualitäten, will sagen ohne sein beträchtliches »Talent«, wäre Heinrich Böll gewiß nicht das, was er für das deutsche Publikum bedeutet. Und doch gibt es eine Perspektive, in der diese seine Kunst nur als ein Vehikel erscheint, um etwas zu vermitteln, das gewissermaßen mehr ist als »bloße« Kunst. Alle sind sich darin einig, daß er geradezu überwältigend sympathisch ist, nur wenige können sich dieser Wirkung entziehen, und es wäre zu überlegen, was diese Art von menschlichem Appeal für den literarischen Erfolg überhaupt, was sie insbesondere für das deutsche Publikum der Gegenwart bedeutet.

In Bölls Erscheinung ist etwas vom Wesen der Handwerksmeister, denen er in seinen Büchern so gerne die Rolle der moralischen Autorität zuspielt, die Vaterrolle des unabhängigen, rechtschaffenen, gütig-listigen Mannes, der seinem Gewissen verpflichtet ist und seinerzeit unter Hitler unbeirrbar »dagegen« war. Soziologisch gesprochen, ein etwas obsoleter Typus, dem man nur noch selten begegnet, aber eben darum so angenehm befremdend und menschlich gewinnend. Dieses unverblümt Volkstümliche in Bölls Physiognomie, dieses Air von Mannsbild und ehrlicher Haut, ganz »unliterarisch« und mit einem impliziten Argwohn – manche nennen es Ressentiment – gegen feine Leute, kulturkritische Klugscheißer und subtile Essayisten, diese Mischung von warmherzig und sarkastisch, von Güte und Ironie: das ist das menschliche Muster, das sich unwiderstehlich erwiesen hat.

Welches ist sein Geheimnis? Es gibt Leute, die uns einreden wollen, das Moralische sei keine sinnvolle Kategorie mehr in der heutigen Literatur, und nur durch die Umkehrung der überlieferten (»bürgerlichen«) Wertvorstellungen seien noch künstlerische Blumentöpfe zu gewinnen, nur auf der Linie Sade – Lautréamont – Genet könne es weitergehen. Heinrich Böll steht dafür ein, daß das Gegenteil immer noch sehr viel für sich hat.

Wenn Emil Staiger in seiner berühmt gewordenen Rede über ›Literatur und Öffentlichkeit‹ der zeitgenössischen Literatur ihre prinzipielle Niedertracht vorwirft, ihren Mangel an Wertgefühl und sittlicher Kraft: hier wäre der Mann, der ihn beruhigen könnte.

Es müßte ein lehrreiches Vergnügen sein, eine moderne Literaturgeschichte zu schreiben – oder, viel besser noch, sie zu lesen –, in der nicht hauptsächlich von Absichten und Handlungskurven und sinnvollen Zusammenhängen und poetischen Konstruktionen die Rede ist, sondern von den unbetonten Eigenheiten der Autoren. Von dem, was zwischendurch, gleichsam am Rande des epischen Weges, ihre Aufmerksamkeit auf eine für sie jeweils typische Weise mobilisiert. Die Neugier dessen, der diese Literaturgeschichte zu schreiben unternimmt, sollte sich dabei (so stelle jedenfalls ich mir das Buch vor) nicht schadenfroh auf Manierismen richten, von denen kaum ein Kunstkosmos frei ist, und sie sollte sich auch nicht zur unangreifbar überlegenen Attitüde dessen verhärten, der jenen Widersprüchen auf die Spur zu kommen versucht, an denen es in den meisten gedichteten Welten kaum weniger fehlt als in der, für deren perfekten Aufbau sieben Tage doch nicht ganz ausreichten.

Gewiß: Manierismen, Versteifungen, die zur Methode ausarten, Gravitationen, die bestehen und dennoch vertuscht werden sollen, damit nicht spürbar wird, daß Massen verschiedener Gewichtigkeit auf ein Autoren-Bewußtsein einwirken – alles das besagt schon einiges über Bücher und über die, die sie schreiben. Doch wer dergleichen bedenkenlos aufrechnet, muß sich vor der Gefahr hüten, polemisch abzustempeln, seinerseits kritischer Manierist zu werden und statt lebendiger Körper nur noch Achilles-Fersen zu sehen. Was die Darlegung von Widersprüchen betrifft, so erfährt man zweifellos Wichtiges über einen Künstler, wenn man gerade da innehält, wo seine Kalkulation in Schwierigkeiten gerät, weil das Buch plötzlich etwas anderes will, wollen muß, als der Autor ursprünglich plante (weil nämlich das Buch entweder über seinen Verfasser hinaus möchte oder nicht ganz hält, was der Poet sich und anderen versprach).

Solche »Widersprüche« können aufschlußreicher sein als die schönen, aber manchmal auch faden Augenblicke ruhigen Gelingens, sicheren Einklangs, harmonischer Klassizität. Für den Kritiker besteht dabei allerdings die Gefahr marxistischer beziehungsweise geist-soziologischer Klugschwätzerei. Allmählich wissen Journalisten, Kritiker und Professoren so genau darüber Bescheid zu geben, was ein Werk hinter dem Rücken dessen, der es ahnungslos verfaßte, »eigentlich« sagen will und zu sagen hat, daß einen geradezu Mitleid überkommt mit den armen, zurückgebliebenen Autoren, die in einer durchinterpretierten Schriftwelt gewissermaßen als einzige völlig unwissend geblieben sind.

Wir wollen das so fein, so fabelhaft erlesen klingende Wort »Sensibilität« hier zunächst einmal ganz simpel verstehen: Worauf richtet sich während des epischen oder dramatischen Verlaufs eines Autors Neugier ganz besonders intensiv? Wann wird er besonders scharfsinnig? Wogegen ist er besonders allergisch, wofür besonders aufgeschlossen?

Dabei soll es uns eben nicht um die großen kompositorischen Absichten gehen, die gewiß keineswegs ganz unabhängig sind von der spezifischen Sensibilität eines Autors, aber mit ihr auch nicht identisch, sondern etwas anderes, meist viel Dezidierteres. Jemand vernichtet aus Scham eine Abtei (›Billard um halbzehn‹), hat Freude an einem anarchischen Zerstörungsakt (›Ende einer Dienstfahrt‹): Solche schrillen Konsequenzen können aus den Handlungszusammenhängen hervorgehen: aber das sind Folgen Böllscher Sensibilität, nicht ihre meist viel zurückhaltenderen Ausdrucksformen.

Es gibt Künstler – Proust oder der von Böll recht häufig erwähnte Chopin –, deren Lebenswerk beinahe auf Sensibilität als gemeinsames Vielfaches reduziert werden kann. Aber wirklich nur »beinahe«. Sonst wären sie keine Künstler, nur Geschmäckler. Denn produktive Sensibilität kann nicht selbst schon einziger Endzweck sein: Sensibilität muß wohl, wenn das Werk atmen und nicht nur feinsinnig dünn dahinwesen soll, ein bestimmtes Ziel, eine präzise Neugier, eine genaue Richtung haben. Niemand ist für alles gleichermaßen »sensibel«.

Woran entzündet sich nun die Sensibilität Bölls? Eine Antwort auf diese Frage kann natürlich weder bloß quantitativ ermittelt noch rein qualitativ gegeben werden. Ein Autor ist gewiß nicht bereits dann sensibel für bestimmte Phänomene, wenn er oft, wie unter Wiederholungszwang, von ihnen spricht, sondern doch wohl erst in dem Augenblick, da er auch besonders betroffen, gut, erleuchtet, präzis von den Erscheinungen zu reden versteht, die seine Sensibilität mobilisierten.

Zu der notwendigen Bedingung einer relativen Häufigkeit käme also (in der anfangs erwähnten modernen Literaturgeschichte, von der hier immer noch, aber wirklich nicht mehr lange, geträumt wird) die hinreichende einer qualitativen Beglaubigung. Thomas Manns Sensibilität wurde, um nur irgendeinen Aspekt aus seinem Gesamtwerk beispielshalber herauszugreifen, in Bewegung gesetzt von auffallenden Äderchen auf weißer Haut, von lindem, sanft niedergehendem Regen, von organischer Kränklichkeit. Immer wieder befriedigte es den Dichter, alles das zu demaskieren, bis er dann die Maske des Todes hinter solchen Verkleidungen fand.

Brechts Sensibilität und Scharfsinn erwachten immer dann, wenn Brecht auf die Ideologie der Freiheit stieß und sie ad absurdum führen konnte, wenn er die Verstrickungen bedachte, in denen bürgerlicher Liberalismus sich nur zu leicht verheddert. Eine italienische Universität brüstet sich stolz, allen ideologisch Verfolgten Arbeits- und Denkfreiheit zu geben, wobei sie nur eben die Flüchtlinge nicht sehr gut zu bezahlen braucht, also ganz schön spart dank ihres Liberalismus: ›Galileo Galilei‹. Der Umschlag freier Entfaltungsmöglichkeit in tausendundeine Abhängigkeit: ›Die 7 Todsünden der Kleinbürger‹. In solchen Augenblicken wird Brecht immer ganz besonders schlau, hellseherisch, sensibel, wenn auch nicht gerade übertrieben »gerecht«.

Im Kosmos Wedekinds spielt der Peitschenknall eine kaum überhörbare Rolle. Das ist – neben vielem anderen – eine Zirkuswelt des weiblichen Masochismus. Als Stifterfigur der meisten Dramen und Novellen erscheint jenes Kätchen, das sich nach Zähmung sehnt. Die Sensibilität von Günter Grass wird hellwach bei Farben, beim Übergang vom Bunten ins Surreale, bei der Spannung zwischen dem genauen Blick und dem phantastischen Drang. Max Frisch kommt nicht über die Ungleichzeitigkeit des Fühlens und Erschlaffens bei Mann und Frau hinweg: kaum zu zählen, wie häufig bei ihm immer dann jemand »zum Umsinken müde« ist, wenn der (die) andere es gerade nicht ist; kaum zu übersehen, wieviel Gereiztheit erwächst aus Verspätungen, Wartereien, redeseligen Reisenachbarn, die sich um das Ruheverlangen des Helden nicht kümmern.

Nun bleibt die mehr oder minder spezifische, mehr oder minder originelle Sensibilität eines Autors aber so lange nur eine schöne, wahrscheinlich meist sogar mühselige Privatsache, solange dieser Autor nicht imstande ist, zugleich auch seine (erfahrungsbereiten, gutwilligen, nicht völlig abgestumpften und selbstsicheren) Leser zu sensibilisieren. Dieses Vermögen, zu sensibilisieren, aufzustacheln gegen Attitüden, die hart, mit sich zufrieden, eitel-absichtsvoll, ordentlich, stolz, sauber und vornehm-affig sind, besitzt Böll in höherem Maße als jeder andere deutsche Autor unserer Gegenwart.

Das ist kein ungefährlicher Vorzug: Man kann dem Böllschen Tonfall erliegen wie einem schmerzlich-süßen Sog, obwohl der Autor immer wieder durchblicken läßt und auch heftig behauptet, wie wenig ihm an Sentimentalitäten liegt, an Gewissenspopelei. Doch die radikale Trauer, die unbeirrbare »Untröstlichkeit«, die Bölls Bücher durchzieht (Böll hat mit Recht gegen die geläufige Verwechslung von »trostlos« und »untröstlich« polemisiert), sie führt dazu, daß man traurig oder ärgerlich lachend die angeberhafte Sturheit und Aufgeblasenheit von Worten und Phrasen durchschaut, die man normalerweise als positiv-harmlos hinzunehmen gelernt hat.

Wenn die Mitteilung

Distinguierter Herr, Anfang vierzig, Sohn eines distinguierten Vaters, Vater eines frischen, sehr intelligenten Sohnes, der lächelnd dem Rundgang beiwohnte, obwohl ihn das Unternehmen sehr zu langweilen schien...

bei einem Autor wie Gerhart Hauptmann stünde, dann würde man aus der Charakterisierung »frisch, sehr intelligent« nichts anderes als eben dies herauslesen, herauszulesen brauchen. Bei Böll aber steht davor eine Erinnerung: »Nein, hier hatte niemand ›Es zittern die morschen Knochen‹ gesungen; kein Sonnwendfeuer; nur Traum.« Bei Böll (es geht um die Seite 247 von ›Billard um halbzehn‹) weiß man dank des epischen Zusammenhanges schon längst, daß da aber nur wie Traum wirkt, was unnatürlicherweise doch Wirklichkeit war. Bei Böll ist von einer Frau die Rede, die mitten in der Wirtschaftswunderzeit sagt:

Ich habe Angst, Alter – nicht einmal 1935 und nicht 1942 habe ich mich so fremd unter den Menschen gefühlt; mag sein, daß ich Zeit brauche, aber da werden Jahrhunderte nicht ausreichen, mich an die Gesichter zu gewöhnen; anständig, anständig und keine Spur von Trauer im Gesicht; was ist ein Mensch ohne Trauer?

Nun sieht man den frischen, sehr intelligenten Sohn schon anders: mit schmerzlichem Mitleid für so viel ahnungslose Unschuld, der etwas allzu Ahnungsloses und etwas ruchlos Unbeteiligtes anhaftet.

Überdies hat man dabei auch noch den Satz über die Steuerbeamten im Gedächtnis oder im Lese-Gefühl, auf deren Spuren die Sekretärin Leonore in den Papieren des Alten trifft:

... dort bewahrte er Dokumente auf, die von Steuerbeamten geprüft worden, deren Reihengräber schon verfallen waren, bevor sie schreiben lernte; englische Pfandguthaben, Dollarbesitz, Plantagenanteile in El

Salvador; dort oben kramte sie in staubigen Abrechnungen, entzifferte handgeschriebene Kontoauszüge von Banken, die längst liquidiert waren, las in Testamenten, in denen er Kinder mit Legaten bedacht hatte, die er nun schon um vierzig Jahre überlebte...,

auch die Trauer, die namen- und begriffslose Welterfahrung und der grandios zusammensaugende Blick des Autors wirken noch nach im Gedächtnis oder im Lese-Gefühl:

... hartmuskelige Achtzehnjährige des Geburtsjahrganges 1885, schnurrbärtig, mit tierischem Optimismus blickten sie in eine Zukunft, die ihnen das Schicksal bereithielt: bei Verdun zu vermodern, in den Sommesümpfen zu verbluten oder auf einem Heldenfriedhof bei Chateau Thierry fünfzig Jahre später Anlaß zu Versöhnungssentenzen zu werden, die Touristen auf dem Weg nach Paris, von der Stimmung des Orts überwältigt, in ein verregnetes Besucherbuch schreiben würden...

Wenn nun aber alle diese Sätze in die Blutbahn des Lesenden gegangen sind, mit dem, was an ihnen furchtbar selbstverständlich ist (nämlich die Reihengräber der Steuerbeamten und das verregnete Besucherbuch von Chateau Thierry): dann ist man unaustilgbar sensibilisiert selbst für etwas so Unschuldiges, Nichtssagend-Nettes wie die Behauptung, ein junger Mann unserer Zeit sei frisch und sehr intelligent.

Verharren wir noch ein wenig bei den, auf den ersten und vielleicht sogar zweiten Blick gar nicht so besonderen Zitaten. Da, wo Böll ganz ernst und ganz wild und ganz bös wird, bedarf es kaum irgendeiner Interpretation. Wogegen sich Bölls Sensibilität, ja seine Allergie richtet, wenn er einen eleganten Prediger beschreibt:

Da lese ich doch lieber Rilke, Hofmannsthal, Newman einzeln, als daß ich mir aus den dreien eine Art Honigwasser zurechtmischen lasse. Mir brach während der Predigt der Schweiß aus. Mein vegetatives Nervensystem verträgt bestimmte Formen der Unnatur nicht ... Da ist es mir schon lieber, wenn ein hilfloser, dicklicher Pastor von der Kanzel die unfaßbaren Wahrheiten dieser Religion heruterstammelt und sich nicht einbildet, »druckreif« zu sprechen ... (›Ansichten eines Clowns‹),

was er meint, wenn er vom unbequemen Priester spricht, der sich unliebsam oft auf die Bergpredigt beruft:

... vielleicht wird man eines Tages entdecken, daß sie ein Einschiebsel ist, und wird sie streichen... (›Billard um halbzehn‹), daran ist nichts mißzuverstehen.

Doch die nur so nebenher angemerkten, jäh fixierten, zum Sprechen und zur Schamröte gebrachten Kleinigkeiten, die Bölls Sensibilität beleidigten, während unsereins sie hinnahm, bis eines

Autors Kunst den Widerhaken in die Phrase schlug: auf solche Kleinigkeiten kommt es an.

Es ist doch weder etwas Neues noch etwas Böses, daß beim Telefonieren auch gehört werden muß. Aber Böll ärgert sich, wenn die Phrase da unwillkürlich den Partner zum Nur-Hörer reduziert, ohne daß die Reduktion auch nur bemerkt oder bedauert würde. Th. W. Adorno hat einmal, anläßlich einer Silvester-Umfrage, darüber Klage geführt, daß die Menschen am Fernsprecher »Auf Wiederhören« sagen, so als ob sie den anderen gar nicht mehr sehen, sondern nur noch mit ihm telefonieren wollten. Bei Böll wird eine kleine unscheinbare Szene daraus.

Der Clown H. S. hat während einer Vorstellung einer Verletzung wegen versagt, jetzt ruft der christliche Veranstalter an und will den Preis drücken. Schnier wehrt sich kaum, obschon der Herr Kostert sogar Pausen einlegt, »wohl, um mir Gelegenheit zu geben, wütend zu werden«. Schnier schweigt, Kostert wird pampiger.

Mein Gewissen verbietet es mir, hundert Mark für einen Clown zu zahlen, der mit zwanzig reichlich, man könnte sagen großzügig bezahlt ist. Ich sah keinen Anlaß, mein Schweigen zu brechen. Ich steckte mir eine Zigarette an, goß mir noch einen von dem miesen Kaffee ein, hörte ihn schnaufen; er sagte: Hören Sie noch? und ich sagte: Ich höre noch, und wartete. Schweigen ist eine gute Waffe . . .

Präzis ist in diesem Zusammenhang das etwas ölige Telefonier-Neudeutsch des »Hören Sie noch« – »Ich höre noch« seiner absichtslosen, gewiß subjektiv harmlosen, potentiellen Unmenschlichkeit bezichtigt worden.

Woran, fragen Ungeduldige, stößt sich Bölls Sensibilität denn nun im Ernst? Redensarten und intelligente junge Leute werden ja wohl auch noch nach dem zweiten Weltkrieg erlaubt sein. Antwort: Viele Böll-Figuren leiden dann, wenn jemand eine Haltung erlernt oder erworben hat, hinter der er sich vor dem Anspruch der Totalität ebenso wie vor der Bitte des Nächsten verschanzt. Ganz schlimm, wenn der Betreffende auf diese Haltung noch stolz ist wie auf eine gute Tat. Ein solches Sich-Verschanzen kann nun in allem liegen: in übergroßer Sauberkeit und Korrektheit, in modischer Religiosität (zum Beispiel »Konzilseuphorie« – »und auf Grund ihrer mischehelichen Situation gibt sie sich im Augenblick einer Konzilseuphorie hin, die nachlassen wird wie die Wirkung einer Droge«).

Erst recht natürlich irritieren den Autor die heroischen Worte: »Schicksalsgemeinschaft« (wenn jemand beim Kommiß in einer

Einheit zum Scheißetragen verurteilt wird); »bei Leverkusen gefallen«, wenn ein 17jähriges, also blutjunges Mädchen am Ende des Krieges während einer ganz unsinnigen Aktion umkommen muß. Man kann sich auch hinter Kunstbegeisterung, Klassikern, Kreuzigungsgruppen, ständischen Privilegien, überregionalen Zeitungen und Ironie verschanzen, findet und beschreibt Böll. Aber es stören auch derbere Verfestigungen den Autor: Jemand, der sich als Widerständler aufspielt, weil er nicht in der Partei (und doch ein Schwein) war. Oder jene fanatische Mutter, aus der rasch eine Konjunkturdemokratin wird.

Es kommt sogar, nur damit der Leser überhaupt keine »Sicherheiten« mehr habe – und gewiß nicht, weil Böll mit »den Nazis« sympathisiert –, ein stellvertretender Ortsgruppenleiter vor, der einen kleinen Jungen ganz vernünftig in Schutz nimmt, obwohl dieser Junge das Wort »Nazischwein«, das er irgendwo aufgeschnappt hat, benutzte. Der Lehrer brüllt: »Ausrotten mit Stumpf und Stiel.« Der spätere Widerständler schreit: »Härte, Härte, unnachgiebige Härte.« Die abscheuliche Mutter sagt: »Er weiß ja nicht, was er tut, er weiß es nicht – ich müßte ja sonst meine Hand von ihm zurückziehen.« Allein der stellvertretende Ortsgruppenleiter bleibt ganz vernünftig: »Bedenken Sie doch, der Junge ist noch keine elf.«

Wenn aber später alle beflissen tolerant und republikanisch reagieren, wird der Böllsche Remigrant Schrella, der bei seiner Rückkehr in die Heimat wie Anderschs Georg Efraim nichts empfindet – »sie klangen fremd, die Namen, wie aus Träumen, die andere geträumt hatten und vergebens mitzuteilen versuchten, klangen wie Hilferufe aus tiefem Nebel« –, leise den großartig finstern Gedanken aussprechen: »Eure Wohltaten sind fast schrecklicher als eure Missetaten.«

Versucht man, Bölls Sensibilität ein wenig zu systematisieren, dann scheinen sich drei Phasen abzuzeichnen, wobei es natürlich kein starres Entweder-Oder gibt, sondern eher Akzentverschiebungen. Den »frühen« Böll ärgerten die Slogans, die Kernsprüche der Gedankenlosigkeit à la »Vertraue dich deinem Drogisten an«, konsumierbarer Weihnachtskitsch usw.

›Billard um halbzehn‹, Bölls vielleicht extremstes Buch, ist der Hilfeschrei eines »Nicht-Versöhnten« (nicht: eines Unversöhnlichen). Mit rauschhafter Gewalt, rhapsodisch wie Koeppen, anspruchsvoll wie Faulkner, sucht da jemand nach Natur in unnatürlicher Welt, nach Trauer im Zeitalter der Restauration, nach Gelassenheit, die der Verzweiflung fähig ist. Alles das scheint

verschwunden: Spuren dieses Verschwindens sind die Blut-
flecke an der Alltagssprache geworden. Da werden noch Lieder zitiert, die der Unmenschlichkeit den Marsch sangen: ›Es
zittern die morschen Knochen‹, ›Wildgänse rauschen durch die
Nacht‹.

Aber diese Lieder werden nicht mehr kritisiert, als blöde oder
schändlich durchschaut, sondern sie werden nur noch evoziert.
Erinnert ihr euch noch? (So wie ja kein musikalischer Mensch,
der die Nazi-Zeit miterlebt hat, jemals mehr Haydns National-
hymne bei festlich öffentlicher Gelegenheit hören kann, ohne
daß nach der schönen Schlußkadenz von »in deher Welt« plötzlich im Gedächtnis das verhaßte und vulgäre »die Fahne hoch«
sich meldet. Es gibt dumme, aber unverscheuchbare Revenants.)
So spielt auch Böll »an«, doch seine Sensibilität entzündet sich
in seiner zweiten Phase nicht mehr hauptsächlich an den Slogans,
sondern an den Redensarten der neuerschlichenen Würde, des
Neo-Feinsinns, des rheinischen Reichtums.

Bölls Drama ›Ein Schluck Erde‹ entspringt, was nichts über
seinen dramatischen Wert besagt, wohl aber zum Thema »Sensibilität« gehört, im Gegensatz dazu einer doppelten Negation
der Böllschen Sprech- und Attitüden-Kritik. Immer wieder wird
die Erde in diesem nicht lange nach ›Billard um halbzehn‹ voll-
endeten Stück beschworen: als verlorener Ort menschlicher
Lebenslust. Doch Böll ist zu taktvoll, um einfach das Bestehende
zu preisen, von der Erde, ihrer Herrlichkeit, Fruchtbarkeit, Un-
ergründlichkeit zu fabeln. Er ist kein Lobredner, dessen Worte
sich in Reklame verwandeln. Darum macht er aus dem Lobpreis
fürs Gott-sei-Dank-immer-noch-Gegebene eine umgekehrte
Utopie. Längst ist die Erde verloren, hat die Luft sich in Wasser
verwandelt. Was Erde bedeutet, was unsere Erde ist: wir erfahren es nicht durch plattes, von tausendfacher Abnützung unglaubwürdig gewordenes Lob, sondern durch die Sehnsucht,
die verbissene Arbeit, die unendliche Entbehrung derer, die hier
keine Erde mehr haben, auf Pontons im Wasser leben und sich
um ein paar Gramm, um »einen Schluck Erde« qualvoll mühen.
Finsternis spricht da fürs Licht, Abwesenheit fürs Gewesene. So
fand Böll einen gewiß seltsamen, aber doch inständigen und
überzeugenden Weg, seine Zeitgenossen darauf aufmerksam zu
machen, was sie, zu Atomversuchen versucht, eigentlich aufs
Spiel setzen. Doch da der spezifische Tonfall von Bölls Sprachkritik sich offenbar nur beim epischen Erzählen, nicht aber im
dramatischen Dialog auf eigentümlich scheue und herzbewe-

gende Weise herzustellen vermag, blieb das allzu absichtsvolle Drama ohne Bühnenleben.

In den Novellen ›Entfernung von der Truppe‹ und ›Ende einer Dienstfahrt‹ hat Böll nun – unnachahmlich vor allem in der ersten, heiter-märchenhaften – einen vollkommen entspannten, dem Grausigen ohne Verzerrung sich stellenden Tonfall gefunden und vorgeführt. Dessen waren die meisten Figuren beim frühen Böll nicht fähig. Nun, nach den ›Ansichten eines Clowns‹, mit denen diese dritte, vermeintlich heitere Phase beginnt, weil Böll es da dem Ich-Erzähler erlaubt, gelassener zu sein, als er selbst es war, nun also ist es ungenauen Lesern möglich gemacht worden, von »Idyllen« zu reden.

Meistens waren wir gegen halb zehn Uhr morgens schon so erschöpft, daß wir nur noch taumelnd unseren verschiedenen Pflichten nachgingen und vor Erschöpfung und Ekel erbrachen (Seltsame »Idylle«).

Zur menschenfreundlichen Gelassenheit des späten Böll gehört ein Hang zu radikaler, seelenrettender Anarchie, zu Höflichkeit und Wunderlichkeit. Niemand kann Bölls Polemik mißverstehen, Konkretes wird oft genug gesagt, es wird bezichtigt, karikiert. Aber wenn da plötzlich eine Symbol-Welt auftaucht in all dem organisierten Elend, eine Büffel-Lämmer-Sprache, dann reden junge Links-Intellektuelle doch gern von Flucht ins (sagen sie) Unverbindliche. Ich gestehe, daß mir diese christliche Verfremdung auch mißfiel, anfangs.

Nach wiederholtem Lesen, jahrelang später, meine ich plötzlich begriffen zu haben, daß Böll doch recht tat: Er wollte seine Wahrheit nicht in die Aufklärungsklischees pressen, nicht allzu leicht verfügbar machen. Seine Welt ist nicht ohne Faschisten, die oft genug beschrieben und durchschaut werden: aber auch nicht ohne Gnade. Und jemand, der bei Böll die Kraft hat, sich zu entziehen, ein Martyrium auf sich zu nehmen, weil er sich seine Menschlichkeit nicht von den »anderen« abkaufen lassen will, mag und kann: der ist doch noch etwas anderes als das, was in der Sprache unserer Zeit ein »Anti-Nazi«, ein Widerständler wäre.

Der Anarchismus Bölls durchzieht das Spätwerk. Gegenüber dem Finanzamt beschwört man »jederzeit« den Meineid, eine geschäftliche Besprechung gehabt zu haben: Gott mag die Wahrheit verdienen, aber doch nicht der Amtsrichter... Das ist nicht einmal Bosheit, sondern nur Gelassenheit gegenüber organisierter Wichtigtuerei, gegenüber allem würdevollen »Schreiten«,

. . . irgendwo im Hintergrund hätten jetzt Trommeln dröhnen müssen; so stieg man Altarstufen hinauf, Schaffottstufen, stieg auf Tribünen, um Orden umgehängt zu bekommen oder das Todesurteil zu empfangen; so wurde auch auf Liebhaberbühnen Feierlichkeit dargestellt . . .,
aber auch gegenüber dem Ethos des »Dienstes« (nicht »Dienens«).

Das Wort Dienst (» Ich habe Dienst.« »Ich muß zum Dienst.« »Ich bin im Dienst.«) hat mir immer Angst eingeflößt.

Zeit meines Lebens, nachdrücklich erst seit jenem 22. September 1938, an dem ich eine Art Wiedergeburt erlebte, ist es mein Ziel gewesen, dienstuntauglich zu werden. Ich habe dieses Ziel nie ganz erreicht, war einige Male nahe daran . . .

Kann man ruhiger, betörender, schlichter erzählen? Und die Ernsthaftigkeit, als ob es um ein hohes Ringen ginge – habe nie ganz erreicht, war nahe daran –, ist zugleich gelassen und urkomisch. Die Sache, um die es geht, wird weder durch die Gelassenheit entschärft noch durch die Wunder des Idyllisierens verharmlost.

Wer Böll für einen realistischen Aufklärer hält, muß die surrealen Einsprengsel weginterpretieren: der eine riecht durchs Telefon, der andere hat hellseherische Fähigkeiten, der dritte macht sich einen Lebensplan, wo Theorie und Praxis über Jahrzehnte miteinander übereinstimmen, die vierte wird mitten im Krieg von einer Jüdin geküßt, die Mitleid mit den armen Deutschen hat – und die Liebe ist wahrlich eine Himmelsmacht: immer auf den ersten Blick, fast schon davor, oft wie ein Sakrament, das nur geschändet werden kann durch fuchtelndes Organisieren, durch Bestimmungen, Verordnungen. Dirnen, Zuhälter, Tunichtguts: sie alle sind demgegenüber etwas Harmloses, fast Sympathisches, unschuldig beinahe angesichts der Vergänglichkeit, sub specie aeternitatis.

Wer so empfindet, wird höflich und nimmt Unhöflichkeiten hin. Das reicht von Fähmels eisiger Korrektheit, die als Attitüde entlarvt wird, bis zur Gelassenheit des neurotischen Alten mit dem epileptischen Zucken, die sich in dem Relativsatz »was ich nicht bin« ausdrückt. Aber nur der Zusammenhang macht's möglich:

Neulich erklärte eine Mutter ihrem etwa fünfzehnjährigen Sohn, indem sie mit dem Finger auf mich zeigte, laut und vernehmlich: »Siehst du, das ist ein echter Parkinson« – was ich nicht bin.

Auf Schmuddeligkeit, Sinnlichkeit, »Natürlichkeit«, die sich nicht aufspielt, verlegene Sündhaftigkeit, reagiert Bölls Sensibilität eher freundlich. Seine Allergie gegen Angeberei und Wichtigtuerei ist so groß, entzündet sich so oft, daß ihm das Wort »Scheiße« immer noch sympathischer ist als die Redensart: »Ich bin bereit, gewisse Dinge zu ventilieren.« Hingegen: »Er zuckte jedesmal zusammen, wenn Henriette – im ganzen glaube ich zweimal – ›Scheiße‹ sagte und behauptete, eine mystische Begabung könne durchaus übereingehen mit der ›zwanghaften Sucht, häßliche Wörter herauszuschleudern‹« (dabei war das bei Henriette gar nicht zwanghaft, und sie »schleuderte« das Wort gar nicht, sie sagte es einfach vor sich hin).

Leser, für die solche Sensibilität »peinlich« ist, dürften mit einer Jagdgeschichte mehr anfangen können. Mit dem Elite-Katholiken Sommerwild passiert dem Clown Schnier folgendes: Sommerwild möchte zeigen, daß er in vornehmsten Kreisen verkehrt: »Mit ihrem Herrn Großvater gehe ich gelegentlich auf die Jagd.« Der junge Mann antwortet unkonziliant: »Ich dachte immer, katholischen Geistlichen wäre die Teilnahme an der Jagd verboten.« Peinliche Pause. Hin und Her. Dann der Satz: »Es gibt Vorschriften, Herr Schnier, aber auch Ausnahmen. Ich stamme aus einem Geschlecht, in dem der Oberförsterberuf erblich war.« Schnier denkt nun: »Wenn er gesagt hätte Försterberuf, so hätte ich das verstanden« . . . Usw.

So funktioniert Bölls Sensibilität. Das Geheimnis des Schreckens, heißt es einmal, liegt im Detail. »Große Sachen zu bereuen ist ja kinderleicht: Politische Irrtümer, Ehebruch, Mord, Antisemitismus – aber wer verzeiht einem, wer versteht die Details.« Bölls ungeheures Gedächtnis bewahrt solche Details auf, genauer: seine Sensibilität spielt ihm, wenn er geschändeter Sprache und verchromter Unmenschlichkeit begegnet, diese Details wieder zu.

Der Autor hat eine unnachahmliche Art, seine Menschen wieder ins Recht zu setzen gegen hochtönende Bestimmungen und Phrasen, von denen sie sich umgeben finden. Wenn Böll eine Anweisung zitiert, derzufolge ein Pfarrer in der Öffentlichkeit tunlichst nicht Pfeife rauchen solle, dann geht es dem Leser genau umgekehrt wie bei dem Angeber mit dem Oberförsterberuf – man braucht bloß zu wissen, daß der von der Anweisung Betroffene ein guter, frommer, alter Herr ist und fragt sich sogleich: Warum, um Gottes willen, soll der eigentlich nicht rauchen?

Wenn Böll die naive Gutmütigkeit der von ihm so nachsichtig geliebten Sünder durch ein Gewirr aus Verhaltensmaßregeln, Einbildungen, phraseologischen Mustern und Verhärtungen schimmern läßt (es können dies ebenso theologische wie ideologische, kapitalistische wie sozialistische Verhärtungen sein), dann steht plötzlich in reinstem Licht wieder die sympathische Geschöpflichkeit armer Menschenkinder da. Was bei anderen Autoren nur eine gutmütig banale Redensart wäre, bedeutet in Bölls Kunstzusammenhang mehr.

Der Pfarrer wurde mit Dank entlassen. Er machte sich einer Protokollwidrigkeit schuldig, indem er den jungen Gruhl umarmte und ihm wünschte, er möchte an der Seite einer lieben und hübschen Frau wieder einen Lebenssinn entdecken, woraufhin Gruhl mit heiterem Lächeln sagte, das sei schon geschehen.

Noch abenteuerlicher wird die Kurve dieses Sympathisierens, wenn Böll sogar in der Seele eines von Phrasen und grotesken Minderwertigkeitskomplexen schon ganz entfremdeten, verseuchten Mannes nicht nur die Komik, sondern auch die Gutartigkeit entdeckt. Im Prozeßbericht ›Ende einer Dienstfahrt‹ ist Kirffel der harmloseste Zeuge. Doch da man ihn versehentlich zu hart behandelt, wehrt er sich mit Phrasen (»Zur Anwendung bringen«) und Ängsten:

Da wurde Kirffel – was alle überraschte – böse und schrie: »Auch ich bin an Gesetze gebunden, muß diese Gesetze zur Anwendung bringen, und im übrigen«, fügt er mit schon ersterbender Stimme hinzu, »im übrigen weiß ich ja, daß ich kein Akademiker bin.« Dann wurde er ohnmächtig.

Blickt man in diese von Böll gedichtete und von seiner Sensibilität geprägte Welt hinein, dann muß einem Angst werden um Böll. Wie hält er das nur aus? Wie kann er weiterleben, wenn er mit solchen Spannungen fertig zu werden hat, wenn er geschlagen ist mit einer solchen Empfindsamkeit gegen die Münzen des Alltags?

Seinen Figuren mutet er Schweres zu: gezeichnet, gebrochen, alt, zum Weinen bereit, gehen sie aus der Hölle hervor, die der neudeutsche Alltag bereitet, nachdem alles das geschehen ist, was halt zwischen Sedan, Verdun, Auschwitz und der Restauration geschehen ist. Kein Wunder, daß ein ganzer Roman Bölls der Infragestellung des Hölderlin-Satzes gilt: »Mitleidend bleibt das ewige Herz doch fest.«

Seiner Helden Herz konnte, manchmal, nicht so fest bleiben. Es wurde erschüttert. Hoffentlich steht der Böllschen Sensibilität hinreichende Unerschütterlichkeit zur Seite.

Natürlich liegt es an mir, daß mir an Heinrich Bölls bisherigem Werk das ›Irische Tagebuch‹ am besten gefällt und die ›Ansichten eines Clowns‹ am wenigsten.

Das ›Irische Tagebuch‹ – da ist alles locker und frei, auch das Beiläufige und nebenher Erzählte groß angelegt und wunderbar gesagt, Landschaft, Verhältnisse, Menschen, wenn auch nur wie mit einer Fahrradlampe kurz angeschnitten, gewinnen Kontur, prägen sich ein, nie wird eine verstimmende Absicht fühlbar, so stark und eindringlich auch das Denken und Empfinden des Mannes hervortritt, der hier seine Notizen poetisch zusammenfaßt und damit eine Welt und seine Persönlichkeit projiziert, man wird in diese Welt mitgenommen, man war weit weg, von Deutschland, von Europa, von der Aufdringlichkeit unserer Gegenwart, man hat eine lange, wunderliche Reise getan und merkt am Ende, daß man – heimlich geleitet – genau bei sich selbst angekommen ist, bei dem, was man ist oder sein sollte, was man am Leben liebt, worum man bangt und fürchtet, worauf man hofft, woran man glauben darf.

Ich halte dieses Buch für eines der schönsten und wertvollsten, die in den letzten fünfzig Jahren geschrieben worden sind.

Der ›Clown‹ – es ist nicht meine Sache und wäre hier nicht am Platz, eine Kritik zu schreiben. Mir fiel bei der Lektüre ein Satz von Brecht ein: »Dieser Mensch tut sich selbst so leid, daß er jeden Anspruch auf allgemeines Mitgefühl verscherzt hat.« Ich sagte bereits, dies liegt an mir. »Die Sache machen« ist für mein Gefühl ein gräßlicher Ausdruck, ich wundere mich keinen Augenblick und bedauere es auch nicht, wenn eine Frau einem Mann, der für das Wunderbarste und Furchtbarste, das zwischen Menschen geschehen kann, keinen anderen findet, davonläuft (und sei es zu einem Berufskatholiken).

Dabei dachte ich mir wohl, daß mit alledem, dem Cognac im Eisschrank, dem Sache-Machen bis zur Lauretanischen Litanei, eine Art von infantiler Verzweiflung dargestellt werden soll, die einem Kindheits-Trauma entspringt und aus der es nur in der clownesken Pantomime eine Art von Befreiung gibt – ich dachte mir das alles, aber ich konnte es nicht empfinden oder gar rationalisieren, ich sah nur, daß in dem Ganzen eine Verlockung zu einer (von Böll niemals erstrebten) schrecklichen Verein-

fachung liegt, wie sie denn auch in den Rezensionen zum Ausdruck kam: »die« bürgerliche Familie, »der« bürgerliche Beruf,
beide natürlich verlogen, korrupt und sinnentleert, überhaupt
diese »bürgerliche« Welt . . .

Dabei ist Heinrich Böll im besten Sinne das, was ich einen
guten Bürger nennen würde – un bon citoyen. Und was kann
ein Mann, der nicht parteien-, ideologien- oder phrasenhörig ist,
besseres sein? Gerade dies, der freie Bürgersinn, der in Deutschland so selten anzutreffen ist und leider nicht zum Selbstver-
ständlichen gehört, ist es, was Heinrich Bölls Haltung für mein
Empfinden besonders auszeichnet.

Denn Heinrich Böll, dessen erste Kurzgeschichten in den Jahren nach dem zweiten Weltkrieg mich von allem damals Publizierten am meisten beeindruckten, weil sie mit dem ersten Feder-
strich die kraftvolle, männliche Natur, die sichere Hand, die hohe
Verantwortlichkeit erwiesen, Heinrich Böll ist kein Revolutionär.
Und erst recht nicht das Gegenteil. Er ist nichts, was zu sein man
in irgendwelchen, fort- oder rückschrittlichen Abendschulen
lernen kann.

Er »kommt nicht los« vom Katholizismus, wie er selber sagt
(mir geht es ähnlich), aber sein Christentum ist eher dem eines
Urchristen oder eines frühen Benediktiners vergleichbar als dem
eines verspäteten Nachbeters aus Konvention oder eines abstrakten Theologen oder gar eines »organisierten« Gläubigen.

Seine Religiosität ist wahre Weltliebe, Liebe zur Kreatur und
Wille zu einer sittlichen und gerechten Weltordnung, auch jene
trotzige Auflehnung gegen das Zerrbild des Schöpfers in der
Verzerrung durch menschliche Unzulänglichkeit, wie sie immer
den religiösen Menschen, der auch immer ein Streiter und niemals ein Beruhigter ist, kennzeichnete. Gott ist der, der sich
immer wieder neu erschaffen muß, in den Menschen, in die er
seinen Samen gelegt hat. Böll ist ja auch kein Konvertit, wie die
meisten sogenannten »katholischen Dichter«, er kann noch
beten, wie er als Kind gebetet hat, und er muß es tun, ob er will
oder nicht.

Sein Werk, in seinen besten und nobelsten Produktionen, ist
ein Gebet um Liebe und Recht. Oder: Gerechtigkeit durch
Liebe.

Am meisten bewundere ich die Einfachheit, Klarheit, Genauigkeit seiner Sprache. Er macht keine Sprüche, und er versucht
niemals zu bluffen, durch überraschende Sprünge und Volten
sensationell zu sein. Er ist wohl unter den Schriftstellern seiner

Generation, die nach 1945 zu Wort kam, nicht der Wortgewandteste, Fülligste oder Brillanteste. Aber mir scheint, daß seine Sprache, auch seine Erzählweise, die reinste, sauberste und eindrücklichste in der neueren deutschen Literatur ist.

Obwohl er »hochdeutsch« schreibt, ist in seinem Sprachklang das Salz und die Feuchte der Mundart unverkennbar. Er selbst spricht von dem »etwas Schwerzüngigen« dieser Mundart, und gerade das kommt, manchmal in einer gewissen liebenswerten Unbeholfenheit, immer wieder zum Vorschein. Sein Deutsch ist die Sprache einer »Vulgata«; die das Vulgäre als Echtheit, Wahrhaftigkeit, Lebendigkeit hochhält, aber niemals lasziv, obszön, anstößig wirkt.

Er hat dem Volke aufs Maul geschaut, obwohl er keineswegs im trivialen Sinne »volkstümlich« schreibt. Aber er schreibt »natürlich«, und er sagt mit Recht, daß eine Sprache, die »natürlich« wirkt, mindestens sieben Bewußtseinsstufen passiert haben dürfte. Gerade wo er am schlichtesten ist, oder auch in seinem Humor, empfindet man am stärksten diese unablässige Bewußtseinstätigkeit. Ebenso in der Konzeption seiner Stoffe und im Bau seiner Erzählungen.

Heinrich Böll ist kein Experimentemacher, auch wenn er es vielleicht gelegentlich einmal sein möchte – »Häppenings« sind von ihm kaum zu befürchten. Er ist ein Baumeister, ein Architekt, ein Gartenkünstler, vielleicht auch (warum nicht?) ein Feinmechaniker, aber kein Konfektionär, dazu hat er zu viel Phantasie: und die benötigt jedes gute Handwerk. Ich ziehe den Hut vor dem guten Handwerker Böll.

Wieviel ließe sich über seine verschiedenen Erzählungen sagen, wieviel irdisch-menschliches Material, wieviel seelische Substanz und geistige Frequenz ist da verarbeitet. Ich denke an ein frühes Buch: ›Der Zug war pünktlich‹. Ich denke an das ›Brot der frühen Jahre‹ (schon dieser Titel ist ein Gedicht). Und vom ›Irischen Tagebuch‹ zum ›Ende einer Dienstfahrt‹ scheint mir eine elegante Kurve aufwärtszuschwingen.

Es gibt einfache Sprachbilder bei ihm, die man sich mühelos merkt, weil sie aus dem alltäglichen Erfahrungskreis genommen sind und uns wie etwas Neues, Ungesagtes entgegentreten: »...diese Jahre waren eng geworden, wie ein Hemd, das die Wäsche nicht überstanden hat...«, um nur eines zu zitieren (aus dem ›Brot der frühen Jahre‹).

Einmal war ich in Versuchung, an Heinrich Böll einen Brief zu schreiben, ja ich hatte schon zu Papier gebracht: »Lieber

Heinrich Böll, um Gottes willen –«, dann habe ich es natürlich gelassen, weil es mir zudringlich und leichtfertig erschien und weil man sich überhaupt nicht in die Entwicklung und den Arbeitsvorgang eines anderen Schriftstellers einmischen soll.

Das kam so: Ich hatte mich sehr gefreut, als ich las, Heinrich Böll wolle ein Stück schreiben. Endlich, dachte ich. Der – gerade der – könnte doch wieder dem Theater seinen Rang und Platz neu erobern, er könnte Liebe und Haß, die Tragik und Komik seiner Umwelt sich selber aussprechen lassen, er kann ja Menschen machen und ihnen einen Odem einhauchen, und er läßt in seinen Erzählungen, wie absichtslos, pointierte Dialoge aufglänzen . . . Dann las ich in einer von Henry Goverts herausgegebenen, leider nur kurz erschienenen Zeitschrift den ersten Akt von ›Ein Schluck Erde‹.

Lieber Heinrich Böll, wollte ich schreiben, verstricken Sie sich doch um Gottes willen nicht in eine dramatische Zukunftswelt, die sich kein Zuhörer vorstellen kann und der Autor schon gar nicht. Stellen Sie uns doch *Ihre Welt*, die auch die unsere ist, auf die Bühne!, und wenn Sie ein Stück über die »mörderische Mittelstandspolitik« schreiben wollen. Und so weiter.

Ich habe den Brief nicht geschrieben, ich habe dann auch das Stück nicht gesehen, vielleicht ist es wirklich besser, als die Kritik es wahrhaben wollte.

Aber ich hoffe auf Böll als Dramatiker, der das vollbringt, was dem Erzähler gelungen ist. Wieviel Stoff für eine »Komödie mit tieferer Bedeutung« steckt zum Beispiel im ›Ende einer Dienstfahrt‹! Wie gern möchte ich eine Gestalt wie den Pfarrer Kolb, meinetwegen auch die Seiffert und die Wermelskirchen und die Eva Schmitz und beide Herrn Gruhl in ihrer aufsässigen Heiterkeit auf dem Theater sehen!

Ich las gerade ein Interview mit Heinrich Böll. Schriftsteller, dachte ich mir, sollten eigentlich niemals Interviews geben (obwohl ich selbst diese Regel nicht strikt befolge, ihre Durchbrechung – etwa eines liebenswerten Befragers wegen – aber fast immer bereue). Durch ein paar Seiten ihrer Arbeit sagen sie ja viel besser, was sie wirklich meinen. Und da sagt Böll, wobei ich lächeln mußte, in einer Replik über Kommunismus von sich selbst: »Ich bin kein anständiger Mensch. Ich schwanke.«

Darf ich mich zum Abschluß dieser kleinen, unvollkommenen, doch in jedem Wort freundlich gemeinten Betrachtung zu ihm in Widerspruch setzen: Heinrich Böll, finde ich, ist ein anständiger Mensch, weil er schwankt. Das Schwanken ist der Ausdruck seiner Festigkeit.

WERNER WEBER
Die Suche nach einer bewohnbaren Sprache

Mit den ersten Worten seiner ›Frankfurter Vorlesungen‹ hat Heinrich Böll den Hörern gesagt, was er vorhabe: eine Ästhetik des Humanen zu behandeln – »das Wohnen, die Nachbarschaft und die Heimat, das Geld und die Liebe, Religion und Mahlzeiten«. Er fügte dem die Bemerkung an, »daß Sprache, Liebe, Gebundenheit den Menschen zum Menschen machen, daß sie den Menschen zu sich selbst, zu anderen, zu Gott in Beziehung setzen – Monolog, Dialog, Gebet«. Und er nannte schließlich das Wichtigste: »Die Suche nach einer bewohnbaren Sprache in einem bewohnbaren Land.«

Wiederherstellung der Sprache. Das setzt voraus, daß die Sprache zerstört vorgefunden worden ist. Für die Generation Heinrich Bölls trifft es zu. Sie hatte, als ihr Reden und Schreiben die Form der Verantwortung suchte, in der Sprachgegenwart nur die Muster der totalen Verantwortungslosigkeit zuhanden; einen Schutthaufen, in welchem für die wichtigsten wie für die unscheinbarsten Wörter der gehörige Ort im Sinngefüge kaum mehr auszumachen war – nicht einmal mehr Lügen, die man allenfalls zu durchschauen und richtigzustellen vermöchte, sondern Chaos. Wer jetzt – im Krieg, nach dem Krieg – zu reden, zu schreiben anfing, der setzte mit Vorsicht an, mit Zweifel und mit kühler Nüchternheit. Sprache versuchen, das hieß: sich zur Vorsicht gegenüber den Wörtern erziehen; nicht gleich Sätze machen und Wohllaut erstreben; nicht gleich Reime klingen lassen und Sprache auf Musik hinleiten. Jetzt war nötig, eins neben das andere zu stellen, sorgfältig, zweiflerisch, Wort neben Wort; Addition, nicht Erguß. Unter solchen Bedingungen arbeitete, beispielsweise, Wolfgang Borchert.

Hierher gehört die folgende Bemerkung aus Heinrich Bölls ›Frankfurter Vorlesungen‹: »Die ungeheure, oft mühselige Anstrengung der Nachkriegsliteratur hat ja darin bestanden, Orte und Nachbarschaft wiederzufinden. Man hat das noch nicht begriffen, was es bedeutete, im Jahre 1945 auch nur eine halbe Seite deutscher Prosa zu schreiben.«

Es gibt Sprachzeichen aus dieser Zeit, in denen jenes »Was es bedeutete« auf der Stufe des noch möglichen Gedichtes zu seinem Sinn kommt. Am stärksten bei Günter Eich. Heinrich Böll zitiert ihn; er legt, unter anderem, das Gedicht ›Camp 16‹ vor (es ist in der Sammlung ›Abgelegene Gehöfte‹ erschienen, 1948):

Camp 16

Durch den Stacheldraht schau ich
grad auf das Fließen des Rheins.
Ein Erdloch daneben bau ich
ein Zelt hab ich keins.

Ich habe auch keine Decke.
Der Mantel blieb in Opladen.
Wenn ich ins Erdloch mich strecke,
find ich keinen Kameraden.

Zur Lagerstatt rupf ich Luzerne.
Nachts sprech ich mit mir allein.
Zu Häupten mir funkeln die Sterne,
es flüstert verworren der Rhein.

Bald wird die Luzerne verdorrt sein,
der Himmel sich finster bezieht,
im Fließen des Rheins wird kein Wort sein,
das mir süß einschläfert das Lid.

Nichts wird sein als der Regen –
mich schützt kein Dach und kein Damm –,
zertreten wird auf den Wegen
das Grün des Frühlings zu Schlamm.

Wo blieben die Kameraden?
Ach, bei Regen und Sturm
wollen zu mir sich laden
nur Laus und Regenwurm.

Wo sitzen in diesen Versen die Akzente? Wie sind die Zeilen gefüllt? Auf ersten Anhieb möchte man an eine genaue Ordnung, fast an ein Schema glauben – und weiß doch, daß »etwas« nicht stimmt, nicht dem metronomischen Geklopf entspricht, das man (woher denn nur?) an die Verse heranträgt, in sie hinein-hört, hineinschwindelt. Es sind vierversige Strophen mit je zwei Reimpaaren, stumpf, klingend, fast durchwegs im Wechsel; wie in der Volksliedstrophe. Und so wären »volksliedmäßig« auch die metrischen Unsicherheiten; ein Nachhall, sozusagen, des naiven Sich-Verzählens. Dann, bei der vierten Strophe (»Bald wird die Luzerne verdorrt sein«), wird die Weise, welche vorher hinter dem Text mitging, plötzlich bewußt; sie tritt in den Text herein; kontrapunktisch zu den Worten Günter Eichs werden diese Worte wirklich:

> Die Luft ist kühl und es dunkelt,
> Und ruhig fließet der Rhein;
> Der Gipfel des Berges funkelt
> Im Abendsonnenschein.

Nicht zu sagen, ob Günter Eich daran gedacht hat, ob er willent-lich solche Assonanz in seinem Gedicht durchsetzen wollte. Immerhin, sein Gedicht löst die Assonanz aus. Von da her, von dem ›Ich weiß nicht, was soll es bedeuten‹, von dem Lied, wel-ches das Volk in der Silcherschen Wehgemütlichkeit singt, als sei es nicht von Heinrich Heine – von daher also kommt die Singsangerwartung, mit der ich mich in das Gedicht Günter Eichs begebe – und sofort erfahre: so ist es nicht.

Der Sprachgeist der »wundersamen«, der »gewaltigen Me-lodei«, der Sprachgeist totaler Berückung und Verführung war bei Heine ironisch berührt und also auf den Abstand gebracht, welcher die Kontrolle erlaubt. – Vier Generationen später hat die Goebbelssche Teufelsschule antiheinesch die Verführungs-möglichkeiten der Sprache auf der Primitivstufe der dumm-hinterhältigen Sentimentalität entdeckt und »durchorganisiert« – und zuletzt hätte für die romantisierenden Betrüger sogar das Heine-Wort schauderhaft bedeutend werden müssen, eben der Schluß des Lorelei-Liedes: »Ich glaube, die Wellen verschlin-gen / Am Ende Schiffer und Kahn; / Und das hat mit ihrem Singen / Die Lorelei getan.«

Günter Eichs ›Camp 16‹ ist eine Gegen-Lorelei; ein Akt gegen das Singen. In diesem Gedicht ist die antiromantische Kritik Sprache geworden.

Im Metrischen: Den Elementen des Volksliedtaktes wird

durch subtile Übertreibungen und durch minuziös organisierte, unvorhersehbare Abweichungen ihre wiegend wohlige Macht genommen.

Im Strophenbau: Die Sprache kann nicht durch die Verse fließen, nicht überfließen vom einen in den andern; sie wird am Versende gestoppt, muß von neuem anlaufen und darf nur auf der kurzen Strecke einer Zeile vorwärtsgehen; selbst an den paar Stellen, wo das Überfließen vom einen in den folgenden Vers im Druck erscheint – im Rhythmus, den man hört, ist auch da eine Pause, ein Zögern. Nichts vom Sprachbild des Hingerissenseins, sondern Sprachbild der Bewachung.

Im Lautlichen: Man muß Zaubereien Brentanos gegenwärtig haben (›Auf dem Rhein‹, zum Beispiel), um zu sehen, zu hören, wie radikal Günter Eich den Laut als antimagisches Mittel verwendet. Das Gitter aus »ch«, »st«, »ck«, »z«, in dem der Rest verhängt ist, kann nicht zur Äolsharfe werden. Keine Möglichkeit zu betäubender Musik.

Hinter dieser Sprache steht nicht nur die Erfahrung dessen, was der Lorelei-Geist mit seinem Singen getan hat, sondern auch der Schreck darüber. Und das Gedicht selbst ist die Konsequenz aus beidem: trocken sarkastisches Denunzieren der schönen Töne (zum Beispiel: »Zu Häupten mir funkeln die Sterne«); bitter ruhiges Feststellen der Verhältnisse. Das Schlüsselwort dieser Verhältnisse läuft wie ein Echo durchs ganze Gedicht; es heißt: »kein«.

Heinrich Böll hat gesagt (ich wiederhole es mir), man habe noch nicht begriffen, was es bedeutete, im Jahre 1945 auch nur eine halbe Seite deutscher Prosa zu schreiben. Was es bedeutete? Im Gedicht ›Camp 16‹ ist es gesagt. Es bedeutete: das »Kein« dichten – nach der katastrophalen Erfahrung, die zu einem Vorsatz wurde: »Im Fließen des Rheins wird kein Wort sein, das mir süß einschläfert das Lid.« Gewarntsein, Gewitztsein gegenüber romantischer Verführung. Skepsis, Distanznahme, Aufklärung.

Das ging und geht der Aufgabe voraus, Orte und mit den Orten auch Nachbarschaft zu finden; Sprache zu finden, die wieder bewohnbar wäre. Hinter jene Kritik, hinter die Aufklärung und Distanznahme würde man nicht mehr zurückgehn können; sie werden immer beim »Wohnen«, beim »Sprechen« sein. Ungeprüfte Nestwärme soll es nicht wieder geben. Von nun an muß in der Unterkunft immer auch die Obdachlosigkeit mitgedacht werden; das Lied vom Wohnen bleibt der Erfahrung des Nicht-Wohnens ausgesetzt; die freie Melodie läuft auf am Damm des Nachdenkens, des Erinnerns, des Vergleichens.

Was das heißt, ist aus einer von Brechts Buckower Elegien zu lesen – ›Der Rauch‹:

> Das kleine Haus unter Bäumen am See.
> Vom Dach steigt Rauch.
> Fehlte er,
> Wie trostlos dann wären
> Haus, Bäume und See.

Die ersten paar Worte sind wie ein Ansatz zum Idyll. Haus, als sei es »der Liebe Wundernest«. Ich habe plötzlich die Stelle aus ›Hermann und Dorothea‹ gegenwärtig (achter Gesang, Melpomene): »Was du siehst, versetzte darauf der gehaltene Jüngling, / Das ist unsere Wohnung, in die ich nieder dich führe ...« – Der Rauch, in Brechts Elegie, erzählt vom Herd, von der wärmenden Mitte; Zeichen für Wohnung und Wohnen. Freundlicher Gesang wird erregt. An der Stelle aber, wo die Sprache ausschwingen möchte und sich einen milden Lauf sucht: da wird abgebrochen – »Fehlte er ...« Nestbetäubungen sollen nicht zu Sprache werden; die Wohnung, oder anders: der Punkt, welcher in der Gegend durch Liebe zum Ort geworden ist, soll zwar als ein Glücksfall gedacht und erwogen – das heißt, er soll durch Kritik erkannt und ermessen werden; er soll aber nicht in Sangbetäubung verschwimmen. Bei Günter Grass steht dafür: »Mit einem Doppelpunkt schließen: Ich komme wieder ... Nicht schmücken – schreiben:«. Das Dasein wird nicht klangmystisch in eins genommen; es wird ausgefragt.

Was Brecht mit den paar Zeilen gegeben hat, ist ein Signet der Epoche, in welcher man nicht mehr arglos wohnen kann. Elegie? Man darf davon absehen, was das ursprünglich war (eine Formbezeichnung, ein in Distichen gefaßtes Gedicht); denn bald bedeutete es: Trauer, Klage über etwas Verlorenes. Und jetzt heißt es: kritisches Mitdenken des Verlustes im Lied vom Besitz – Mitdenken der zerstörten Sprache in der wiedergefundenen Sprachordnung; Mitdenken des Nichtwohnens im Lied vom Wohnen. Diese Aufklärung prägt das neue Deutsch. Ist damit das gefunden, was Hofmannsthal in seinen Anmerkungen zu ›Wert und Ehre deutscher Sprache‹ im Sinn hatte: »... die mittlere Sprache, nicht zu hoch, nicht zu niedrig, in der sich die Geselligkeit der Volksglieder untereinander auswirkt«?

Vierzig Jahre danach, vom Vorgänger durch die Ära des Zusammenbruchs deutscher Sprache getrennt, fragt Heinrich Böll nach der Sprache, die bewohnbar wäre – die also Nachbarschaft herstellte. Er fragt nach dem Humanum jener »mittleren Sprache«, an dem er als Dichter selber teilhat.

Beispielsweise:

›Wanderer, kommst du nach Spa . . .‹, eine Erzählung aus dem Jahr 1950. Man muß sich die ins Sinnige hinaufgepflegte Prosa von Carossas ›Rumänischem Tagebuch‹ oder den sturmenthusiastischen Ton in Ernst Jüngers frühen Kriegsberichten vergegenwärtigen; dann wird Bölls schmucklos hingelegter Satz in seiner reinlichen Vorsicht besonders deutlich. Im ganzen kein einziges hohes Wort; Sprache, die nicht aufs Erzählen hin angelegt ist; Sprache als Registratur:

»Als der Wagen hielt, brummte der Motor noch eine Weile; draußen wurde irgendwo ein großes Tor aufgerissen. Licht fiel durch das zertrümmerte Fenster in das Innere des Wagens, und ich sah jetzt, daß auch die Glühbirne oben an der Decke zerfetzt war; nur ihr Gewinde stak noch in der Schrauböffnung, ein paar flimmernde Drähtchen mit Glasresten. Dann hörte der Motor auf zu brummen, und draußen schrie eine Stimme: ›Die Toten hierhin, habt ihr Tote dabei?‹«

Da sind Tatbestand und Sachverhalt aufs genaueste benannt. Die Abfolge wird verdeutlicht mit »als«, »jetzt« und »dann«; der Raum mit »draußen«, »das Innere«, »oben«. Aber das Deutliche, das Verständliche ist umstellt von Undeutlichkeit und Vielsinnigem. Die Wörter reichen in mehr als einen Sinnbezirk hinein.

Zum Beispiel: die zerfetzte Glühbirne, oben an der Decke – damit ist ein Zimmer, ist eine Wohnung, unordentliche Wohnung mitgetroffen. Und dann, mit der direkten Rede, mit der direkten Frage: »Die Toten hierhin, habt ihr Tote dabei?« ist durch völlige Gegenwart die Rede auch der Zeitraum der Vergangenheit, der so verläßlich schien, plötzlich geöffnet. Das beschränkte Wo wird zum offenen Irgendwo, will sagen: Überall; das umgrenzte Jetzt wird zum freien Immerdar. Das Ich, das spricht, ist unsicher in Raum und Zeit. Die Vorsicht, mit der es spricht – immer arbeitend mit banalem Wortgut –, ist die Kehrseite der totalen Unsicherheit.

Dafür steht das Bild des Mannes, der auf der Bahre durch ein Haus getragen wird – durch ein Schulhaus mit allem, was zu Schulhäusern gehört; jeder Flur, die Treppen, die Durchgänge, Türen, Wände, Fenster: es wird registriert; nicht beschrieben, sondern eben festgehalten mit der Energie, die aus der Angst, aus der Verlorenheit gespeist ist. Das Haus steht da so deutlich wie ein Carcer Piranesis: Raum und Un-Raum ineinander. Darein verhängt einige Zeichen der Tradition, beispielsweise Bildnisse von Caesar, Cicero, Marc Aurel, »wunderbar nachgemacht«; und Zeichen der Gegenwart – das wichtigste unter ihnen ist die Lohe der brennenden Stadt.

Was »ist«? Was »scheint«? Zwischen diesen Fragen schwebt und schwankt das Ich, das spricht: der Mann auf der Bahre, ausgesetzt ins Leere, gehoben, gewiegt – »Wieder lag ich dann schief auf der Bahre«, »Wieder lag ich ... gerade auf meiner Bahre«.

Dem Raum und dem Un-Raum entsprechen in seinem Dasein das Wachen und der Traum, Bewußtseinskühle und Fieber. Und immer dringlicher sucht die Sprache den verläßlichen Ort, wo die Erinnerung keine Zufälligkeit und die Gegenwart keine Leere mehr wäre; den Ort, wo das Ich sich selber erreichte, unverwechselbar.

Da trifft es ein:

»Der Arzt drehte mir den Rücken zu und stand an einem Tisch, wo er in Instrumenten herumkramte; breit und alt stand der Feuerwehrmann vor der Tafel und lächelte mich an; er lächelte müde und traurig, und sein bärtiges, schmutziges Gesicht war wie das Gesicht eines Schlafenden; an seiner Schulter vorbei auf der schmierigen Rückseite der Tafel sah ich etwas, was mich zum ersten Male, seitdem ich in diesem Totenhaus war, mein Herz spüren machte: irgendwo in einer geheimen Kammer meines Herzens erschrak ich tief und schrecklich, und es fing heftig an zu schlagen: da war meine Handschrift an der Tafel ...«

Der Blick auf das Wesenszeichen – die Handschrift – bringt das Ich zu sich selber heim; Raum und Un-Raum werden überwunden im Ort, der unverwechselbar zu einem Dasein gehört. Das Ich hat sich als Wohnung gefunden, wiedergefunden. Das Totenhaus wird zum Haus – »irgendwo in einer Kammer meines Herzens erschrak ich tief und schrecklich«.

Dieses Erschrecken ist ein Melden äußersten Glücks und ein Vormelden äußersten Unglücks; das erreichte Haus, das blitzhaft erfahrene Wohnen, das Bei-sich-Sein bleibt umgeben von der Hauslosigkeit, von dem Ins-Leere-Gesetztsein, von der totalen Fremde. Die Stadt brennt, Häusergiebel krachen zusammen; und die letzte Wohnung: der Mensch mit seiner Sprache, ist verloren:

»... nun sah ich es: sie hatten mich ausgewickelt, und ich hatte keine Arme mehr, auch kein rechtes Bein mehr, und ich fiel ganz plötzlich nach hinten, weil ich mich nicht aufstützen konnte...«

Mit seinem letzten Wort sucht der Trümmermensch den andern; versucht, diesen andern aus gemeinsamer Erinnerung anzusprechen und zu treffen unter den Gebärden von Erbitten und Gewähren, von Fürsorge und Liebe. Aber das wird nicht ausgesprochen; es heißt da nur:

»Milch‹, sagte ich leise...« Nichts weiter. Bölls Sprache, zu dieser Zeit, mittlere Sprache, die auf »Bewohnbarkeit« angelegt wird, versagt sich dem Aus-Erzählen. So wird der Titel zu einem Stil-Signet: ›Wanderer, kommst du nach Spa...‹

Die ungeheure, oft mühselige Anstrengung der deutschen Nachkriegsliteratur habe darin bestanden, »Orte und Nachbarschaft wiederzufinden«. In Bölls Erzählung ›Wanderer, kommst du nach Spa...‹ ist diese Anstrengung – die Anstrengung einiger Generationen – in die Gleichnissphäre der Kunst gehoben.

Roy Pascal
Sozialkritik und Erinnerungstechnik

K. A. Horst schrieb einmal von dem »auffallenden Gedächtnisschwund«, an dem die Helden moderner Romane leiden. Selbstverständlich ist das nicht so zu verstehen, als sei das fehlende Bewußtsein des Vergangenen ein psychologisches Kennzeichen der Charaktere von Graham Greene, Robbe-Grillet usw.; ihr Werk, wie Kafkas, ist nicht psychologisch gemeint. Trotzdem wirken gewisse Elemente zuweilen gegen ihre Intention, und die Gedächtnisleere, wie zum Beispiel auch die aufdringliche Fülle des beobachteten Gegenwärtigen bei Robbe-Grillet, verleitet manchmal den Leser, auf eine psychologische Ursache zu schließen: ein schlechtes Gewissen vielleicht oder auch eine Paranoia. Wenn zum Beispiel ein solcher Charakter in einer Umwelt auftritt, wo die Vergangenheit schwere Verpflichtungen vererbt hat, zum Beispiel für den Engländer unter den früheren Kolonialvölkern, sogar (wie Heinrich Böll verstehen würde) unter den Iren, so wirkt die Gedächtnislosigkeit wie eine psychologische Reaktion gegen diese Wirklichkeit, sie füllt sich unabweisbar mit sozialem und psychologischem Gehalt.

Die deutsche Nachkriegsliteratur mußte mit dieser Tatsache rechnen. Jede verschleierte oder direkte Heraufbeschwörung des Heutigen mußte sich auch mit Nazizeit und Krieg auseinandersetzen. Wenn H. E. Nossack (in ›Der jüngere Bruder‹) Menschen »ganz ohne Landschaft, ohne Hintergrund« beschreiben wollte, so ließ ihn sein künstlerisches Gewissen seine Absicht nicht bruchlos ausführen. Bei Gerd Gaiser sagt einmal der Forstmeister Speeth: »Habt nicht zu viel Gedächtnis«, aber Erinnerung bleibt doch für Gaisers Menschen wesentlich. Heinrich Böll, der derjenige seiner Generation ist, der die Nachkriegszeit am konkretesten dargestellt hat, ist auch in seiner zähen Auseinandersetzung mit der lebenden Vergangenheit am unerbittlichsten – ich spreche hier natürlich nicht von einer »historischen« Vergangenheit, sondern von einer in der Erinnerung noch gegenwärtigen, erlebten Vergangenheit.

Um die Vergangenheit zu vergegenwärtigen, ist weder Schilderung noch Erinnerung unerläßlich. In den frühen Erzählungen Bölls gibt es kaum Anspielungen auf Vergangenes, und doch weisen diese Geschichten vom Elend des Kriegs und Nachkriegs eindeutig genug auf die Urheber dieses Elends. Erst indem Nazizeit und Krieg sich zeitlich entfernen (die erzählte Zeit von Bölls Romanen fällt immer mit der Abfassungszeit zusammen), wird die Erinnerung zu einem wichtigeren Element der Erzählung, und zwar auf doppelte Weise. ›Und sagte kein einziges Wort‹ erzählt etwas von den Vorkriegs- und Kriegserlebnissen Fred Bogners; aber mit dieser stofflichen Erweiterung geht eine formale Entwicklung zusammen, denn hier gebraucht Böll die auch für spätere Romane charakteristische Erzählform des »inneren Monologs«, wobei die Notierung des gegenwärtigen Geschehens immer wieder von Erinnerungen durchschossen wird. Diese Form möchte ich hier nicht weiter analysieren. Es ist schwer, eine genaue Bezeichnung dafür zu finden, da Bölls Monolog, wie zum Beispiel der traditionelle Theatermonolog, aus verschiedenen Elementen gebaut ist – Gedächtnisstrom und bewußtes Nachdenken, Selbstgespräch und Mitteilung an einen anderen Charakter oder gar an den Leser; er wird auch oft durch »auctoriale« Stellen (Er-Erzählung) unterbrochen.

Erst mit dem folgenden Roman, ›Haus ohne Hüter‹, aus der Zeit des beginnenden Wirtschaftswunders, wird die Erinnerung, stofflich wie formal, zentral und zugleich problematisch. Bogners Gedächtnis »besteht aus Löchern«, aber die Erinnerungen der Familie Bach an die Nazizeit, an den Offizier Gäseler, der Nellas Mann Rai in den Tod schickte, sind konsequent und werden gepflegt. Die Verwerfung des Geistes der Neuzeit – Kultur, Strebertum, Erfolg, »Lachendes Kind, lachende Mutter« – belebt sich immer wieder durch die Verpflichtung gegenüber dem Vergangenen, die auch dem jungen Sohn Martin von Mutter und Großmutter eingepaukt wird. Wenn, nach der Begegnung mit Gäseler, die Nichtigkeit seiner Person auch Nella klar wird, erweist sich ihre Erinnerung als krankhaft, ihre Lebensweise als verfehlt. Das heißt jedoch nicht, daß die gedächtnislose Umwelt recht hat. Ihr Freund Albert Muchow vergißt nicht, doch er wird nicht von Erinnerungen gelähmt; er kann sich ins moderne Leben einreihen, aber als Kritiker, Karikaturist. Vor allem aber wird er durch die Verbindung mit den Unschuldigen, dem einfachen Volk, den Jungen aufrechterhalten; indem er sie schützt, wird das Leben für ihn sinnvoll. Aber nicht nur schützen will er. Vor dem Gäseler-Trauma sucht er Martin zu retten, er nimmt ihn jedoch mit zur Kasematte, wo die Nazis gemordet und gefoltert haben; dies soll er wissen und nicht vergessen.

Es kommt also auf das Was und das Wie des Erinnerns an; nicht lähmendes »unnützes Erinnern«, nicht protziges Vergessen, nicht überkleisternde Redensarten, sondern ein konkretes Erinnern, das das Leben mitbestimmt, ohne es krankhaft zu verrenken. Die formale Entwicklung des Romans entspricht der stofflichen. Am Anfang entfaltet sich die Erzählung vorwiegend in monologischen Abschnitten, die alle Hauptcharaktere in einer inneren Befangenheit verstricken; immer mehr aber gewinnt die direkte Er-Erzählung die Oberhand und befreit damit die Charaktere vom gespensterhaften Druck der Erinnerung.

In dem fünf Jahre später geschriebenen ›Billard um halbzehn‹ ist die Zeitkritik noch schärfer, die Verpflichtung der Erinnerung unerbittlicher, der Ausgleich fraglicher und gefährdeter. Die Erzählung wird formal viel konsequenter in den Monologen der Mitglieder der Familie Fähmel festgehalten, und diese Monologe befassen sich zentral mit den Erinnerungen, die das gegenwärtige Verhalten begründen. In der Tat ist die Kritik der gegenwärtigen Zeit, der Streber, Politiker usw., weniger konkret als in andern Werken von Böll; die Außenwelt wird vor allem verurteilt, weil sie dieselbe ist wie in der Nazizeit, der Wilhelminischen Zeit, und die Nazivergangenheit wird immer wieder heraufbeschworen, weil hier die Menschen gezeigt haben, wie sie sind, wie sie bleiben.

Bei dem Familienfest am Schluß wird ein versöhnlicher Ausgang erreicht, der Großvater nimmt sein ironisches Kompromißlertum symbolisch zurück, Roberts Sohn schlägt sich beruflich zu seinem Vater, das »Lamm« Hugo wird in den Familienkreis aufgenommen, und diese Versöhnung wird auch formal gestaltet, indem wieder wie in ›Haus ohne Hüter‹ die monologische Erzählform in eine mehr oder weniger objektive Er-Erzählform übergeht. Aber diese Versöhnung ist keine Versöhnung mit der Außenwelt, die Gemeinde des Lamms bleibt ein kleiner Haufen Ausgestoßener, sich Ausschließender. Darum aber habe ich Bedenken gegen den heiteren Ton dieses Schlusses. Die vorwiegende monologische Form hat so sehr den Eindruck verstärkt, daß Robert Fähmel eigentlich das Trauma der leidvollen Erlebnisse der Nazizeit nie überwinden kann, sein Leben ist nicht nur so leer, sondern auch seine Beziehungen zu anderen so unpersönlich, daß die Liebe zur und der Familie wohl eine gegenseitige Stütze, aber keine Befreiung ist. Diese Familiensolidarität am Ende ist nicht viel mehr als ein Bündnis. Die beständige Verstricktheit der älteren Familienmitglieder in ihren privaten Erinnerungen verhindert jede echte Mitteilung, so daß auch am Ende jeder Fähmel, nicht so sehr anders als die Großmutter in ihrer Anstalt, in seiner privaten Einsamkeit verharrt.

Man könnte also meinen, daß hier ein ungelöster Konflikt zwischen Form und Inhalt besteht. Vielleicht hat Böll in diesem Widerspruch eine Unsicherheit über die Gültigkeit einer solchen Familiensolidarität bezeugen wollen. In den früheren Romanen bedeutete die liebende Verpflichtung gegenüber den Kindern eine Rettung aus innerer Befangenheit, eine Brücke zur Welt. Robert Fähmel und sein Sohn bleiben einander aber trotz Liebe doch fremd, ohne das tiefere Vertrauen zueinander, das nur aus echter Mitteilung entsteht. Der Freund Schrella, der sich konsequent und absolut isoliert, sagt sogar zu Robert, daß man über die Kinder nicht sicher sein kann: »Du weißt noch nicht, was Joseph und Ruth einmal werden, von welchem Sakrament sie kosten.« Das Vertrauen zu der Familie ist schon durch den abtrünnigen Bruder Otto erschüttert und wird dann auch bei dem

Versöhnungsfest nicht eindeutig wiederhergestellt; formal wird das dadurch ausgedrückt, daß bei diesem Fest nur der Großvater spricht, während die anderen Familienmitglieder friedliche und wohlwollende, aber stumme Anwesende bleiben.

Die Situation der folgenden Erzählungen Bölls unterstützt diese Deutung. Denn in ›Ansichten eines Clowns‹ ist der Clown den Eltern und dem Bruder entfremdet, hat seine »Frau« verloren und besitzt keine Kinder. In ›Entfernung von der Truppe‹ sind die Tochter und ihr Mann Schmölder entfremdet, und dieser weiß, daß auf das geliebte Enkelkind kein Verlaß ist.

Es könnte scheinen, als ob ›Ansichten eines Clowns‹ sich sehr hübsch also in eine stoffliche wie formale Entwicklung Bölls als konsequente Extrapolierung einpaßt. Die Kritik an der heutigen Gesellschaft wird unerbittlich scharf, eine auch partielle Rettung durch Familie, Liebe, Religion ist dem Clown nicht zugänglich, und am Ende zieht er die letzte Konsequenz, indem er als Bänkelsänger-Bettler die Gesellschaft verhöhnt. Statt der verwobenen monologischen und auctorialen Erzählweise der früheren Romane reduziert sich dieses Werk auf die Ich-Erzählung des Clowns, in der Vergangenes und Heutiges zusammenfließen.

Es könnte scheinen, als habe mit der Reduzierung der Erzählperspektive auf den Hauptcharakter die Verstrickung in sich jetzt gesiegt. Daraus ergäbe sich das unglückliche Resultat, daß die Kritik an der Unlauterkeit, Unmenschlichkeit der Welt etwas von ihrer Gültigkeit verlieren würde, da sie von einem Menschen herrührt, der in sich und in seinen Erinnerungen gefangen und befangen ist; vielleicht hätten also die anderen, die Weltweisen, recht, wenn sie, feindlich oder schonend, den Clown als Neurotiker behandeln. Daß Böll die Möglichkeit einer solchen Deutung erkannte, erhellt aus Bemerkungen in ›Entfernung von der Truppe‹, wo Schmölder, ein näherer Verwandter des Clowns, gelegentlich erwähnt, daß man ihn als »Neurotiker, Romantiker, Idylliker« abfertigen möchte.

Trotzdem wirken die ›Ansichten eines Clowns‹ ganz anders. Daß Hans Schnier nicht vergessen kann, erscheint nicht als Symptom einer Neurose oder seiner Kindlichkeit, sondern als Folge einer klaren Beobachtung seiner Mitmenschen; wenn er kindisch bleibt, so kindisch wie das Kind im Märchen, das damit herausplatzte, daß der Kaiser nackt ging. Seine Kritik an seinen Mitmenschen scheint gültig, eine Kritik an Menschen, bei denen das Allgemeine (Institutionen, Ideen, Schlagwörter) das Konkret-Persönliche, das Wirkliche auslöscht und zerstört. Auf alle

Elemente, die zu diesem Resultat beitragen, kann ich hier nicht eingehen. Das Wichtigste aber ist wohl die Art, wie der Clown beobachtet und sich erinnert. Herzlosigkeit zwar haßt er, ohne vergessen zu können. Hervorragend an seiner Anschauungs- wie Erinnerungsart aber ist die Freude über das Charakteristische, das Bezeichnende der anderen, zum Beispiel wie Marie sich kleidet, die Zahnpastatube zuschraubt. Liebe oder Haß entsteigt aus Erinnerungen, aber auch immer wieder Humor, der die bewußte, geglückte Erfassung der objektiven Wirklichkeit der menschlichen Verhaltensweisen signalisiert.

Die »Auftritte« dieses Clowns sollen zuweilen grotesk und böse wirken; aber sie gründen auf dem präzisen Studium der Wirklichkeit, auf der Beobachtung der Gesten der Menschen auch bei alltäglichen Verrichtungen – »wie ein Arbeiter die Lohntüte in die Tasche steckt«, »wie eine Lebensmittelverkäuferin die Schürze ablegt« usw. Er ist Mime, und seine Mimetik bedeutet eine reine Hingabe zur Wirklichkeit, zum konkreten Leben. Wenn er verzerrt, so will er dadurch nur das Charakteristische hervorheben; und der Humor in seinen Auftritten wie in seinem Verkehr mit anderen Menschen entsteigt großenteils der bewußten Distanz zwischen der Wirklichkeit und deren Bespiegelung in Wort oder Kunst. Der Sinn seiner Komik, wie Schnier selbst sagt, liegt darin, »den Menschen in abstrakter Form Situationen vorzuführen, die ihrer eigenen Wirklichkeit entnommen sind«. Wie seine Liebe zu Marie ohne Anspruch ist, das heißt ohne weiteren Anspruch als den, mit der Geliebten zu leben, so ist seine Clownerie wesentlich Tribut gegenüber der Wirklichkeit.

Wie reimt sich diese Objektivität mit der Form der Ich-Erzählung? Nun, es ist überhaupt falsch, die Ich-Erzählung für eine Abart der monologischen Form zu halten. Nellas oder Robert Fähmels Monologe steigen fast unbeherrscht aus der Vergangenheit und verdunkeln auf verschiedene Weise das Bewußtsein des Gegenwärtigen. Die Erzählung Hans Schniers beruht aber keineswegs auf einer Verdunkelung des Bewußtseins, sie entsteigt den lebhaften, schlagkräftigen, geistesgegenwärtigen Auseinandersetzungen mit anderen Menschen, alle Einzelheiten werden bewußt und klar erfaßt. Sie ist voller Witz und Humor, auch voller Zorn und Bosheit, sie übertreibt und verzerrt; aber auch in der Verzerrung zeigt sie eine ungemein scharfe Beobachtung und dazu Selbsterkenntnis – Schnier kennt seine eigenen Schwächen, weiß, daß er zuweilen »unfair« ist usw.

Diese Ich-Form ist also keine logische Projektion der früheren monologischen Form Bölls, sondern in manchem genau das Gegenteil; sie zeigt die Befreiung aus den Verstrickungen des nach innen gekehrten Ichs. Die Erinnerungen überwiegen nicht mehr, sie bestimmen nicht das Handeln; ihr Wert liegt darin, daß sie Probiersteine für die Echtheit des gegenwärtigen Handelns, für die Menschlichkeit, Lauterkeit der Menschen, liefern.

Die Versöhnung, die Hoffnung der früheren Romane fehlen in ›Ansichten eines Clowns‹; trotzdem glaube ich, daß es hier eine andere Art Hoffnung gibt, die vielleicht unanfechtbarer ist. Sie liegt darin, daß der Clown, der an seiner Liebe und Lauterkeit scheitert und bei dem die Phantasie immer wieder die Wirklichkeit wie sein eigenes Benehmen verzerrt und ihn zum Rollenspielen hinreißt, doch die konkrete, individuelle Wirklichkeit klarer als andere sieht und ihr unerbittlich verschworen bleibt.

OTTO F. BEST
Der weinende Held

Die deutsche Literatur nach 1945 versagt sich die Tränen. Solche Anzeichen von Gefühl darzustellen, scheint antiquiert; man hat weder Sinn noch Neigung dafür. Einer gut funktionierenden, von der Perfektibilität alles Irdischen überzeugten Gesellschaft wie der unseren stehen Tränen schlecht an: sie entwaffnen, sind lästiger Ausdruck von etwas, das außerhalb rationaler Zuständigkeit liegt: Emotion. Weinen, sagt Bergson, sei »gemütswarm«. Unsere Zeit reagiert eher gemütsfeindlich, nachdem uns einst soviel dumpfe Emotionen abverlangt wurden. Wen wundert es da, daß Tränen heute gemeinhin nur noch zu den Requisiten des Trivialromans zählen.

Aber Weinen prägt die menschliche Seelenlandschaft, wie das Lachen. Und kann zu recht überall in Erscheinung treten, wo es um Schicksale geht. Auch in der deutschen Literatur nach 1945. In Heinrich Bölls Romanen ist noch Platz für Tränen, für die »Weisheit des Herzens«. Ihre Protagonisten denken nicht daran, zu leugnen, daß sie eine Seele, ein Gemüt haben, Dinge, die sie verletzlich machen und in Widerspruch zu einer Gesellschaft bringen, die den Starken, den Helden bewundert, über den

Schwachen jedoch verächtlich hinwegsieht, die sich an die Norm klammert und das Extrem ersehnt.

Nicht daß die Werke Heinrich Bölls »Täler der Tränen« wären, beileibe nicht. Nur, ob Fred Bogner im Roman ›Und sagte kein einziges Wort‹ (1953), die Fähmel-Familie in ›Billard um halbzehn‹ (1959) oder Hans Schnier in ›Ansichten eines Clowns‹ (1963) – ihre Tränen fallen auf, weil sie durch eine ganze Existenz verbürgt sind. Gewiß, es ist bekannt, daß Churchill und Kennedy weinten, daß Bismarck seine Tränen nicht verbarg und daß Goethe im ›Westöstlichen Diwan‹ bekennt: »Laßt mich weinen! Das ist keine Schande: weinende Männer sind gut. Weinte doch auch Achill um seine Briseis.« Dennoch: Tränen sind Eingeständnis von Schwäche.

Verdienen darum Fred Bogner, Hans Schnier, Schwächlinge genannt zu werden?

Wenn Schopenhauer behauptet, Weinen entspringe einem »Mitleid mit sich selbst«, irrt er nicht weniger als Bölls Kritiker, die diesen Autor der Sentimentalität zeihen. Denn Sentimentalität ist eine der Ausdrucksformen des Egoismus – der schlecht in Bölls Welt paßt –: Gefühl, das sich selbst zelebriert. Wie der Egoismus sich der Welt bedient, so nutzt die Sentimentalität das Gefühl ad majorem gloriam mei. Während Gefühl als sublimierte Empfindung eine Insel sein kann, auf welcher der schiffbrüchige Verstand zeitweise Zuflucht (und Kraft) sucht. Und findet.

Deswegen gilt Gefühl als »drittes Grundvermögen« (neben Verstand und Wille), als das »unmittelbare Angerührtwerden von etwas, die subjektive Seite und Tiefe seelischen Erlebens«. (»Sie berührte mein Herz«, sagt Fred Bogner von einem Mädchen.) Kant sieht den Anlaß des Weinens mit Recht im »Gefühl der Ohnmacht gegen ein Übel«. Verlust der gewohnten Proportionen des Daseins. Der Horizont ist verstellt. Auf sich selbst zurückgeworfen, erfährt der Mensch seine Grenzen, erlebt sie in dem Maße, wie er über einen bewußten Sinn für (überkommene?) Werte verfügt. Fühlt sich preisgegeben. Der Geist leistet einen Offenbarungseid – an seiner Stelle antwortet der Körper. Ohnmacht, Getroffensein – die Verhältnisse erweisen sich als stärker (stärker als Bogner, als die Fähmels, als Schnier!). Der Weinende bekam, in Abwandlung eines Wortes von Giraudoux, den Lasso des Schicksals zu spüren, der ihn einst aus seiner Waagrechten als Vierbeiner herausriß und aufrecht hält.

Nur die eine Antwort weiß Fred Bogner auf seine Misere: Flucht aus der Enge seines Zuhause und Alkohol. Freunde gewähren ihm Unterschlupf. Dort weint er: »... ich weine, wissend, daß die Tränen eines Säufers nicht zählen, kein Gewicht haben ...« Bogner weint aus Verzweiflung, aber sein Kommentar beweist, daß er noch hofft. Er mag an Psalm 126 gedacht haben, in dem es heißt: »Sie gehen hin und weinen ... und kommen mit Freuden ...« Die Bindung zu Gott wirkt intakt, trotz der wiederholten Ausbrüche von Haß.

Auch Käte, seine Frau, weint »fast jede Nacht«. Sie findet Trost im Gebet, in dem Gedanken, daß es »nicht mehr für lange« ist – »für dreißig, vierzig Jahre noch, und so lange müssen wir es aushalten«.

Aber es sind nicht allein die äußeren Umstände, worunter Fred leidet: Er langweilt sich, ihn schmerzt die eigene Gleichgültigkeit, seine Gedanken kreisen um den Tod, der ihm zum Faszinosum wird. Er fühlt Leere, Schalheit. Für mich klingt es angesichts dessen fast wie Ironie, wenn Käte sagt: »Wir müsseh zur Messe gehen.« Wo ist der Trost, der aus der Kommunikation mit dem Erlöser fließt? Gott ist da, gewiß. (»Gott schien der einzige zu sein, der bei mir blieb in dieser Übelkeit, die mein Herz überschwemmt ...«, sagt Käte.) Doch nur in einem umfassenden Sinn.

Es heißt, Bogner empfinde sich als Opfer der Gesellschaft. Das stimmt nur in sekundärer Hinsicht. Bogner, der »die Gesetze« verachtet, ist das Opfer seines Glaubens, wovon er nach wie vor durchtränkt ist, von dem er sich jedoch eingestehen muß, daß er sich einer Welt angepaßt hat, die nicht seine, Bogners, Welt ist. Er weint, weil ihn sein Glaube nicht zu retten vermag, seine Religion keine »Theologie der irdischen Wirklichkeit« (Friedrich Heer) besitzt.

Es wird immer wieder behauptet, die geistigen Wurzeln des Erzählers Böll lägen in seinem Katholizismus, man will wissen, Bölls Kritik am Katholizismus bestehe nur »aus Seitenhieben«. Beides ist falsch und richtig zugleich. Zugegeben: Die christliche Symbolik, ihr Begriffsinstrumentarium spielen im Werk dieses Autors eine nicht unwesentliche Rolle, der Katholizismus ist »anwesend«, aber er ist es vor allem als »Raum« und – als Provokation, sprich: Anrufung.

Auch wenn Böll es nicht unmittelbar ausspricht: Bogners und, wie wir sehen werden, Fähmels oder Schniers Elend hängt eng zusammen mit der inneren Katastrophe des Christentums oder, genauer, des Katholizismus, die um die Jahrhundertmitte so eklatant wurde. Die Tränen unseres Helden sind Krisen-,

Katastrophenreaktion, bedeuten die Bankerotterklärung einer Existenz, der die Tafeln tausendjähriger christlicher Tradition zerbrochen sind.

Bogner ist gelähmt, hilflos, weil sein Blick immer wieder einer Wirklichkeit begegnet, die sich nur schwer oder gar nicht mit den hehren Postulaten von Beichtstuhl und Kanzel vereinbaren läßt. Sein Weinen ist Antwort auf die leiblich erfahrene Erkenntnis von Verweltlichung und Jenseitsflucht eines Christentums, das, in Institution erstarrt, von Augustinischem Pessimismus erfüllt, keinen franziskanischen Aufbruch mehr kennt, die sozialen Probleme durch Phrasen verdeckt und einen Priester (»weil er die Bergpredigt so oft zum Gegenstand seiner Predigten macht«) in die Wüste schickt.

»Alles vergebens, Herr Doktor, umsonst weht der Wind, umsonst fällt der Schnee, umsonst blühen die Bäume . . .« So spricht Hugo, der Hotelboy, in dem Roman ›Billard um halbzehn‹ (durch den ich mich, als sein einstiger Lektor, Heinrich Böll besonders verbunden fühle). Seine Kameraden stoßen Hugo in die Gosse, verhöhnen ihn als »Lamm Gottes«, wie ihre Väter, die »vom Sakrament des Büffels gekostet hatten«, einst, vor 1945, Robert Fähmel und seinen Freund Schrella verhöhnten.

Böll wählte nicht ohne Grund die auf den Bereich des Glaubens verweisenden Begriffe »Lamm« und »Büffel«. Was ist aus der Aufforderung »Weide meine Lämmer« geworden? Was vom christlichen Messianismus geblieben? Wo wirken die Glaubenskräfte des Christentums schöpferisch auf die Gesellschaft ein? »Lamm Gottes« als Schimpfwort. Keine Antwort auf die Frage »wozu?«. Verständlich also, wenn es heißt: »Vater ist nach Sankt Anton hinausgefahren – als ob er dort Trost finden würde.«

Alle weinen sie, nur Robert Fähmel nicht. Er hält eine andere Antwort auf die Krise bereit: er sprengt. Sprengung als Katharsis statt der kathartischen Flut der Tränen. Die Zerstörung der Abtei ist demnach mehr als ein symbolischer Akt der Rache, »weil sie die Weisung ›Weide meine Lämmer‹ nicht befolgt hatten« – hoffnungsbestimmte Revolte, Aufbruch. Spiel, um »das Herz zu retten«. Angesichts dessen gewinnt Bölls Option für die Satire besonderes Gewicht. Sie ist Notwehr, weil die »Weisheit des Herzens« nicht aufhört, Vergeblichkeit zu demonstrieren. »Lämmer, die niemand weidet . . .«

Hans Schnier wird als Protestant vorgestellt. Ohne daß der Autor sich sichtbarlich bemühte, ihn es auch sein zu lassen. Schnier ist in der Wolle gefärbt. Durch seine Verbindung mit

Marie, einem katholischen Mädchen, hat er elementare Gründe, am Katholizismus interessiert zu sein. Sein Verhältnis zu dieser Religion, wie sie sich in seiner Umwelt inkarniert und in sein eigenes Leben hineinwirkt, lähmt ihn und reduziert ihn schließlich zu einer lächerlichen Existenz. Was hilft es, wenn er – wie Walter Fendrich seine Freundin Hedwig (›Das Brot der frühen Jahre‹) – Marie »seine Frau« nennt, das Sakrament ohne die »Institution« vollzieht? Was für ihn und seine Freundin subjektiv einen Wert darstellt, durch sein Verhalten verbürgt ist, ist doch per definitionem in den Augen anderer ein Unwert. Er vermag die Mauer nicht zu übersteigen, zumal er, wie Bogner und andere Helden Bölls, das, wogegen er rebelliert, selbst in sich trägt. Der Glaube bleibt ihm die Hoffnung schuldig. In seiner Vertrauenskrise Marie gegenüber spiegelt sich eine umfassendere Krise: Leiden am Glauben. »Wir beide sind in der Wüste, und wir sind in der Wildnis«, sagt Walter Fendrich von sich und seiner Freundin.

Schnier weint vor Elend. Tränen der Kapitulation. Er streicht selbstzerstörerisch räsonierend die Flagge. Sein Protestantismus erweist sich letztlich als Kontrastfarbe, vor der sich die Konturen des katholischen Establishments nur um so deutlicher abzeichnen. Es gelingt ihm nicht, sich von dem zu befreien, wovon er geprägt ist. Er bleibt sich treu. Wie andere Gestalten Bölls.

Die Wirklichkeit sei »eine Botschaft, die angenommen sein will«, sie sei »dem Menschen aufgegeben, eine Aufgabe, die er zu lösen habe«, sagt Heinrich Böll in einem Werkstattgespräch. Die Botschaft, wer hörte sie nicht: Metanoeite. Die Aufgabe: Erneuerung, Revolte, »Sprengung«, Befreiung des Christentums von intermundialer Existenz, Verwirklichung von Gottesfreude und Menschenliebe.

Auch das Versagen Bogners und Schniers ist Revolte, Scheitern durch Annahme der Aufgabe und Aufbegehren. Ihre Tränen sind Ausdruck von schmerzvoller Erkenntnis. Zugleich aber von Hoffnung, da Aufbegehren auch Aufbruch ist – über Wege, die verschüttet sein mögen, deren Bild der Seele jedoch eingebrannt ist. Auch Hiob klagt: »Er hat ausgerissen meine Hoffnung wie einen Baum«, und weiß: »Ein Baum hat Hoffnung, wenn er schon abgehauen ist.«

Wie sagt Schrella, das einstige »Lamm«, der, nach Deutschland zurückgekehrt, die Menschen heute »nicht weniger schlimm« findet als die, die er »damals« verließ? – »Wenn ihr an ihn glaubt, warum tut ihr nicht, was er befohlen hat?«

II

RUDOLF AUGSTEIN
Der Katholik

> Ob je jemand begreifen wird, daß einer katholisch sein kann wie
> ein Neger Neger ist? Da nützen Fragen und Erklärungen we-
> nig. Das geht nicht mehr von der Haut und nicht mehr aus der
> Wäsche. Heinrich Böll 1965

Einen Kardinal, einen Priester in der Großstadt, einen Fernseh-
beauftragten, ja sogar einen Papst kann ich mir vorstellen, was
an meiner Phantasielosigkeit liegen mag. Ich kann mir dergleichen in mancherlei Gestalt und Verkleidung vorstellen, als
einsamen Verzweifelnden, als tüchtigen Funktionsträger, als
scharfkantigen Zyniker. Ich kann mir sogar einen Laienkatho-
liken am Rhein, in Hamburg, in Magdeburg einbilden. Der
Katholik Heinrich Böll entgeht mir. Seine Konturen zerfließen,
von ihm kann ich mir kein Bild machen, obwohl ich wahrlich mit der gleichen Speise gesegnet wurde, als und solange ich
Kind war.

Zwar, den Polemiker Heinrich Böll kann ich mir wieder pla-
stisch machen, aber das kann ja jeder, sogar der Monsignore
Klausener, offenbar nicht gerade ein Impressionen-Erhascher,
konnte es: den Stänkerer gegen jede Fasson Obrigkeit, staatlich,
geistlich oder kirchlich, sei sie von Gott oder, ohne unnützen
Zwischenträger, unmittelbar zur Nasse-Straße in Bonn; den
Verächter der Institution römische Kirche, oder richtiger, ihrer
deutschen Sektion; den Schimpfkanonier gegen das katholische
Milieu- und CDU-Christentum, letzten großen Schimpfer überhaupt, der spät dazu wurde und es mit mehr Gelassenheit blieb
als alle anderen; jenen Böll, der noch auf keiner falschen Hochzeit die Garotte tanzte und der, sollte Sodom noch einmal bren-
nen, lieber als Sünder unter Trümmern begraben denn als einer
von den zehn Gerechten den Rettern beigezählt werden möchte;
dem ich in moralischen Fragen blanko mich anvertraue, obwohl
ich ihn nie zu Gesicht hatte, und der doch im Jahre 1963 noch in
einem ziemlichen Schimpfe-Brief an eben jenen nur durch seine
Sohneseigenschaft bekannten Monsignore Klausener (Böll:
»Prälätchen Klausener«) bekannte, er, Böll, habe »die Zuständig-

keit der Kirche und Kirchenmänner in Fragen der Kunst und Literatur immer, in Fragen der Moral nie bestritten«.

Nie bestritten: Das ist stark. Daß die Kirche für Kunst und Literatur unzuständig sei, jedenfalls seit moralische Fragen für die Päpste wieder zählen, erscheint uns anderen nur selbstverständlich, da bedarf es keiner Beteuerungen. Aber in Fragen der Moral zuständig, anno 1963? Wie sonderbar – wenn nicht Böll selbst in Klammern hinzusetzte: »obwohl ich langsam sogar an dieser Kompetenz zu zweifeln beginne«.

Wiederum, eine sonderbare Langsamkeit. Denn es läßt sich ja auch unter Zuhilfenahme der Großzügigkeit eines Horoskopstellers nicht leugnen, daß Böll, wie Prälätchen Klausener ihm zuzischelt, »über Kirche und Christen, über Ehe und Keuschheit Aussagen macht, die..., gemessen an der Lehre der Kirche Christi, nicht stimmen«.

Nicht stimmen? Nicht einmal in puncto Ehe und Keuschheit? Wie denn erst, wenn es um Fragen einer etwas weniger privaten Moral geht, um Vernichtungskriege gegen ferne Völkerschaften, um Morde unter dem Mond und unter erzbischöflichen Augen, um die Ausbeutung geschundener Menschen, um den Stumpfsinn einer nur noch soziologisch interessierenden Existenz?

War es denn nicht Böll, der in seinem ›Brief an einen jungen Katholiken‹ bloßgelegt hat, daß Moral für den europäischen Katholizismus immer gleichbedeutend sei mit sexueller Moral, seit, wie Böll vorsichtig einschränkt, ungefähr hundert Jahren? Nannte er diese einseitige Verengung nicht einen »immensen theologischen Irrtum«? Hat es denn überhaupt irgendeinen Menschen in Deutschland gegeben, katholisch oder nicht, der die moralische Kompetenz der Kirche heller in Zweifel gezogen, der die »körperliche Liebe« radikaler entschmutzt hätte als eben Böll?

Böll am wenigsten kann vergessen haben, daß in der frühen Christenheit drei Jahrhunderte lang das Töten verboten war, auch das Töten von Menschen im Krieg, auch das Töten aus Notwehr, ja sogar das Jagen. Ein weiter Weg führt zu jenem jesuitischen Moraltheologen Hirschmann, der den Mut, »unter Aussicht auf millionenfache Zerstörung menschlichen Lebens das Opfer atomarer Rüstung zu vertreten«, mit der Haltung des heiligen Franziskus vergleichen mochte, bis zu jenem Hirschmann, der in diesem Mut »Geist vom Geist der Theologie des Kreuzes« sah.

Nein, es kann nicht die moralische Autorität der Kirche in

Ehe- oder sonstigen Fragen sein, die Böll an der Meinung festhalten läßt, er sei einer, »den man einen Katholiken nennen mag«. Er ganz allein will bestimmen, so notifizierte er Klaus Harpprecht, ob er zur Kirche Christi gehöre oder nicht (wieder ein Dissens, der vor dreihundert Jahren genügt hätte, ein Feuerchen zu entfachen. Denn die Kirche nimmt zwar die Kirchensteuer auch von den Ketzern, aber rechtfertigt sie damit den Ketzer?).

Hier wird mir der Katholik Böll schon undeutlich. Er brauche nicht den organisierten Katholizismus, sagt er, der ist ihm »fremder als irgendeine Negersprache«, und nicht den Klerus. Er braucht die Sakramente, die Liturgie, den Hymnus, den Psalm; er findet die Monotonie mancher Litanei großartig, er verdankt dem Katholizismus sehr viel an Formen, all das hat ihn ungeheuer beeinflußt als Schriftsteller. Trost oder Täuschung, Sakramente und Stimmung, urkundlich seine Worte, will er dem Kirchgänger erhalten wissen.

Die sonntägliche Messe, sie war stets ein Requisit in Bölls Romanen. Als die Ehefrau in ›Und sagte kein einziges Wort‹ ihren entlaufenen Mann in einem Stundenhotel besucht, ist ihr erstes Wort nach inniger und vor innigster Umarmung: »Wir müssen zur Messe gehen, oder warst du schon?« Ob Kirchgänger Witze erzählen oder, am Ausgang der Orgelempore, Karten spielen, ob sie kurz vor Schluß kaum noch zu spät kommen oder nur hingehen, um schön warm über dem Heizungskanal zu sitzen, wie der Clown Schnier – in der Messe sind sie alle zu finden.

Schnier gar singt in der Badewanne unentwegt katholische Litaneien, Hymnen, »Liturgisches«, wenn auch nur, um seine beiden Erbübel Kopfschmerz und Melancholie zu vertreiben. Überzeugend fand ich diesen Kunstgriff nicht. List habe ich gewittert, List, um Andersgläubige einzufangen. Entschuldigung habe ich geargwöhnt, Abwerfen von Ballast, seht, die Messe ist nichts Heiliges, man kann dort Witze erzählen und Karten spielen, kann über dem Heizungskanal sitzen und seine Kopfschmerzen wegsingen. Sie ist nichts Heiliges, aber man braucht sie halt. Hier mosert mein prosaisches Gemüt. Wenn sie nichts Heiliges ist, dann braucht man sie gewiß nicht. Nur Milieu-Katholiken brauchen sie, wenn sie nichts Heiliges ist, eben jene, die Böll überzeichnet bis zur, ja, des öfteren bis zur Karikatur.

Warum kommen Bölls Figuren immer zu spät zur Messe, warum schlafen sie dort so viel, das ist doch merkwürdig. In seinem Interview mit Marcel Reich-Ranicki kündigt er an, es sei

»statistisch ungerecht«, 25 Millionen Katholiken zu übergehen, hin und wieder werde in seinen Büchern auch künftig ein deutscher Katholik auftauchen.

Statistiken liebe ich. Nur scheint mir, Protestanten und Dissidenten sind bisher nach dem Proporz bei Böll zu kurz gekommen, oder sagen wir besser, Protestanten und Nicht-Kirchgänger, was in mancher Hinsicht dasselbe sein dürfte. Gemessen am Bundesdurchschnitt gibt es in Bölls Topographie zu viele Kirchen, Dome, Kathedralen, zu viele Kapläne, Dechanten, Nonnen, Bischöfe, abgefallene Priester, zu viele Beichtstühle, ewige Lämpchen, Altäre, Kruzifixe, Meß- und Gebetbücher, zu viele Lämmer, Engel, Lilien – immer nach der Statistik geurteilt.

Hier ist Böll Katholik, und so wenig mir Läuten, Pomp und feierliches Dunkel noch etwas sagen, ich weiß von früher, daß ich gerne eingeorgelt, berauscht und umdunkelt war, daß ich wie durch einen Gießkannen-Verstärker »Christus, mein König« sang – ich, ein unpoetisches Gemüt.

Nur, warum dann diese Geringschätzung der Kleriker, jener Leute also, die man zur Ausbildung von Sakramenten und Litaneien doch unentbehrlich braucht; ohne die es keine Messe gäbe und keine Dome, keinen Trost und keine Täuschung, kein Dunkel und keine »Stimmung«?

Warum dann der Hohn auf den Bischof, der Dante liest, auf die Kleriker in den Rundfunkredaktionen, warum dann der Spott auf die Hauskapläne, die natürlich lieber gut als schlecht essen, auf die Priester der Forums-Diskussionen und Wandergruppen? Das Sakrament – es ist ohne sie nicht zu haben.

Daß Jesus all das angerichtet habe, scheint auch Böll nicht zu glauben. Er weiß ja, wie viele Jahrhunderte die Kleriker gebraucht haben, bis sie die von Priestern zu verwaltenden Sakramente eingerichtet hatten, für das Gnadenmittel der Ehe brauchten sie runde 1200 Jahre. Böll, der so Gerechte, scheint mir ungerecht, wenn er genüßlich räuchern läßt und den Räucherer mißachtet. Wer hätte ihm den geistlichen Raum für irgendein Sakrament bereitet, wenn es nicht die Institution, die Organisation, den Klerus gegeben hätte, an denen Böll nicht interessiert ist?

Er selbst scheint ein wenig den Widerspruch zu empfinden. Als Harpprecht ihm unter dem Sog von Millionen Fernseher-Augen großzügig konzedieren wollte, die Kirche sei »älter und jünger als der Klerus«, gab es nur den Einwurf: »Ja, nicht ganz.«

Wirklich, daß Berufskatholiken sich von Böll schlecht behandelt fühlen, ist mir nicht gar so unverständlich.

Jesus als Stifter der katholischen Sakramente, er wandelt bei Böll weit draußen auf den Wassern nicht mehr faßbarer Vorzeit. »Ich glaube an Christus«, sagt Böll, »und ich glaube, daß 800 Millionen Christen auf dieser Erde das Antlitz dieser Erde verändern könnten, und ich empfehle es der Nachdenklichkeit und der Vorstellungskraft der Zeitgenossen, sich eine Welt vorzustellen, auf der es Christus nicht gegeben hätte.«

Dies ist nun der andere Böll, nicht der praktizierende, sondern der praktische Christ? Nicht ganz. Er weiß ja und vermutet, daß ein christlicher Kraftfahrer nicht rücksichtsvoller fährt; daß der christliche Drogist (»Vertrau dich deinem Drogisten an«) sich der Anmaßung und Häresie der »totalen Hygiene« so wenig verweigert wie sein unchristlicher Kollege – Litfaßsäulen anno 67, mit dem weihnachtlichen Plakat »Frag den Drogisten – wenn's um Kerzen geht!«, hätten auch den Satiriker Böll verstummen lassen. Jedenfalls weiß er, daß der christliche Dekorateur seine Kunden ebenfalls jener Tortur aussetzt, »die darin besteht, in einem Ausstellungsraum anstatt in einer Wohnung zu leben«. Böll vor allen anderen kennt nicht den »christlichen«, nicht den »katholischen« Schriftsteller.

Aber wenn es darum geht, »das Antlitz der Erde zu verändern«, vertraut er plötzlich nicht mehr jenen 800 Millionen Katholiken, sondern »jenen anderen, außerhalb der Kirche Stehenden, die von der christlichen Liturgie angezogen wurden«. Ein Ungläubiger, der »Tauet, Himmel, den Gerechten« sang, erschien ihm wie einer der Weisen aus dem Morgenland, die als Ungetaufte Christus anbeteten.

Aber wenn ich Böll mal sonntags, und das nicht nur zur Weihnachtszeit, besuche und er nimmt mich mit zur Messe, singe ich auch »Tauet, Himmel, den Gerechten«, nicht um mir Kopfschmerz und Melancholie zu vertreiben wie Schnier, auch nicht, weil ich den Heiland erwarte, sondern weil ich gerne und von Kritikern unbeobachtet singe. Gerade die Liturgie hält nicht, was Böll sich zuweilen von ihr verspricht und was ihre weisen Väter, die Medizinmänner, auch nie in sie hineingeheimnist haben.

Irgendwann, ich weiß nicht in welchem Zusammenhang, verwundert sich Böll, wieder ganz praktischer Christ, warum man denn nicht tue, was Jesus gesagt habe. Das Christentum, so rätselt er in seiner pikierenden Besprechung der Memoiren

Adenauers, müsse eine bürgerliche Variante haben, die er nie begreifen könne, »obwohl ich ringsum keine andere als diese Variante erblicke«. Hier tut Böll selbst kund, was 800 Millionen Christen unternehmen könnten, um das Antlitz der Erde zu verändern – wenn sie Christen wären.

Aber sie sind Christen. Und sie haben tausend Jahre lang, begleitet von viel Liturgie, das Antlitz der Erde verändert wie niemand sonst. Die heutige Welt ist ihr Werk. Gegen das Christentum müßte kämpfen, wer die Zustände dieser Welt bessern wollte – so sagt es der protestantische Theologe Martin (nicht der Bischof Otto) Dibelius.

Wenn es Christus nicht gegeben, wenn Paulus den Jesus nicht zum Christus gemacht hätte, was wäre dann? Meine Phantasie reicht so wenig wie die Heinrich Bölls, sich das auszudenken. Aber es genügt, sich vorzustellen, daß es kaum weniger Grausamkeit, weniger Verachtung der menschlichen Freiheit, weniger Ausbeutung, weniger Kaltherzigkeit, weniger Morde gegeben hätte. Den Hernando Cortez kann ich mir ohne Christus vorstellen, den Dreißigjährigen Krieg auch, ebenso Verdun, die Inquisition der Kommunisten und der Dominikaner, Dresden, Hiroshima.

Den Vietnam-Krieg kann ich mir ganz besonders gut vorstellen, ohne daß es einen Jesus oder Christus je gegeben hätte. Aber ich bin außerstande, alle Schmach auf die Feldkuraten Katz und Ratkowski zu konzentrieren, auf das Bodenpersonal, wie meine fromme, zu Witzen sonst nicht aufgelegte Mutter zu sagen pflegte. Pius, der gute Papst Johannes und erst recht der sechste Paul sind bei mir mit dran. Die Welt, in der es Christus nie gegeben hat, ist lange perfekt, man muß sie sich nicht mehr einbilden. Und kein Sakrament, keine Liturgie spendet noch genug Räucherdunkel, um die Sicht auf eine Welt ohne Christus zu vernebeln.

»Wahrscheinlich ist Glauben ohne ein Minimum an Kindlichkeit gar nicht möglich«, ja, da hat der Böll sicher recht. Aber diese Kindlichkeit fehlt nicht nur den, laut Böll, »Berufskatholiken« (mit Ausnahme wohl des guten Papstes Johannes), sie fehlt heute auch den Historien-Lesern, sie fehlt dem, lassen wir uns ruhig eins auf die Nase geben, politischen Menschen schlechthin.

Warum lese ich also nicht nur den Polemiker, sondern den Erzähler Heinrich Böll? Weil er jenes Minimum an Kindlichkeit hat, weil seine Figuren noch beten können? Wohl eher nein. Die

Sanduhr rinnt auch bei ihm, man merkt es, wenn er die deutschen Berufskatholiken für schlimmer hält als die Berufskatholiken fremder Länder (unpolitischer mögen sie sein, vielleicht wie das deutsche Volk insgesamt usw. usw., es beginnt nun wieder bei den Bauernkriegen).

Nein, ich bin ein Leser Böllscher Romane, wenn er Liebesgeschichten schreibt. Allerdings finde ich in ihnen, und das ist mir reichlich spät aufgefallen, Spuren jener Christlichkeit, die im Verhältnis zwischen Mann und Frau vielleicht nicht wäre, wenn es diese seltsame, riesige, tröstliche, grausame Blüte Christentum nicht gegeben hätte.

Wenn Religion heute das ist, was uns von christlichen Traditionen an Bruchstücken und Fetzen, Sprüchen und Bildern aus ehemals geliebten und für wahr gehaltenen Anschauungen herüberweht, so finde ich in Bölls Liebesgeschichten etwas, was mir selbst vollständig und ersatzlos, kalt und klar abhanden gekommen ist: Religion. Mir ging es von der Haut, mir ging es aus der Wäsche.

Daß es einen Gott gibt, der die Menschen zur Unauflöslichkeit der Ehe bestimmt hat, wer vermöchte das noch zu glauben? Aber daß seit dem Jahre Null im Zusammenleben zwischen dem einen Mann und der einen Frau Zartheiten, Bindungen und Leidenschaften vorstellbar, ja lebbar geworden sind, die keine Wirklichkeit desavouieren konnte und die ohne Bibeltexte vielleicht nie gewesen wären, empfinde ich und hätte es ohne Heinrich Böll wohl nicht empfunden.

Wenn in seinem vielleicht eindeutigsten Roman ›Und sagte kein einziges Wort‹ die von den Unmöglichkeiten des Zusammenlebens wundgeriebenen Eheleute, zur Trennung schon entschlossen, in ihr zu enges Zuhause zurückkehren, weil der Mann die Gefährtin im Gewimmel der Straße noch einmal, und diesmal wohl für immer, erkannt hat, dann geschieht ohne die Kraft menschlichen Willens eine Entscheidung, die man auch, mit Friedrich Sieburg, ein religiöses Ereignis nennen könnte.

Es stört dann nicht mehr, daß die wiedergefundene Käte aus einer schwarzen Kirchentür herauskommt. Da der Schriftsteller Böll der Liturgie bedurfte, um seine formalen Kräfte auszubilden, genießen seine Figuren eine Vorgabe, die er in letzter Zeit zusehends weniger ausnützt, sehr zu meiner Besorgnis. Denn ich ahne, was mit Böll passiert sein könnte, wenn er in die lokale Idylle ausschert, wenn Liebe und Religion, seine beiden »Krankheitserreger«, nicht mehr miteinander im Streit liegen.

Vielleicht muß er Christ sein können, damit er Künstler sein kann; muß jene beiden Figuren vereinbaren, von denen er früher zu wissen glaubte, daß ihre Gewissen in Übereinstimmung sich nicht halten lassen?

Vielleicht will Böll nicht ertragen, wenn oder daß es kein Dilemma mehr gibt zwischen Künstler und Christ, zwischen der Liebe und der Religion? Vielleicht ist ihm die Spannung in dem allgemeinen Auf-die-Schulter-Klopfen abhanden gekommen, die der Künstler nötiger hat als Brot?

Vielleicht kann auch er von dem Brot seiner frühen Jahre, das er sich selbst bereiten mußte, nicht leben? Mich sollte es, bei diesem römisch-katholischen Steuerzahler, nicht wundern.

Klaus Harpprecht
Seine katholische Landschaft

Die Côte d'Azur ist, er mag es zugeben, der seltsamste Ort, sich Kopf und Herz über Heinrich Böll zu zerbrechen. Er ist kein Urlauber-Dichter, und selbst sein ›Dr. Murke‹ böte sich mir nicht zur Ferien-Lektüre an, allein des zutage liegenden Tiefsinns wegen. Drunten das Meer, das sich im Fortgang der Stunden von einem fast brutalen Blau ins sanftere Türkis verfärbt – doch gehorsam wandert der Blick immer wieder zurück ins aufgeschlagene Buch: und begegnet dem Rhein, einem grauen, unfeierlichen, unfröhlichen, doch gleichwohl ewigen Rheinstrom. Man träumt über die gebuckelten Ziegel der provençalischen Dächer hinweg, die wie tausend Katzen den Rücken faul in die Sonne strecken – und wendet sich nicht ohne Qual, doch auch nicht ohne Neugier den Quartieren um St. Severin und den Kölner Vorstädten zu, die stets ein wenig nach Belgien schmekken. Man saugt den süßen, warmen Harzgeruch der Pinien ein – und findet sich, nein, nicht in der ihm listig angehängten Wohnküche wieder, sondern öfter in ordinären Hotelzimmern mit dem Hautgout von Wäsche und gemachter Liebe, im Zigarrendunst altdeutscher Herrenzimmer, im Gewirr der Düfte einer Kramhandlung, auch im schönen und gedämpften Chaos von Lüften und Geräuschen entlegener Gassen und Winkel, in denen die Frauen aus den offenen Fenstern nach ihren Kindern schreien, Sägen kreischen, Hobel wetzen und ein Kohlenwagen übers Pflaster klappert.

Heute früh beobachtete ich eines der gestreckten braunen Geschöpfe mit jenem unvergleichlich französischen Blond, das eine Wegminute lachend neben dem bärtigen Monsieur Curé einherlief, Mini hier, schleppende Soutane dort, und nichts anderes in den beiden Gesichtern als eine Entspanntheit, die auch völlige Spannungslosigkeit, ja Gleichgültigkeit auszudrücken vermag. Doch zurück, ohne Erbarmen zurück zu den rheinischen Klerikern, denen die Geschlechtsnot in der Seelsorge starke Probleme aufzugeben scheint. Was für ein Vorhaben, sich in diesen mediterranen Gärten in die pastoralen Probleme zu versenken, die Böll seiner Kirche und seine Kirche ihm aufzugeben scheinen, beide streng miteinander.

Was für ein Vorhaben, ihn hier ins Auge und ins Gemüt zu fassen, obwohl er über eine deutliche Beziehung zum Lateinischen verfügt, nicht so sehr durch das überschätzte Römertum von Colonia Agrippinensis, in dem, wie man heute weiß, vor allem illyrische, also frühtitoistische Legionen lagen, sondern vielmehr auf dem Umweg über das Gallische. Er kennt die katholische Literatur des neueren Frankreichs, aus gelegentlichen Zitaten zu schließen, mit einiger Intimität (der Krieg gab ihm Gelegenheit zur Lektüre). Ja, wir meinen bei ihm das Aroma des aufsässigen Gallikanismus wahrzunehmen. Er weiß wohl, welchen Konflikten und Herausforderungen sich die Nachbarkirche gegenübersah: durch den laizistischen Staat, aber den gefährlicheren durch ihre liederliche Symbiose mit der Bourgeoisie. Bis sich, zu ihrem Glück, das Bürgertum vom Frieden auf den Gebetbänken löste und sich dem liberalen, später dem sozialistischen Radikalismus zuwandte, um diesem die Filzpantoffel überzuziehen. Die Bürger selber gaben der Kirche Frankreichs eine gewisse Bewegungsfreiheit zurück, nach links (wie man damals wohl sagen durfte) zu einem herben Arm-Leute-Katholizismus, freilich auch nach rechts zu jener katholischen Pathetik, die das Kreuz nur noch als Mahnzeichen der Nation und eines ästhetischen Willens verstand; die Mystik der Dome kam ohne ihn aus.

Böll hält es womöglich für das entscheidende Versäumnis des deutschen Katholizismus, daß er jene Krisen versäumte und beharrlich am Bürgertum klebte, doch vor allem am Staate klebte, trotz Bismarcks »Kulturkampf« und jener Stimmung in Kreisen »anständiger Deutscher«, für die schwarze »Romhörigkeit« ein

Ausdruck der äußersten Lasterhaftigkeit, ja der antideutschen Unzucht war. Vielleicht eben darum jene fast servile Bereitschaft der Katholiken, den wilhelminischen Patriotismus gelegentlich zu überschreien, die Carl Amery in seiner Studie* feststellt.

Für einen preußischen Kasernen-Protestantismus, der wahrhaftig nicht aus der Welt zu reden ist, war in der Tat jeder Katholische im Zweifel ein Deutscher zweiter Klasse. Jene katholische Anpassung, die so behende vollzogen wurde, hat darum vielleicht auch ein Recht auf die barmherzigere Interpretation: den »Rom-Komplex«, der die Reformation in die Herzen einer Mehrheit der Deutschen gepflanzt hatte, endlich überkommen, die Kluft wenigstens »national« überbrücken zu wollen, nachdem das föderative Grundgepräge Mitteleuropas mit seiner wesentlich konfessionell bestimmten Ordnung gesprengt worden war. Übrigens nicht so sehr durch die Verfassung des Zweiten Reiches, sondern durch die preußische Expansion ins Rheinland.

Ja, man könnte behaupten, der deutsche Katholizismus habe sich bemüht, so deutsch zu sein, damit er um so katholischer bleiben könne (in der konfessionellen wie in der politischen Abgrenzung durch das Zentrum und die Bayrische Volkspartei) – ein Experiment, das übel ausging, für die katholischen und die anderen Deutschen.

Thomas Carlyle hat uns wohl den verführerischen Satz hinterlassen, die Französische Revolution sei die Rache der Geschichte für die erwürgte Reformation. Bei uns zuland hätte man Anlaß zu der tückischen These, die Reformation habe uns um die große bürgerliche Revolution betrogen.

Der Austausch von geschichtsphilosophischen Formeln dieser Art ist ein reizvolles und völlig unernstes Gesellschaftsspiel. Sie beweisen höchstens, daß gewisse Prozesse in verwandten Sozietäten gleichsam in einer Phasenverschiebung erledigt werden, kurz, daß die Kirche ihre Freiheit vom Staat und den bestimmenden Ständen in Frankreich früher zurückerhielt als in Deutschland, freilich auch dort durchaus gegen ihren Willen und in einem höchst schmerzhaften Verfahren. Sie ließ sich ihre Unabhängigkeit unter Drohungen aufdrängen, ja mit Blut und Gewalt aufpressen, statt sie souverän zu fordern. Könnte das die Erklärung für die heutige Lage des französischen Katholizismus sein, der weiß Gott auch seine Misere hat? Womöglich hörte er längst schon auf, Volkskirche zu sein, wenn man darunter die

* ›Die Kapitulation oder Deutscher Katholizismus heute‹ (Rowohlt-Verlag 1963).

Kirche der Mehrheit begreift. Seit Jahrzehnten besetzt eine offene oder verschwiegene Indifferenz die Herzen der Majorität.

Doch, wer weiß, gibt eben das Bölls Brüdern jenseits des Rheins die Chance, eine Volkskirche im sozialen Sinn, eine Kirche der entschlossenen Minderheit zu begründen – freilich einer Minorität, auf die es ankommt, nämlich auf einen Kern des Bauerntums (das zuerst, denn Frankreich ist noch immer Bauernland, im Unterschied zu Deutschland), der Arbeiterschaft und der Intelligenz. Noch zu früh, schon zu spät? Wer kann es sagen.

Ich meine nur gewiß zu sein, daß die Kirchen in Deutschland einem parallelen Prozeß unterworfen sind, spätestens seit den Tagen des »Kirchenkampfs«. Als die Diktatur des Dritten Reichs das Visier hochnahm und zeigte, was sie war: nicht nur eine antisemitische, sondern auch eine antichristliche Verschwörung, ja, als erkennbar wurde, daß der Rassismus nichts anderes als das Signal zum Aufstand gegen eine zweitausendjährige christlich-jüdische Kultur war, die ausgelöscht werden sollte – damals begannen die Mächtigen, die Kirchen gleichsam in die Freiheit zu jagen.

Kaum einer der Kirchenführer hat die Zeichen erkannt, und das Kirchenvolk war ohnehin blind, verfangen in uralten Vorurteilen. Wer fühlte denn, daß der barbarische Schrei »Juda verrecke« auch den Tod der Christenheit meinte? Die Trauer über jenes fürchterliche und schuldhafte Mißverständnis ist in Bölls Herz niemals erloschen, und in dem unseren auch nicht.

Doch mit der ersten Regung des Widerstandes, dem ersten Schimmer des Begreifens fing jene ungewollte Freiheit an zu wachsen.

Jedes Martyrium, jeder Akt der Resistance, ja jede Regung des Trotzes, jedes Nein hat den Anfang jener Freiheit befestigt. Sie hätte sich besser früher bewiesen, spätestens 1848, im Kulturkampf, 1917 oder 1918 – tragische und versäumte Gelegenheiten bot die Geschichte genug. Doch jener Beginn ist nicht zurückzunehmen, trotz der angeblichen Rechtsgültigkeit des Reichs-Konkordates, dem Abschluß von Sonder-Konkordaten, trotz Fortexistenz auch der evangelischen Landeskirchen (was für ein Wort), trotz der allzu glatten Bereitschaft der Kleriker beider Kirchen, Gehaltsempfänger und mithin Abhängige des Staates zu bleiben, trotz der ungebrochenen Bindung der Kirche an das, was Amery ihr »Milieu« nennt.

Übrigens auch trotz CDU, die Böll mit einem starken und eher resignierten als herausfordernden Wort den »Untergang des Christentums« genannt hat. Die Sozialdemokratie ist nun freilich im Begriff, im Feld der Beziehungen und Verbindungen zu den Kirchen mit den Christdemokraten kräftig und lauter zu konkurrieren. Womöglich verdirbt das den Charakter der SPD? Heinrich Böll nickt ernst und böse. Er überschätzt die CDU, fürchte ich, und unterschätzt die Kirche, die manches überstanden hat, auch 2000 Jahre Kirche.

Doch ist dies sein Thema: die Freiheit der Kirche. Oder es war doch das seine, denn seit geraumer Zeit zieht er die Feststellung vor, jenes Kapitel sei für ihn abgeschlossen. Wie? Hörte er auf, sich als praktizierenden Katholiken zu betrachten? Das nicht. Die Sakramente, die Liturgie, die eigentlichen Expressionen und Mittel des Glaubens gibt er nicht preis – verstand ich ihn recht? Aber die Kirche als Institution, der Klerus und sein Geschick – sie interessieren ihn angeblich nicht länger (obwohl er die Freundschaft zu diesem und jenem liebenswürdigen Schwarzrock nicht kündigt).

Wechselte also das Thema von der »Freiheit der Kirche« zur »Freiheit eines Christmenschen?« Vollzieht er seine private Reformation, wobei ihm die Annäherung der Konfessionen gar noch den Übertritt ersparte? (Ach, auch die Chance der wahren Ökumene ist in seinen Augen vertan, auch das Konzil taugte nicht viel oder nichts.)

Böll eignet sich zum Lutheraner nicht besser als Grass zum Calvinisten. Die »Kirche« ist sein Thema, und es wäre kein Mirakel, wenn er es wieder aufnähme, eines Tages, denn die Realität sollte ihm eine Rückkehr aus der Hoffnungslosigkeit erlauben. Wäre selbst das Wort von der neuen »Kapitulation« vor diesem Staat und dieser Gesellschaft wahr – noch immer wäre die Gelegenheit zum Aufbruch nicht versäumt. Denn es braucht keine Prophetie für die Feststellung: der organisierten Christenheit in Deutschland wird jene Freiheit aufgezwungen, die sie sich nicht nimmt. Mit gutem, eher mit unguten Mitteln. Vielleicht durch Krisen, Erschütterungen der Gesellschaft, Pressionen von außen.

Wir haben Anlaß, jene schwarzen Chancen zu scheuen. Die Freiwilligkeit zur Freiheit wäre vorzuziehen. Also mag ihr Bölls Zorn, auch wenn er sich ohnmächtig gibt, auch wenn die Schärfe oft in der Bitterkeit erstickt und die Artikulation in plötzlicher Schwermut ersäuft – also mag ihr diese große, lebenslange Wut auf die Sprünge helfen. Die Kirche hat sie nötig. Es braucht in der

Tat selbst seine Ungerechtigkeit, seine Maßlosigkeit, denn auch dies hat man erfahren: daß zu viel wägender Rechtssinn wenig vorwärtsbringt in der Welt.

Auch seine merkwürdige Ziellosigkeit, die er beweist, der es nicht um das Generalziel: Freiheit der Kirche von der Macht, geht, ist gegen ihn kein zwingender Einwand.

Das Stichwort Macht freilich sagt genau, wovon er die Kirche und sich selbst separiert wissen will: Die Macht hält er, wie mancher seiner schreibenden Brüder in Deutschland, für den Urquell der Sünde, nein, für die Sünde selbst. Nicht für Natur, wie das Geschlecht, das sich unter den Augen der Kirche – und schließlich mit ihrem seufzenden Einverständnis – zu entsündigen beginnt. Die Sünde heißt Macht. So einfach. Böll, immer bereit, das Wort des andern nicht gering zu achten, würde sich am Ende zu einer fairen philosophischen Qualifizierung auch der Macht überreden lassen.

Wäre diese Einsicht genug, den brennenden Haß gegen die leibhaftige und angewandte Macht in seinem Herzen zu löschen? Kaum. Minister läßt er nur als Provokation zum Attentat existieren, zum intellektuellen (doch wenn es sein muß, zieht Großmutter auch die Pistole). Bischöfe haben die Chance, in ihm die gleichen Gefühle zu wecken.

Er würde wiederum nicht widersprechen, stellte man fest, daß auch eine freie, vom Staat und den bestimmenden Gruppen wahrhaft unabhängige Kirche dem Arrangement mit den Mächten und der Macht nicht zu entgehen vermöge. Doch seinem Herzen beweist das wenig. In Wahrheit sucht er die »reine Kirche«, die aus dem Bannkreis der Versündigung heraustritt, nachdem sie sich demütig unter die begangene Schuld gebeugt hat.

Er versteht das Sakrament der Beichte und der Freisprechung radikal, auch für die Kirche als Ganzes. Sein Verlangen nach Reinheit oder genauer: nach Unverletztheit will es nicht wahrhaben, daß auch die Kirche wie jedes ihrer Glieder stets von neuem in den Stand der Schuld zurückzufallen verurteilt ist. Er fürchtet die neuen Versehrungen wie den Teufel, und er hat recht: Hier ist der Teufel im Spiel. Nur weiß das die Lehre der Kirche schon immer. Sie hat manche Verletzungen ertragen und ausgeheilt. Leitmotivisch übrigens geht die Vokabel »verletzt« und »unverletzlich« durch die Texte seiner Poetischen Vorlesungen in Frankfurt. Das gibt einigen Aufschluß.

Es ist wahr, das Luthertum hat es mit der Lehre von den zwei

Reichen sich selber theologisch leichter und der Welt womöglich schwerer gemacht. Aber Böll hätte das Recht zu sagen, die Theologie gehe ihn einen Dreck an: er sei zuständig für die Realität der Kirche, für ihre Wahrheit, für das Sakrament, die Liturgie, das Gewissen und das Heil.

Hier freilich prallt die Freiheit, die er für die Kirche meint, mit der Wirklichkeit zusammen. Auf eine, die nun ganz gewiß seine, Bölls, besondere Sache ist. Denn sie hat er beschrieben: die tägliche Kirche. Sie ist sein Milieu.

Es ist rasch gesagt, die Kirche möge sich ehrlich machen und sich auf jene Minderheit zurückziehen, die sie in Wahrheit vertritt – und wer zweifelt daran, daß die Deutschen in ihrer Mehrheit wenn kein gottloses, dann doch kein christliches Volk mehr sind, längst nicht mehr. Also soll eine wahre und unabhängige Kirche ihre Segnungen dem Alltag der Gleichgültigen entziehen? Taufe, Kommunion, Hochzeit im Schleier und vor dem Altar, Letzte Ölung und priesterliches Begräbnis – auch wenn sie zuletzt nur Anlaß feuchter Familien-Seligkeit und zu einem solennen Besäufnis sein mögen, die man sich vielleicht besser nicht auf Kosten des lieben Gottes verschaffte? (Doch auch das hat seine Rechtfertigung – eine religiöse.) Jeder dieser hohen Tage berührt das Herz auch der Gleichgültigen, sentimental oder nur pathetisch.

Jene »Formen« und »Äußerlichkeiten« prägen die Seele des Einzelnen und des Ganzen – das weiß der Katholik Heinrich Böll genauer als ich. Und er weiß auch: die Kirche befindet sich nicht im ausschließlichen Besitz der Gläubigen und der wahrhaft Frommen. Sie gehört durch ihre Geschichte auch der Gemeinschaft, nämlich dem Volk. Jedes seiner Glieder hat Anspruch auf Zugehörigkeit, auch wenn es nach der ersten niemals die zweite Kommunion empfängt.

Hier, exakt hier begänne die Rechtfertigung der Kirchensteuer, das Problem des kirchlichen »Arrangements« überhaupt. Es geht unter anderem um die Sichtbarkeit der Kirche im Alltag (die freilich besser nicht aus staatlichen Kassen finanziert würde, doch aus welchen dann? Den Geldschränken der Konzerne? Der Gewerkschaften? Für die sichtbare Kirche genügen der Groschen der Witwe und aller Eifer der Frommen gewiß nicht).

Wie sehr diese sichtbare Kirche die Kölner Existenz Bölls bestimmte. Wie sie durch seine Bücher wandelt. Ist er in den wiederkehrenden Bildern nicht geradezu Gefangener des katholischen »Milieus«? Ich wage von einem religiösen Impressionismus zu reden:

Nonnen mit wehenden Hauben in den Gassen; die Lesezeichen im »Schott«, von denen die Vertrauten wissen, wie sie gelegt sind; die »katholische Luft« von Bonn, nach der es Marie im ›Clown‹ verlangt; die Meßdiener-Hinweise, die (fast wie in Adenauers Anekdötchen) als Chiffren leicht verdächtiger Art verwandt sind; Erinnerungs-Fetzen an den Kolpingsverein; ölig liberale Prälaten; die Glocken von St. Severin, St. Aposteln und St. Eustacius (wenn es ihn gab und wenn er vorkommt); die schwer erträglichen Gesichter der Priester am Altar; die Kirchenfunk-Redakteure; der fast unfehlbare Hinweis, daß einer katholisch gewesen sei (»das geht nicht 'raus aus der Wäsche«); das Singen der Lauretanischen Litanei in der Badewanne und später auf der Bonner Bahnhofstreppe (»Katholiken machen mich nervös, sie sind unfair«); ab und an ein Kirchenvater, ein wenig Latein; verächtliche Prügel für die kirchliche Sexual-Moral; Männer in SA-Uniform, die »geschlossen« zur Messe marschieren; Feldgeistliche; Seitenblicke auf Eminenzen und Exzellenzen; und immer wieder rauscht eine Soutane durchs Bild.

Natürlich erscheinen jene Gestalten und Geräusche wie Inseln, auf einer Flut von Bildern schwebend, die nach leiserem Beginn der frühen Romane in ›Billard um halbzehn‹ zum schönen Wortstrom aufschwoll und danach beruhigter und gelassener weiterzog. Ich habe die »religiösen« Details im Mosaik seiner Beschreibungen nicht ausgezählt. Vielleicht ist ihr beherrschender Anspruch eine optische Täuschung. Ich vermag es nicht nachzuprüfen, denn ich habe keineswegs den ganzen Böll bei mir versammelt, auf der mediterranen Terrasse, ich habe ihn auch nicht im Kopf, ja, es gibt Romane, Erzählungen, die ich nicht kenne.

Doch so stellt sich mir die Welt seiner Bücher dar (den ›Adam‹ lasse ich außer acht): drückende Romanik des Rheinlands, Vorstädte mit neugotischen Klöstern aus gelblichem Backstein; Ministranten-Amt und Kolpings-Jugend; mehr Schnaps, seltener Wein; verhangene Liebe; Qual am Gestern, an den Verletzungen und an unserem Versagen; splitterndes Bürgertum; Zweifel, die wie ein Bajonett des Hasses aus dem Staub der grauen Straßen fahren; Schwermut unter einem grauen Himmel und unter dunklen Türmen – das ist der Umkreis Erde, der seine Menschen trägt.

Ein grundkatholisches »Milieu«, in dem eine präzise Beschreibung der »Requisiten« des Religiösen oft genug die Religion

selber ersetzt. Verhält es sich so, dann sollte man es als einen bemerkenswerten Ausweis für die schriftstellerische Kunst dieses
Katholiken begreifen.

Wenn am Material, wenn an der Form die Essenz, die Qualität
des Inhalts erkennbar wird, wenn die Szenerie genug ist, um
Spannung und Krise des Vorgangs sichtbar zu machen, dann hat
der Künstler das Seine geleistet. Auch das bedeutet eine Art von
Treue zu seiner Kirche, eine Verhaftung, die er nicht abzuschüt-
teln vermag: Sie war sich stets des »Sozialen« bewußt, prägte die
Umwelt mit dem mächtigen Gewicht ihrer Formen und ihrer
Erfahrung; und sie sog zugleich in einem geduldigen Prozeß der
Identifizierung das Aroma jeder Landschaft, das Klima ihrer
Gesellschaft, auch ihre Schatten und Passionen in sich ein.

So ist der Weg vom Münsterländer zum Kölner Katholizismus
immer noch weit und jener nach Bayern ins helle, befreite Feld
des Barock eine halbe Ewigkeit entfernt, wenn überhaupt
passierbar. Böll gedenkt den Schutz des schweren rheinischen
Himmels nicht zu verlassen. So werden auch die Türme weiter
über seine Bücher wachen, und er wird seinen Zorn zu ihnen
hinaufschleudern.

Aber sie werden auch anzeigen, was er verschweigt (werden
sie es?): daß sein Katholizismus mehr weiß als Requisitorien und
Szenerie, mehr als das störrische Verlangen nach Freiheit von
der Macht, mehr als die unablässige und immer bittere Frage
nach dem Damals, mehr als die Feststellung der Schuld, mehr als
Haß gegen den Krieg, mehr als seine stetige Warnung vor unserem Hochmut gegen die anderen jenseits des Zauns, die Völker
und ihre verwirrend mild beklagte Regentschaft. Mehr als sein
eigentümlicher Puritanismus, der unablässig mit der verengten
Sexual-Moral des Klerus hadert – ein Puritanismus, den seine
keltischen Vorfahren von Irland an den Rhein getragen haben
könnten –, kölnisch ist er nicht. Auch der ›Brief an einen jungen
Katholiken‹ bricht über diesen Zirkel nicht hinaus; auch diese
böse Epistel an die Adresse des Klerus bleibt impressionistisch;
der Hader mit Symptomen verdeckt die Attacken aufs Prinzip.
Womöglich finden sie nicht statt.

Manchmal, wenn wir seiner Resignation nachlauschen, sind
wir versucht, die Zerstörung der Abtei St. Anton (›Billard um
halbzehn‹) durch den Hauptmann und Sprengspezialisten Dr. Robert Fähmel für einen drastischen Hinweis zu halten: der Vater
baute das fromme Haus, der Sohn jagte es im April 45 in die Luft,
der Enkel demissioniert zuletzt vom Wiederaufbau. Das könnte

in der Tat die Erledigung eines Themas bedeuten. Doch ich bin gewiß, es entläßt uns nicht, es entläßt ihn nicht, es kehrt wieder.

Nur das »Milieu«? Von Gott ist in der Tat merkwürdig wenig die Rede. Ist Böll am Ende ein gottloser Katholik? Auch das wäre denkbar, denn wir wissen manchen, für den die Mauern, die Türme, die Beichtstühle, die Liturgie, ja das Gewissen blieben, und Gott war ihnen längst entflohen.

Wann redet er vom Tod, von jenem, der die Herausforderung des Christen ist? Vom Kreuz? Von der Hoffnung? Von der Auferstehung? Von der Gerechtigkeit Gottes? Von seiner Lenkung der Geschichte? Von den Tröstungen? Den Wundern? Von der Vergebung? Vom Gebet?

Da und dort. Vielleicht mehr, als ich mich zu erinnern vermag? Doch immer in raschen Andeutungen. Mit einer Scheu, die Zeichen der Ergriffenheit, freilich auch der halben Gleichgültigkeit sein könnte. Aber hier macht unser Forschen halt. Er hat ein Recht, nicht nur die Auskunft zu verweigern, sondern unser Fragen zu verbieten. Es ist seine Sache, sich auf die Empfindungen der Leserschaft zu verlassen. Und sie wird sich über manches Buch hinweg an diese Sequenz, an ihre Musik und ihr Hauptwort erinnern:

». . . doch ich bestand darauf und setzte es durch; erschrak, als ich Johannes in der Totenmesse flüstern hörte: ›Christus‹. Ich sprach den Namen nie aus, wagte kaum, ihn zu denken, und wußte doch: er hatte mich; nicht Domgreves Rosenkranz, nicht die säuerlichen Tugenden heiratslustiger Wirtstöchter, nicht Geschäfte mit Beichtstühlen aus dem sechzehnten Jahrhundert . . . , nicht die düsteren Verfehlungen heuchlerischer Priester, deren Augenzeuge ich wurde: ärmliche Verführungen gefallener Mädchen; auch nicht Vaters unausgesprochene Härte hatte das Wort in mir töten können, das Johannes neben mir flüsterte: ›Christus‹; nicht die endlosen Fahrten durch Windkanäle uralter Bitterkeit und Vergeblichkeit, wenn ich auf den eisigen Ozeanen der Zukunft, Einsamkeit wie einen riesigen Rettungsring um mich herum, mich mit meinem Lachen stärkte; das Wort war nicht getötet worden; ich war David, der Kleine in der Löwengrube, und bereit, das Unvorhergesehene, das ich begehrt hatte, hinzunehmen: Johannes' Tod am 3. September 1909. Auch an diesem Morgen ritten die Ulanen übers Kopfsteinpflaster; Milchmädchen, Bäckerjungen, Kleriker mit flatternden Rockschößen. Morgen.«

Wir sind angekommen, nach einer langen Reise durch eine

lange Sequenz, deren Beginn den Leser gewiß zu bewegen vermag, angekommen auf vertrautem Pflaster, unter vertrauten
Bildern. Angekommen im Milieu. Die Glocken von Severin
schlagen »die Zeit in Scherben«. Das klägliche Geläut der Vor-
stadtkirchen bimmelt hinterdrein. Wir kehren, nicht ohne Auf-
atmen, zurück aus einer Landschaft der schweren Himmel und
der schweren Gesichter, zurück aus einer Welt, in der die Leute
Schrella heißen oder Schnier und in der Gruffelstraße wohnen.

Der mediterrane Abend kommt feucht und warm übers Meer.
Durch Oleanderbüsche rollt ein Mädchenlachen. Katzen schlei-
chen ums Haus. Die Arbeiter aus den Weinbergen, dunkle süd-
liche Gesichter, kommen langsam des Wegs. Jene fünfzig Men-
schen-Zwerge, Kinder aus den Arbeitervierteln Marseilles, die
am Vormittag in gelben Hosen, blauen Schürzen und knallroten
Spitzhüten über den Strand marschierten, krummbeinig und
selig, liegen längst in den Erholungs-Bettchen einer frommen
Gesellschaft. Es ist Samstag. Über den Dorfplatz werden noch
die Boule-Kugeln rollen, mit leisem Knirschen, angetrieben von
den rauhen, fröhlichen Rufen der Männer. Sie haben sich damit
abgefunden, katholisch zu sein.

CARL AMERY
Eine christliche Position

›Heinrich Bölls Katholizismus‹ – ›Das Katholische bei Böll‹ –
›Böll und seine Kirche‹ – ›Das Sakramentale bei Böll‹: die Über-
schriften bieten sich massenweise an. Aber die kritische Phantasie
erträgt sie so schlecht. Noch vor zehn Jahren wäre jeder dieser
Titel *chic* gewesen; es gehört zu den positiven Aspekten der
Entwicklung, daß sie uns heute allesamt fast unzüchtig vorkommen. Keuschheit, so scheint es, hat die Gefilde der sogenannten
Sexualität verlassen und hat sich auf den Feldern der Raison an-
gesiedelt.

Böll war an dieser Entwicklung nicht unbeteiligt; man spreche
ihm dieses erste Verdienst zu. Er (und mit ihm etwa Graham
Greene) wehrt sich wütend dagegen, als »katholischer Romancier« etikettiert zu werden. Und in der Tat, kann es für den
Romancier etwas Mißlicheres als solchen kritischen Rabatt

geben? Ist er etwas anderes als die fatale Aussicht, als »Gemeinde-Dichter« zu gelten – und sei es für eine Gemeinde von internationalen Millionen?

Trotzdem hätte er wenig Aussicht, sich dieser kritischen Schmach zu entziehen, wenn es nicht die theologischen und (in der letzten Konsequenz) literartheoretischen Voraussetzungen im Katholizismus der letzten fünfzig Jahre gäbe. Wenn diese Eigen-Anstrengungen des denkenden Katholizismus etwas für den armen Erzähler geleistet haben, dann eben dies, daß sich wahrhaft streng exerzierte christliche Literar-Theorie allmählich ganz von selbst überflüssig gemacht hat.

Vor Karl Muth gab es keine solche Theorie, die des Namens wert war, sondern höchstens moralisierende Besserwisserei. In der großen Epoche des Renouveau gab es auch Besserwisserei, aber immerhin von einer Sorte, die dem Schreibenden sein eigenes Recht ließ. Heute hebt sich der Anspruch des »Katholischen«, wenn er ernst, nämlich kath-holisch gemeint ist, selbst auf, und zwar ohne mißliche Gefühle. Böll selbst hat (in den ›Ansichten eines Clowns‹) den Katholon-Zähler erfunden, mit dem Existenzen abgetastet werden, um das Klicken der soundsoviel Millionen Katholons zu registrieren.

Gehen also auch wir nicht mit dem religiösen Geigerzähler an ihn heran, sondern versuchen wir nüchtern von dem zu reden, was uns auch Bölls wütendster Protest nicht nehmen kann: von seinem katholischen Material und dessen Organisation. Eine ganze Poetik kann auf diese Weise nicht beigetragen werden, sie wird auch gar nicht versucht. Vielleicht gelingen einige Aperçus, die späterer Kritik (nicht nur der sogenannten katholischen oder christlichen) weiterhelfen werden.

Gehen wir als erstes ein monumentales Mißverständnis an. Böll schildert äußerst kritisch die Usancen und Zustände vor allem des westdeutschen Katholizismus, die menschlichen Deformierungen, die sich aus ihnen ergeben, und ihren tiefen und dunklen Zusammenhang mit dem großen deutschen Thema des Jahrhunderts. Da die Epoche grobe Frontbegradigungen liebt, wurde er dafür einerseits von der Reaktion als »Zersetzer« beschimpft und sogar einschlägiger oberhirtlicher Erwähnung gewürdigt, andererseits als Winkelried des innerkirchlichen Progressismus gefeiert. Beides ist sträflicher Unsinn und zeugt vom tiefen Verfall nicht nur des kritischen, sondern auch des historischen Denkens. Solche Vergröberung (die es ja auch fertigbringt, Männer wie Franz von Baader oder den Badener Hansjakob als Vor-Marxisten »einzustufen«, weil sich bestimmte ihrer Beobachtungen mit denen von Marx und Engels decken) vernachlässigt völlig die eigentliche Ordnungsvorstellung des Gesellschaftskritikers, seine Vorstellung dessen, was sein soll – literarisch gesprochen, den Point de vue des Erzählers und seine Organisations-Methoden.

Bölls gesellschaftlicher Point de vue ist archaisch, in einem besonderen Sinne konservativ. Sein Zorn klagt bestehende Strukturen an, ordnungstiftende Einfachheit zu gefährden beziehungsweise zu zerstören. Insofern ist er natürlich auch Revolutionär – katholischer Revolutionär, wenn man will: die Wurzel des Wortes »Revolution« ist konservativ, irgendwann einmal (und Hannah Arendt bemüht sich, das Datum des Übergangs genauer festzulegen) proklamierte das Wort den Wunsch, Dinge »wiederherzustellen«, alten Ordnungen gegen frevelnde Obrigkeit neuen Glanz zu geben. Der deutsche Bauernaufstand forderte alte Rechte, und die Neuenglandstaaten verteidigten ihre alten Charters. (Ihre »unveräußerlichen Rechte«, wie es in der Unabhängigkeitserklärung heißt.) Aber spätestens seit der Französischen Revolution ist es nicht mehr erlaubt, das Wort in seinem archaischen Sinn zu gebrauchen.

Böll liebt die Freiheit; aber seine Freiheit ist nicht die des Citoyen, sondern die Freiheit des Christenmenschen und der Ur-Gemeinde im weitesten Sinn des Worts. Diese Ur-Gemeinde, das archaische Gefühl der Liebe zwischen Menschen, sei es zwischen Mann und Frau oder zwischen den Brüdern im Geist, sieht er überwuchert und verrottet im Dschungel entfremdender Strukturen. Zu verwirklichen ist sie jeweils nur aufgrund einer örtlich oder zeitlich scharf begrenzten »Gnade«, christlich gesprochen, einem Dispens, der entweder kargen Schutz auf knapper Lichtung gewährt oder für eine Weile aus dem Dschungel herausgesprengt werden kann.

Es wäre leicht, diesen Böllschen Topos (die Gefährlichkeit der Struktur besonders der hiesigen Gesellschaft) von seinem ersten bis zu seinem letzten Buch nachzuweisen; vom Soldaten, der heimgekehrt von den Trümmern des zusammenbrechenden Vaterhauses getötet wird, bis zur provinziellen List jenes Happening, dem ein sinnlos gefahrener Jeep vor Tausenden zum Opfer fällt. Der Stil der Strukturen, ihre Organisationsform ist dabei völlig unwichtig; Böll kann die »Wiederbegegnung von Kirche und Kultur« ebensowenig ausstehen wie die Sorgen um industrielle Produktivität. »Politische« Figuren, Menschen, die sich um die sinnvolle Organisation der Strukturen bemühen, gibt es bei ihm nicht – mit einer Ausnahme vielleicht: Menschen, die das Sprengen und Wegwerfen organisieren.

Sonst sind seine Helden »kleine Leute«; fast alle Kritiker haben schon darüber gehandelt und ihr Sprüchlein dazu hergesagt: das Sprüchlein vom Wohnküchenmief, vom »verladenen Menschen«, von der Gefreitenliteratur, vom gefährlichen Quietismus. In alldem steckt der Vorwurf, daß Böll letzten Endes jede politische, das heißt jede komplexgesellschaftliche Lösung verneint; daß er die Möglichkeit zwischenmenschlicher Güte nur im Passiv, in der Leideform aufzuzeigen vermag.

Nun, daran ist vieles; aber alle diese Vorwürfe laufen letzten Endes auf die alte Leier hinaus: Man wünscht, daß er andere Bücher schreibt als die, die er schreiben kann und will. Kehren wir nochmals zur einleitenden Feststellung zurück: Bölls Point de vue ist archaisch. Die Reduktion auf den kleinen Mann, auf den »Armen«, wird sofort als poetisches Mittel erkennbar, wenn wir uns an allbekannte formale Vorläufer erinnern: an das Märchen, noch genauer: an die Legende.

Ein junger Mensch, ein Soldat, sucht sein Vaterhaus und wird auf seiner Schwelle getötet. Ein Vater baut eine Abtei, ein Sohn sprengt sie, ein Enkel soll sie wieder erbauen. Ein junger Mann erlebt, wie der Name Gottes eitel gebraucht wird, sein Freund tauscht den eitel gebrauchten Namen gegen das Schweigen, dessen er bedarf (›Dr. Murkes gesammeltes Schweigen‹). Ein anderer junger Mann lebt unerkannt als Heiliger zwischen den Fäkalienkübeln, wie Alexis im Dunstkreis der niedrigsten Gemächer seines Hauses (›Entfernung von der Truppe‹). Und, vor allem, die Mädchengestalten: immer wieder die reine Braut, die das Lamm verehrt, entrückt aus einer Welt, die nicht die ihre ist. Immer wieder das Lamm Gottes, das »never said a mumbaling word«, der Knabe, bespien und verlacht und verhöhnt, mit Stacheldraht gepeitscht, in dessen Wunden die Barmherzigkeit Öl und Wein gießt (›Billard um halbzehn‹, ›Und sagte kein einziges Wort‹). Und der Spaßmacher Gottes, der »joglère de Nostre Dame«, von dem ausdrücklich versichert wird: »Die werden es sehen, denen von Ihm noch nichts verkündet ward, und die verstehen, die noch nichts vernommen haben« (›Ansichten eines Clowns‹). Auch er, der Spaßmacher, endet legendär auf den Stufen des Marktes, singt von dem einen Guten Hirten, den keiner versteht und keiner wahrhaben will, als einziger nicht verkleidet unter den Verkleideten – es ist Karneval im Rheinland.

Es ist erstaunlich, wie selten dieser doch offenbare Legenden-
kranz als solcher erkannt wird. Vermutlich liegt das an Bölls
Kulissen; er läßt keine Lerchen jubeln und keine Kornfelder
wogen, seine Landschaften sind modern, hominisiert, seine
Märchenwälder sind entweder Parkränder oder verwahrloste
Dickichte am Rheinufer. Aber in dieser Welt, die so geschildert
wird, wie sie ist, ereignet sich die Legende in der Bedrohlichkeit
der tatsächlichen Lage. Ich wage die Ansicht, daß diese Böllsche
Poetik, diese Konstante der Legende in der hominisierten Welt
von heute, der Hauptgrund für Bölls gewaltigen Erfolg ist
(– nicht zuletzt in Rußland –).

Angesichts dieser Konstante ist es müßig, nach der Rolle des
katholischen Materials bei Böll zu fragen – sie sollte auf der Hand
liegen. Ebenso sollte die Angriffsrichtung seiner »innerkirchlichen Kritik« klar sein: Sie richtet sich nicht gegen die Ur-Kirche,
nicht gegen die patristische, nicht einmal gegen die konstanti-
nische und schon gar nicht gegen die mittelalterliche. (Wer seine
diesbezüglichen Zweifel haben sollte, der lese einige Passagen in
den ›Ansichten eines Clowns‹ nach, wo sich Schnier expressis
verbis nach der mittelalterlichen Gesellschaft sehnt, in der sein
Status und der Status seines Verhältnisses zu Marie souverän an-
erkannt worden wäre.)

Bölls Groll gilt der angepaßten, der bürokratisierten, der
smarten, auf »die Höhe der Zeit« gebrachten Kirche. Er gilt
denen, die überall dabeisein müssen; denen, die sich in einer
bösartigen Gesellschaft, in den verlogenen Strukturen des bürgerlichen »Anstands«, aber auch in denen des verlogenen modernen Kulturbetriebs eingenistet haben, um irgendwie ihre Schäf-
lein noch ins trockene zu bringen. Da diese Tendenz das
katholische Leben von heute und gestern in fast allen seinen
Äußerungen überwuchert hat, da überall das Gefühl für die
Realität der Ur-Beziehungen, das heißt für das Wehen des
Geistes, verlorengegangen ist, wirkt dieser Groll radikal bis zum
Anarchismus. Nur die Ekrasitladungen, nur das Sprengkom-
mando, nur der Revolver in der Hand einer scheinbar wahnsin-
nigen, in Wahrheit einzig gesunden alten Dame vermögen die
Selbstgerechtigkeit und die Verlogenheit wegzuknallen, welche
hartnäckig in den alten Baulichkeiten nisten und sie für ihre
letzten Endes selbstsüchtigen Zwecke verewigen.

»Er wünschte niemandem ernstlich etwas Böses, aber er
blickte auf die Welt sub specie aeternitatis und fand sie so flach
wie eine Landkarte.« So heißt es in dem Roman ›The Ordeal of

Gilbert Pinfold‹ von Evelyn Waugh; und diese Feststellung des stockkonservativen englischen Katholiken steht nur scheinbar im Gegensatz zu Bölls Groll gegen die falschen Strukturen. Was dem, dessen Auge gehalten ist, als imposante Konstruktion des modernen Geistes erscheinen mag, weist sich eben sub specie aeternitatis als Flachheit aus; spirituelle und sakramentale Öde entspricht dem Druck des bedrohlichen Gerümpels. Freilich wäre es völlig falsch, in diesem Groll Bölls eine Gegnerschaft gegen die demokratische Zivilisation zu sehen; hier setzt die Parallele zu Waugh aus. Waughs Verliebtheit in den Viktorianismus ist schon deshalb nicht Bölls Fall, weil der Viktorianismus bei uns eben der Wilhelminismus gewesen ist; so konnte Waugh, dessen zivilisatorische Sensibilität weit über die Bölls hinausgeht, in eine Falle laufen, die Böll erspart blieb.

Dieser historische Unterschied ist wohl auch der Grund dafür, warum dem echten Konservativen Böll ein Sensorium für den Marxismus gegeben ist, das Waugh völlig abgeht. Freilich: Orthodoxen Marxisten wird Bölls Position gerade in dieser Frage nie ganz geheuer sein können. Er bejaht, nach eigenem Zeugnis, gerade das »Metaphysische« am Marxismus; und das, möchte man meinen, entspricht weder den Intentionen des Heiligen Offiziums im Kreml noch denen der Jünger Adornos. (Freilich: Ist es Zufall, daß Bölls Œuvre gerade im Ostblock auf eine so begeisterte Rezeption gestoßen ist? Vielleicht waltet hier, gerade angesichts der Institutionalisierung der reinen literarischen Lehre, eine vertrackte Art von poetischer Gerechtigkeit vor...)

Was aber ist, wenn wir uns um Bölls Beziehungs-System bemühen wollen, das Metaphysische am Marxismus?

Wählen wir einen methodischen Umweg und befassen wir uns mit einer Eigentümlichkeit Bölls, die schon viele Leser (einschließlich des Verfassers) irritiert hat: seiner instinktiven Abneigung gegen gut zusammengestellte Menüs. Sie wird in fast jedem seiner Bücher spürbar; Erbsensuppe wird gegen Poularde ausgespielt, Limonade gegen Sekt, und Schnier löffelt vor den Augen seines gequälten feinsinnigen Vaters, der die Annahme eines eisgekühlten Kognaks verweigert, Weißbohnen mit Ei – ein sowohl ästhetisch wie auch diätetisch gräßliches Mahl. Diese Tendenz hat, so ist anzunehmen, den Animus der Kritiker gegen Bölls Wohnküchen-Mief verstärkt; und zwar aus kulturpolitischen Gründen. Unausgewogene, stärkereiche Mahlzeiten sind das Signum eines kulinarischen Teutonismus, den wir alle zugunsten der subtileren Gewohnheiten des Westens überwunden haben; und bei genauer Selbstprüfung stelle ich fest, daß hier ein geheimnisvolles Junktim mit der Option für die Demokratie vorhanden ist.

Ist also Böll in dieser Frage ein Teutone auf den kultur-politischen Barrikaden? Das wäre wohl ein grobes Mißver-ständnis. Bölls kulinarischer Affront liegt in einer Linie mit seinem Affront gegen den Kölner Dom und die Abtei Sankt Anton; er macht Front gegen eine Entfremdung, die sich in pseudokultischer Wohlstands-Gourmandise äußert. Böll hat (das ließe sich durch erschöpfende Text-Exegese beweisen) nichts gegen Krebse oder Hummer, wohl aber gegen die Ten-denz, das Krebse- oder Hummer-Fressen mittels Spezial-besteck zum Gesellschafts-Fetisch zu machen. Das heißt mit anderen Worten: Er hat etwas gegen die Herabwürdigung eines archetypischen, ja sakramentalen Vorgangs, gegen seine Entfremdung zur Demonstration des Profit-Charakters der Ge-sellschaft. Er hat etwas dagegen, daß das ›Brot der frühen Jahre‹ geschwunden ist; daß wir die Fähigkeit verloren haben, ein Mahl sakramental zu sehen, das heißt sowohl real, als Sättigungsvorgang, wie als »Zeichen des Angedenkens« und der Mitmenschlichkeit. Am reinsten scheint mir dies aus der bekannten Stelle in den ›Ansichten eines Clowns‹ hervorzu-gehen, wo über den Verlorenen Sohn gesprochen wird: Käme er heute des Abends ins Vaterhaus, alles säße am Fernseher, und man verwiese auf das Stück Leberwurst im Eisschrank; nie-mand dächte daran, das Festkalb zu schlachten.

Hier wird also das Festkalb gegen die Leberwurst ausge-spielt, und nur wer den inneren Zusammenhang nicht sieht, könnte es als Kontrast zur üblichen Böllschen Insistenz auf den Reibekuchen empfinden. Böll geht es um die Freisetzung der Ur-Beziehungen – jedenfalls um ihre potentielle Frei-setzung, die in einer neuen, frischen Sicht des Sakramentalen resultiert.

Ähnliches gilt von der Umarmung des Mannes und der Frau. Der Verlust der Einheit von Realität und »Zeichen« ist das Grundthema des ›Clowns‹: Schnier weigert sich, den bürokra-tischen Forderungen der Amtskirche nachzukommen, weil er sein Verhältnis zu Marie als Ehe empfindet (und zwar zu Recht). Ähnliches gilt selbst vom Geld: »Als ob Geld etwas Rationales wäre!« heißt es im ›Clown‹.

Auf diesem scheinbaren Umweg kommen wir zum Marxismus

zurück. In ihm glaubt Böll eine ganz bestimmte Chance zu erkennen: die Chance nämlich der »Wiedervereinigung« von Zeichen und Realität. Ich bin mir nicht sicher, ob ich hier theologisch up to date bin; es ist in diesem Zusammenhang eine überflüssige Sorge. Ich bin mir, wie schon gesagt, nicht sicher, ob diese Sicht der Dinge die Billigung der reinen Lehrer finden kann (obwohl sie dieselbe mittels ihres prachtvollen Vokabulars sicher umfunktionieren können). Auch das ist unwichtig. Entscheidender dürfte sein, daß Böll einmal in seiner Frankfurter Vorlesung von der notwendigen Erarbeitung neuer Kategorien der Poetik sprach, zu denen er ausdrücklich eine solche des Brotes, des Essens zählte. Damit scheint mir erwiesen, in welche Richtung seine eigenen Bemühungen gehen – ob sie nun erfolgreich sind oder nicht.

Haben wir jetzt Böll nicht doch einen Bärendienst erwiesen? Haben wir nicht doch, mittels unseres flinken Geigerzählers, einige Millionen Katholons an ihm festgestellt?

Aber wenn schon in diesem leidigen Koordinatensystem argumentiert und analysiert werden muß, würde ich abschließend sagen: Heinrich Böll ist das Produkt dessen, was man früher ganz schlicht und arglos die »Christenheit« genannt hat; ein Produkt dieser Christenheit wie Günter Grass, wie J. P. Salinger, ja wie Mrozek und Tibor Déry. Das ist keine nachträgliche Nostrifizierung, sondern die schlichte Feststellung einer Kontinuität, was immer man von ihrer heutigen Virulenz oder Relevanz halten mag.

Er ist darüber hinaus ein legitimer, weil vitaler Fortsetzer der literarischen Tradition der Legende; und zwar in einem besseren Sinn als etwa Gottfried Keller oder Anatole France.

Was mir wichtiger erscheint, ist die Tatsache, daß die deutsche Öffentlichkeit in Böll einen großen literarischen Repräsentanten einer sinnvollen konservativen Position vor sich hat. Diese Behauptung wird wohl auf den lebhaftesten Widerspruch stoßen – sei's drum. Ich kann mir nicht vorstellen, daß sie ernsthaft bestritten werden kann. Daß es bisher nicht erkannt worden ist, steht auf einem ganz anderen Blatt.

WOLFGANG HILDESHEIMER
Die unbekannte Größe

Lieber Hein,
in den fünfzehn Jahren, die wir uns kennen, haben wir, wenn ich
mich recht erinnere, niemals über Literatur gesprochen, weder
über unsere Arbeitsprobleme oder Resultate noch über anderer
Leute Probleme oder Resultate. Ich erinnere mich auch nicht,
daß jemals einer von uns, in bezug auf Geschriebenes oder Ge-
drucktes, gefragt hätte: »Sag mal, wie findest Du eigentlich . . . ?«
    Nun habe ich aber zu »Dritten« über Dich gesprochen, und
zwar zu einem ganzen Hörsaal voll. Ich habe in der ersten meiner
Frankfurter Vorlesungen ein Zitat aus Deinen ›Ansichten eines
Clowns‹ kritisiert. Das Zitat:
    »Katholiken machen mich nervös«, sagte ich, »weil sie unfair
sind.«
    »Und Protestanten?« fragte er lachend.
    »Die machen mich krank mit ihrem Gewissensgefummel.«
    »Und Atheisten?« Er lachte noch immer.
    »Die langweilen mich, weil sie immer nur von Gott sprechen.«
    Mein Kommentar:
    »Der objektive Wahrheitsgehalt dieses Dialogs hängt natür-
lich davon ab, inwieweit sich Böll mit dem Beantworter dieser
Fragen identifiziert. Der Roman (ich sprach über die Gattung)
macht es seinem Autor ja sehr leicht, sich mit den vorgetragenen
Ansichten, ganz, zum großen Teil, halb, ein wenig oder gar
nicht zu identifizieren, denn *er* spricht ja nicht: der Held spricht,
andere sprechen, während der Autor sich zurückziehen kann.
Ich kenne viele faire Katholiken, das ›Gewissensgefummel‹ der
Protestanten ist mir nicht bekannt, und von den zahlreichen
Atheisten, die ich kenne, spricht keiner jemals von Gott. Objektiv wäre also die Wahrheit hier anfechtbar. Ich vermute aber, daß
hinter diesem fiktiven Dialog der Polemiker Böll steckt, und
der Polemiker Böll – so sehe ich es – kann nur recht haben. Da
aber Dialektik im Roman notwendigerweise auf Ideenträger
übertragen und verteilt und somit verfremdet wird, beraubt sie
sich selbst der unmittelbaren Wirkung, und die Prosa, in deren
Form sie erscheint, der Wirklichkeit. Hinter dem hier zitierten
Dialog steckt ein – wahrhaftig berechtigter – Zorn des Autors,
er enthält etwas, was er gern sagen wollte und einer seiner Gestalten in den Mund gelegt hat. Damit ist kein Zweifel an der

subjektiven Wahrhaftigkeit ausgedrückt, sondern nur ein Gedanke über eine der Unzulänglichkeiten der Gattung: die Unfähigkeit, Zorn, Trauer, Unbehagen, aber auch Behagen, Liebe, Mut des Autors wiederzugeben und damit sein Engagement erkenntlich und verbindlich zu machen.«

Es ging mir also, wie Du siehst, nicht um Dich, sondern um den Roman als Gattung. Die Interpretation mag anfechtbar sein, in der Tat wurde sie angefochten. Auch denke ich, daß Du damit nicht einverstanden bist, aber darum handelt es sich hier nicht, es ist nicht meine Absicht, nach fünfzehn Jahren mit Dir über Literatur zu sprechen. Ich möchte nochmals auf den Inhalt dieses Dialogs zu sprechen kommen, auf das, was er impliziert.

Deine berechtigte Trauer und Dein berechtigter Zorn kommen in Deinen seit diesem Buch publizierten Disparata wesentlich stärker zum Ausdruck. Hans Schnier kann nur als Hans Schnier Farbe bekennen, aber Du selbst hast es seitdem als Heinrich Böll getan. Und seitdem ist nicht mehr von den »unfairen« Katholiken die Rede, sondern von den »miesen« Katholiken. Damit kommst Du der Wahrheit näher, als ein Romanheld es könnte, und um die Wahrheit ist es Dir ja zu tun. Typen wie dieser Fürst zu Löwenstein oder Kardinal Jaeger oder dieser Deggendorfer Prälat – ich glaube, er heißt Mayer oder so ähnlich – sind im Roman nicht zu erfassen, hier wäre typologische Monographie aufschlußreicher, denn auf den Aufschluß kommt es an.

Aber mir kommt es in diesem Brief auf etwas anderes an, nämlich darauf, Dir zu versichern, daß es anderswo andere Katholiken gibt, an denen Du Deine Freude hättest, Serviten, Dominikaner, Priester, Laien, die Deinen zerrütteten Glauben an die Kirche zwar nicht wieder aufrichten würden – denn das wäre, angesichts des Papstbesuches in Fatima und ähnlicher Vorkommnisse wohl nicht mehr möglich –, die Dich aber doch erkennen ließen, daß Du mit Deinen Ansichten nicht allein stehst.

Damit meine ich natürlich nicht den Typ des »modernen« Katholiken, der seine Fortschrittlichkeit damit demonstriert, daß er den Mini-Rock nicht verdammt, auch nicht den des ästhetischen Katholiken, der seine Kirche von Chagall ausmalen läßt, sondern Leute, die moralisch und sozial so weit engagiert sind, daß sie das Gute nicht nur wollen, sondern auch tun. Diese Leute findet man vor allem in der Kirche in Italien und, ich glaube, auch in Frankreich. Ich kann Dir viele Namen nennen.

Das sieht so aus, als sei ich einer Deiner Atheisten, die immer von Gott sprechen. Aber ich spreche nicht von Gott, ich spreche von bestimmten Gläubigen, ihr Gott geht mich nichts an. Ich spreche von praktizierenden Katholiken, von Priestern und Patres, ich spreche von einer intakten und aktiven Linken, die nicht, wie in Deutschland, lahm oder labil ist. Da sie nicht hörig ist, ist sie zwar heimatlos, aber eben nur in ihren weltlichen Belangen.

Tatsächlich scheint mir ihre moralische Stärke darin zu liegen, daß sie sich keinen fluktuierenden Richtlinien unterwerfen, sondern sich einem Geist verpflichtet fühlen, der sich nicht wandelt. Wenn man sie nach diesem Geist fragen würde, würden sie ihn vermutlich »Gott« nennen, aber mich interessiert die Wirkung und nicht die Ursache. Und über einen Papst, der inmitten einer unterdrückten Bevölkerung dem Unterdrücker die Hand schüttelt und eine Millionensumme ausgerechnet der portugiesischen Mission stiftet, denken sie nicht anders als Du und ich, ich habe sie gefragt.

Ich bin kein Mann Gottes, Du kennst mich. Wenn Gerechtigkeit erstrebt, Lebenshilfe gegeben, Unterdrückten geholfen wird, kann es meinetwegen auch im Namen des Teufels geschehen. Aber wer im Namen einer unbekannten Größe Gutes tut, der soll sich von ihr nicht lossagen. Wer sie aufgibt, findet keinen Ersatz mehr und ist entwurzelt. Entwurzelung führt zu persönlichen Miseren, über denen man die Misere der Welt vergißt. Dafür gibt es Beispiele.

Und nochmals: Es ging hier nicht um Literatur, von der wir auch in Zukunft so wenig sprechen wollen wie von Gott.

III

DOLF STERNBERGER
Der Künstler und der Staat

Lieber Herr Böll,
ich bewundere Ihren Freimut, Ihre leidenschaftliche öffentliche
Sprache, den Ernst und auch den Witz Ihrer Polemik, und ich
bewundere Ihren Eifer für die Kunst, für die Schreibekunst zumal, aber ich beklage Ihre Abwendung vom Staat. Warum soll
ich meine Empfindungen in die Neutralität einer Untersuchung
verstecken! Es scheint mir besser, ich sage Ihnen geradezu und
mit direkter Anrede, was mir an einigen Ihrer Bemerkungen
über den Staat undeutlich geblieben ist.

Undeutlich ist mir geblieben, was für eine Art Staat Ihnen insgeheim vor Augen steht, wenn Sie – in Ihrer Wuppertaler
Theater-Rede – von unseren gegenwärtigen Zuständen urteilen,
wir hätten keinen Staat und Sie erblickten im Augenblick keinen
Staat. Sie haben da auch von einer »Ordnung« gesprochen, nach
der die Leute sich sehnten, die indessen – ich zitiere – der
nicht vorhandene, der sich auflösende Staat nicht mehr biete. Sie
zogen es darum vor, vom Staat zu schweigen – auch das ist
zitiert –, solange jedenfalls, bis er sich wieder blicken lasse – es
sind abermals Ihre Worte, und sie prägen sich ein! –, und anstatt
davon nur der Gesellschaft Ihre Aufmerksamkeit zuzuwenden,
welche nämlich an die Stelle des Staates getreten sei, der Gesellschaft, die Sie mit der Masse gleichsetzen und von der Sie freilich
auch nichts Gutes zu berichten haben.

Lassen wir die Frage der Gesellschaft noch beiseite! Bleiben
wir beim Staat! Wenn Sie in diesem Punkte so entschieden
sind, wenn Sie mit solcher Bitterkeit dem vorhandenen Staat,
worin wir leben, die Staatsqualität absprechen, so ist dem Hörer
und Leser zwar deutlich, daß Sie eine positive Vorstellung
von Staat und Staatlichkeit, vom eigentlichen, wahren und
wirklichen Staat wohl hegen müssen, aber es bleibt ihm, es
bleibt mir ganz undeutlich, was für eine Vorstellung das sei
oder worin das wahre Wesen des Staates und das Wesen eines
wahren Staates nach dieser Vorstellung bestehe. Sie geben

auch kaum einen Fingerzeig, in welcher Richtung man da zu suchen habe.

Sie machen wohl deutlich, daß der Staat – der offenbar nicht bloß dasein könnte, sondern auch dasein sollte – etwas anderes und etwas mehr ist als die bloße Gesellschaft. Sie deuten auch an, daß er etwas anderes sei als bloße Macht, kollektive Macht, aber über diese negativen Bestimmungen gehen Sie kaum hinaus. Es sei denn, man hielte sich an das Wort »Ordnung«. Aber das ist eine zweideutige Richtungsangabe. Zwar, daß Sie nicht die Polizei meinen, wenn Sie »Ordnung« sagen, macht Ihr ganzes Œuvre deutlich. Aber der leise romantische Beiklang Ihrer Worte – daß diese Ordnung von dem jetzigen, sich auflösenden Staat »nicht mehr« geboten werde, daß der Staat einmal dagewesen sei und sich vielleicht eines Tages »wieder« blicken lassen werde –, diese dunkle Beziehung also auf etwas Gewesenes und möglicherweise künftig Wiederkehrendes (das meine ich mit dem »romantischen« Element), schickt den, der Ihren Worten nachsinnt, vollends in ein Labyrinth von ungenügenden Erinnerungen. Wo und wann sollte das gewesen sein?

Ich bin sicher, daß es keine frühere Epoche deutscher Staatlichkeit gibt, nicht eine einzige, die Ihrem hohen und verschwiegenen Anspruch Genüge täte. Das weimarische Reich kann es nicht sein, es war zu sehr in sich zerfallen. Das kaiserliche Deutschland kann es nicht sein, es beruhte auf der Vorherrschaft der Beamten und Offiziere. Wie könnte Ihnen das zusagen! Über Hitler brauche ich kein Wort zu verlieren, seine »Bewegung« hat den Staat vampirisch ausgeweidet. Wo also sollen wir suchen?

Die Gesellschaft, sagten Sie, sei an die Stelle des Staates getreten. Sie berühren da einen Nervenpunkt der Theorie des Staates und ihrer Geschichte. Die ältere Theorie, noch des 17. und 18. Jahrhunderts, unterschied nicht zwischen Staat und Gesellschaft; der Staat war ihr nichts anderes als die Ordnung der Gesellschaft, und so hatte es im Grunde seit Aristoteles gegolten. Erst mit den beiden großen Revolutionen wurde das anders, zumal dort, wo die Revolution gerade nicht durchschlug: in Deutschland, in Preußen. Hegel wollte das preußische Ancien régime, die Monarchie mit ihren Beamten und Offizieren, retten und die bürgerliche Gesellschaft gleichsam im Vorhof dieses Staates festhalten. Daher stammt die Antithese von Staat und Gesellschaft. Marx hat sie geerbt. Er verwarf den Staat mitsamt der bürgerlichen Klasse und wollte die reine Gesellschaft zum

Triumphe führen. Daran laborieren wir noch. Aber ich gerate ins Dozieren, und das wissen Sie ja alles.

In einem gewissen Sinne haben Sie ganz recht mit der These, die Gesellschaft sei an die Stelle des Staates getreten – insofern nämlich, als wir alle, die wir in demokratischen oder demokratisierten Verfassungsstaaten leben, nicht mehr von einer besonderen, eigens dafür trainierten und vorbestimmten Klasse regiert werden, sondern – zur Hauptsache jedenfalls – von unsersgleichen, von Exponenten der »Gesellschaft«. Auch Parlamentarier, Minister, Landräte und Oberbürgermeister sind Fleisch vom Fleische der allgemeinen Gesellschaft, und von einer Beamtenherrschaft, einer Bürokratie im Wortsinne, kann nur noch in Rudimenten gesprochen werden. Ich sehe bloß nicht, was daran zu beklagen wäre. Diese Art von »Vergesellschaftung« des Staates sollten wir im Gegenteil weiter vorantreiben.

Aber so meinen Sie es wohl nicht. Ich weiß aus vielen Ihrer Äußerungen, daß Ihnen die »Gesellschaft« höchst ärgerlich ist, und zwar als die Gesellschaft der Verbraucher, der zugleich zufriedenen und gierigen, lüsternen und saturierten Interessenten. Mir scheint, Sie sind unbarmherzig mit ihr, aber vielleicht dürfen Sie es sein – das ist ein anderes Kapitel. Ihre »Gesellschaft« ist eine Metapher des Ekels, im Grunde vielleicht nur eine spezifizierte Form des Ekels am Menschen, des poetischen und möglicherweise des religiösen Ekels. Diese ekelhafte Gesellschaft, wollen Sie sagen, sei an die Stelle des Staates getreten, und die tatsächlichen Staatsorgane samt den Parteien und Politikern, wollen Sie sagen, seien ihr dienstbar geworden, liefen ihr nach, schmeichelten ihr, fütterten sie. Das kann ich verstehen. Diese Erscheinung gibt es. Diesen Eindruck kann, ja muß man zeitweilig gewinnen. Diese Gefahr ist ebendiesem modernen »gesellschaftlichen« Staate, ebendemjenigen System inhärent, das wir gemeinhin »Demokratie« zu nennen pflegen. Dieses Laster ist die Kehrseite ihrer Tugend.

Mit anderen Worten: Das Gemeinwohl ist schwer zu bestimmen, wo so viele Interessenten sich drängen, und nicht nur in den Vorhöfen, sondern auch im Innersten der Staatsorgane, deren jeder sein eignes Wohl für das gemeine hält, und das bisweilen in gemeinem Ton. Denn die Bestimmung des Gemeinwohls und die Bestimmung nach dem Maße des Gemeinwohls ist doch das eigentliche Wesen des Staates und seiner Regierung. Wir haben zu jeder Zeit gerade soviel wahren, wirklichen und eigentlichen Staat, als unsere Einrichtungen die Chance bieten, und als diejenigen, die sie handhaben, die Chance wahrnehmen, das Gemeinwohl zu erkennen und auch ins Werk zu setzen.

Ich vermute, lieber Herr Böll, es ist diese Erwartung und dieser Anspruch, dem Sie das hohe Wort »Staat« vorbehalten möchten, und es ist dieser Maßstab, an welchem Sie unsere Zustände messen. Darum also, vermute ich, finden Sie an der Stelle des Staates, wie Sie sagten, »nur noch einige verfaulende Reste von Macht«. Ich bitte Sie aber zu bedenken, was für ein ungeheurer Anspruch das doch ist! Er war es von je, und er wird es immer bleiben. Kein empirisches politisches System kann ihm alle Tage genügen, und in den Demokratien, im demokratischen politischen Alltag jedenfalls, liegt das Ungenügen offen zutage, während es in den Diktaturen und von den Diktatoren verdeckt wird, weil sie die Bestimmung des Gemeinwohls in die eigenen Hände oder Fäuste nehmen, ohne die übrige Gesellschaft viel zu fragen, und es mit ihrem eignen singulären Interesse gleichsetzen. Diesem Anspruch, der in der Tat den Kern aller Staatlichkeit bildet, müssen schließlich nicht allein die sogenannten Politiker zu genügen streben, die die Gesetze machen und sonstige Entscheidungen für das Ganze der Staatsgesellschaft treffen, sondern nicht weniger die Bürger, wir selbst. Das Volk ist nicht bloß auf dem Papier der Verfassungstexte ein Staatsorgan. Jene Konsumenten und Interessenten, welche die »ekelhafte« Gesellschaft ausmachen, müssen schließlich allesamt an der Bestimmung des Gemeinwohls zu ihrem Teil mitwirken. Sofern sie in diesem Sinne über sich selbst und ihre jeweiligen Gewinn-, Renten-, Kindergeld- und Subventionsbegehrlichkeiten hinauszublicken und hinauszuwachsen fähig werden, bewähren sie das, was die alten Staatsphilosophen »Tugend« genannt haben, Bürgertugend, vertu. Die Tugend sei das innere Prinzip der Republik, sagte Montesquieu. Irre ich mich, lieber Herr Böll, wenn ich annehme, daß Sie ebendasselbe sagen wollen, wenn Sie vom gewesenen und künftigen Staat und vom gegenwärtigen verfaulenden Staat sprechen? Dann verstehe ich Sie sehr gut.

Aber freilich, wenn es dies ist, was den Staat ausmacht als die Ordnung der Gesellschaft, so werden wir ihn niemals sicher und auf Dauer in Händen halten. Dann ist der Staat nicht eine empirische Realität, die man in dem einen Lande anträfe und in dem anderen vermißte oder die man in irgendeiner historischen Vergangenheit vorfände und der eigenen Gegenwart mit mahnendem Vorwurf vor Augen führte, sondern dann ist der Staat ein Verlangen und Bestreben, eine Möglichkeit, die alle Tage nach Verwirklichung schreit, die Möglichkeit, der nur wir selbst zur Wirklichkeit verhelfen können.

Wir selbst. Das bringt mich auf einen letzten Punkt, in dem wir uns noch verständigen sollten. Sie haben, lieber Herr Böll – abermals in Ihrer Wuppertaler Rede –, eine kardinale Unterscheidung getroffen zwischen der Kunst, insonderheit der Poesie, und dem Staat. Ich will das hier nicht wiederholen, Sie erinnern sich, und andere können es nachlesen. Diese Unterscheidung haben Sie mit dem besten Recht getroffen, sie soll gelten. (Wenngleich es Berührungen gibt, wenngleich wir seit dem Altertum von der Regierungs-»Kunst« sprechen, wenngleich es politische Handlungen gibt, die wie runde Kunstwerke sich ausnehmen, und wenngleich sogar der Staat in Augenblicken als Kunstwerk erscheinen kann – aber lassen wir das beiseite.)

Mir kommt aber vor, Sie hätten diese Unterscheidung selber alsbald wiederum verwirrt, und zwar dadurch, daß Sie von der Kunst auf den Künstler geschlossen, ja an einer bestimmten Stelle Ihrer Rede den Künstler ganz unversehens mit der Kunst gleichgesetzt haben. Es soll gelten, es mag gelten, daß die Freiheit der Kunst oder die Kunstfreiheit von der politischen Freiheit oder der Staatsfreiheit wesenhaft zu unterscheiden ist. Aber doch nicht die Freiheit des Künstlers? Worin sollte sich die Freiheit dieser empirischen Person, die sich der Poesie verschrieben hat, von der Freiheit anderer empirischer Personen, von der bürgerlichen Freiheit im Staate unterscheiden?

Sie sind noch weiter gegangen. Sie haben vom Künstler gemeint, er brauche keinen Staat – das sind Ihre Worte –, für ihn, für Sie, genüge die Lokalverwaltung und -versorgung, genügten Müllabfuhr und Straßenbeleuchtung.

Mir scheint, Sie sind da wahrhaftig zu weit gegangen. Ich weiß, die Kunst soll immer zu weit gehen, sie tut es ex definitione, das haben Sie trefflich gesagt. Aber soll ich diese These, daß der Künstler keinen Staat brauche, etwa für eine poetische These nehmen? Ich kann mir nicht denken und ich mag nicht annehmen, daß Sie derart schalkhaft ins Träumerische entweichen wollen in einer Sache, die alle angeht, nicht bloß die Künstler, die keinen Staat brauchen, wie Sie sagen, sondern auch alle die andern, die ihn im Unterschied von den Künstlern ihrerseits brauchen sollen, wie Sie ebenfalls sagen.

Wie denn auch könnten Sie mit Ihrem Publikum, mit uns, über Staat und Gesellschaft, über den Niedergang des Staates und die Wucherung der Gesellschaft oder auch, wenn ich Sie zuvor recht verstanden und ausgelegt habe, über das Gemeinwohl und die Bürgertugend sich verständigen wollen, wenn Sie selbst, der Künstler, von alledem gar nicht berührt würden, mit alledem gar nichts zu schaffen hätten!

Der Künstler ist auch ein Mensch sozusagen und ein Bürger unvermeidlicherweise; man scheut sich fast, die Trivialität auszusprechen. Im Ernst: Sie wollen doch den Staat, das haben Sie deutlich werden lassen, wenigstens angedeutet – wie können Sie ihn wollen, wenn Sie ihn nicht brauchen? Und wenn Sie ihn wirklich nicht brauchen, warum wollen Sie ihn dann? Das will mir nicht eingehen. Ich glaube, Sie haben sich da geirrt. In Wahrheit brauchen Sie nicht bloß die städtischen Versorgungsbetriebe, sondern weit nötiger als diese den Staat – deswegen, weil Sie den Frieden brauchen.

Der Staat ist diejenige Ordnung, die den inneren Frieden besorgt. Das tut er täglich und ganz von selber, mit der Hilfe seiner Gesetze, seiner Gerichte und sogar seiner Polizei. Er lebt insoweit, als er die unitas consociatae multitudinis bewahrt, die Einheit oder Einigkeit der vergesellschafteten Menge, quae dicitur pax, welche Friede genannt wird, wie der heilige Thomas gesagt hat. Der äußere Friede ist eine andere Frage, aber doch wiederum eine Frage des Staates, der Politik seiner Regierung, der Wachsamkeit der öffentlichen Meinung, der Wirksamkeit der inneren Kontrollen.

Jedermann kennt, lieber Herr Böll, die Leidenschaft für den Frieden, die Sie erfüllt. Sie haben sie oft genug bekundet, ob als Künstler oder als Bürger, als Dichter oder als Mitglied der Gesellschaft und insofern auch als »Interessent«, das wird schwer auszumachen sein und das gilt mir gleich. Sie brauchen den Frieden: Wie können Sie meinen, den Staat nicht zu brauchen!

Aber Sie meinen es gar nicht. Sie haben sich nicht geirrt, Sie haben sich verstellt. Wahrscheinlich hat das Publikum Sie gereizt, der Anblick der Ehrengäste auf den reservierten Plätzen der ersten Reihe hat Ihnen diese Laune eingegeben. Wir wollen es gut sein lassen. Wir brauchen alle den Frieden, wir brauchen alle den Staat und wir brauchen Sie, den Dichter, im Staat.

Elf Thesen über den politischen Publizisten

Eine Paraphrase der Feuerbachthesen von Karl Marx

I

Heinrich Bölls politisch-publizistische Arbeiten – und nur die, nicht seine Romane, sollen Gegenstand dieser Erörterung sein – sind einige unverwechselbare Charakteristika eigen; viele Aufsätze und Ansprachen verrieten ihren Autor, wäre er auch nicht genannt. Wirklichkeit wird ihm erst evident als *sinnlich menschliche Tätigkeit, Praxis*. Seine politischen Überlegungen sind ein anderes Ausloten der Realität. Nicht zu einer These Belege zu finden, zieht Böll aus, facettiert oder montiert – wie etwa Hochhuth oder Peter Weiss –, sondern er schlägt politische Münze aus Konkreta, die in sich ohne Ideen sind; er erinnert mit dieser Methode an den Mann, der nicht zu faul ist, die 159 Füße eines Wurmes zu zählen, den faule Nichtzähler Tausendfüßler nennen. Seine ›Verteidigung der Waschküchen‹ etwa ist ein gutes Textbeispiel, wie er aus literarischen Metaphern soziologische Modelle herauslöst (und wie er eben solchen Modellen wieder poetische Möglichkeiten abzwingt).

Bei diesem Benennen der Details, beim Ablisten von Verhaltensmustern aus Tätigkeiten verläßt sich der politische Argumentierer Böll gern und meist zuverlässig auf den Autor Heinrich Böll: Er unterwandert die Worte. Dem Vaterlandsekel des fiktiven Briefpartners, der den germanischen Donnergott Donar sogar im zarten »Schmetterling« am Werke sieht, hält Böll-Lohengrin einfach eine germanistische Kurzlektion über Dissimilierung von n zu r, erklärt, daß »Schmetterling« mit »schmetten« = absahnen, Rahm abschöpfen zusammenhängt und damit der im Englischen noch bewahrte »butterfly« – die Molkenfliege, der Buttervogel – in aller schaukelnden Leichtigkeit erhalten ist. Bölls Ausflüge in die Philologie sind meist politische Dechiffrierungen; ob er das kommune Hokuspokus aufs sakrale »hoc est corporus . . .« zurückführt oder daran erinnert, daß das lateinische »humor« zu deutsch »feucht« heißt – seine Sprachüberlegungen sind Denkwiderlegungen.

Bölls Sprachempfindlichkeit ist so seismographisch, daß er in der Polemik gegen Reich-Ranickis Formulierung, Böll habe »mit der Entwicklung nicht Schritt gehalten«, aus seinem sonstigen Sprachgefüge – dem eher nüchternen, bildsatten Stil – ausbricht und Ton wie Inhalt dieser Selbstwehr an Thomas Manns ›Brief an den Dekan der Universität Bonn‹ erinnern:

»Wohin die heutige Entwicklung mich, würde ich Schritt mit ihr fassen, führen könnte, weiß ich nicht; selbst wenn ich's wüßte, Schritt halten mag und kann ich nicht.«

Damit, natürlich, war des Kritikers Einwand »entkräftet«; widerlegt war er nicht.

Auch die inzwischen berühmte Kritik der Adenauer-Memoiren ist typischerweise ehestens Sprachkritik. »Der Erwerb mäßigen Besitzes für alle ehrlich Schaffenden ist zu fördern« – in so einem Satz (aus dem Wirtschaftsprogramm von Neheim-Hüsten) ist ja nicht nur der Dekret-Stil »... ist zu fördern« eklatant, sondern auch der Gegensatz zu dem unmäßigen Besitz der unehrlich Schaffenden unfreiwillig enthalten; Adenauers Phrase vom »Ausführen des Amtes« (des Bundeskanzlers), obwohl man zwar Befehle ausführt, Ämter aber ausübt, oder sein Vorschlag, das Amt des Bundespräsidenten Professor Heuss zu »übertragen«, statt es ihm anzutragen – das alles dient Böll zu einer nahezu vergnüglichen Analyse des Prozentgehalts dieser Demokratie. Nur: Zusammenhänge werden, mit dieser Methode, allenfalls schemenhaft deutlich. Sprachkritik bleibt, so gehandhabt, Phänomenkritik. Die historisch-politischen Ursachen, die Mann und Typ Adenauer ermöglichten, damit seine Politik ermöglichten, bleiben unerkannt, zumindest unbenannt.

2

Die gegenständliche Wahrheit – der von Marx als rein scholastische Frage denunzierte Streit über die Wirklichkeit oder Nicht-Wirklichkeit des Denkens – bleibt bei Heinrich Böll eine subjektive Wahrheit. Bereits die Form seiner politischen Publizistik verrät dieses Element: offene Briefe, Ansprachen, Reden, Repliken, Interviews. Der formale Unterschied schon beispielsweise zwischen Heinrich Manns ›Geist und Tat‹ und Heinrich Bölls neuem Band ›Aufsätze – Kritiken – Reden‹ zeigt den Unterschied des politischen Erkenntnisorts.

In seiner Studie zum Thema ›Der Zeitgenosse und die Wirklichkeit‹ reklamiert Böll zwar »auch unsere Phantasie ist wirklich, eine reale Gabe, die uns gegeben ist, um aus den Tatsachen die Wirklichkeit zu entziffern«; aber das wirklich Politische gibt Böll doch eher im Stile eines synchronoptischen Geschichts-

fahrplans. Ob Köln, ob Rhein, ob Ruhrgebiet – die politisch-
sozialen Zusammenhänge muß sich der Leser aus Skizzen zu-
sammenfügen. Zur politischen Topographie Kölns, der »Stadt
der alten Gesichter«, kann diese Erinnerung nicht mehr als ein
Aufriß sein, der Kausalitäten eher verbirgt:

»Sehen und schweigen, hören und wissen: Er trug die rote
Fahne, trug sie mit fanatischem Gesicht der marschierenden
Kolonne voran; in den engen Gassen das Echo wilder Lieder;
Eulengarten, Schnurgasse, Ankerstraße; mißtrauische Arbeits-
lose am Straßenrand köpften vorsichtig ihre Zigaretten, wäh-
rend er in den grauen Novemberhimmel hineinschrie: ›Wir wäh-
len Thälmann‹ – Asketenhände, die den Bannerstiel umklammer-
ten, Asketengesicht, blickte gen Himmel, schrie: ›Wir wählen
Thälmann.‹ Gesicht, das sich vorgestern pedantisch über meinen
Paß beugte, ihn prüfte, Hände, die den Paß zurückschoben, mir
Geld auf die Banktheke zählten, gerechte Hände; mir unvergessen, was er vielleicht längst vergaß.«

Solche Grundrisse gehen von einem »Ich weiß nicht« aus (mit
dem seinerzeit Bölls ›Polemik eines Verärgerten‹ begann); und
in seinem Gespräch mit Marcel Reich-Ranicki vom 17. August
1967 gab Böll auch prompt zu, daß er eine der »wichtigsten
Ängste« des Kommunismus, die vor Religion und Kunst, nicht
verstehe; daß er kommunistische Trauer und Verzweiflung er-
hoffe (wie einen Monat später, in Bölls Brief an die tschecho-
slowakischen Schriftsteller, »Ich habe Hoffnung« das Schlüsselwort war). Nun liegt aber in jener Furcht vor dem Irrationalen –
vor dem Menschen und seinen Abgründen, vor Trauer, Verzweiflung und Zweifel eben, vor Kunst und Dämonie also – eine
der Hauptmöglichkeiten, die Anthropologie, die Heilslehre, die
Eschatologie des Kommunismus zu verstehen. Nicht mehr im
Ökonomischen liegt der gewichtigste Unterschied zu den Le-
bensformen des Kapitalismus: Ob United Steel, United Fruit
oder American Telephone & Telegraph im engeren Sinne des
Wortes noch Privatfirmen sind oder nicht doch inzwischen fast
so sehr Amalgam des Staates wie das Braunkohlenkombinat
»Schwarze Pumpe«, wieweit dem Springer-Konzern nicht schon
die Vollzugskraft eines Propagandaministeriums eigen ist – das
hat der Volksmund schon witzig in Frage gestellt: im Kapitalismus herrscht die Ausbeutung des Menschen durch den Menschen,
im Sozialismus ist es umgekehrt. Es wäre die Untersuchung
eines Autors – über Spracherhebung und Demoskopie hinaus –
wert, herauszufinden, warum ein westlicher Wankelmotor im

Osten begrüßt und honoriert wird, warum ein Wankel-Schrift-
steller oder Philosoph im Osten mit Gruß und Honorar nicht
mehr rechnen kann.

3

Es gibt Schriftsteller, deren Werk über den Kommentar hinausgeht, bei denen *revolutionäre Praxis* und Werk sich ergänzen, eines
aus dem andern sich nährt. Neruda, Sartre, Peter Weiss, Déry
oder Kolakowski haben reale Veränderungen nicht nur erhofft,
auch bewirkt. Innerhalb des sozioökonomischen Gebildes Bundesrepublik ist eine der vehementesten – restaurativen – Kräfte
der Katholizismus. Man muß vielleicht nicht so weit gehen, die
Konzilsberatungen innerbetriebliche Rationalisierungsmaßnah-
men zu nennen – aber man darf vielleicht so weit gehen, sich zu
fragen: Hätte ein Autor von Rang und Gewicht des Heinrich
Böll nicht doch die Möglichkeit der »revolutionären Praxis«?

Seine Attacken und Widerlegungen, im Zusammenhang ge-
lesen, geben den Eindruck eines freiwilligen Verzichts; hier stellt
sich jemand frei – in des Wortes doppelter Bedeutung. Gewiß hat
Böll recht, wenn er sich stets und wiederholt gegen den Genre-
Begriff des »katholischen (oder christlichen) Dichters« wendet.
Aber hat er noch recht – im Sinne von Berechtigung –, in seiner
Pamphlet-Kritik von Carl Amerys Essayband ›Fragen an Welt
und Kirche‹ »ein letztes Mal zur Feder« zu greifen und für einen
Romancier von weltweiter Bedeutung sonderbar resignierend
zu raten: »Amery ist zu schade für den deutschen Katholizismus.
Er sollte wieder Romane schreiben...«? Wem wird hier ge-
raten – und was, und wozu?

4

Bölls religiöse Selbstentfremdung – oder ist es eine Selbstentfremdung der Religion? – wird deutlich an seiner Wendung von der
Heiligen Familie zur irdischen Familie. Seine Themen, besser
gesagt: sein Thema ist Liebe und Schmerz. Aber seine Mater
dolorosa heißt Mutter Ey. Sein Schmerz, keineswegs frei von
Bitterkeit, keineswegs ersetzt durch politische Resignation, wird
manifest im Mitleid mit der Kreatur. Es ist Schmerz aus Liebe, es
ist auch Schmerz durch Liebe. Jenes »es«, das sich beim Erzähler
Böll – ist vom Eros die Rede – oft einstellt, ist nicht das »es« der
Versachlichung, sondern das der Scheu.

Denn Heinrich Bölls *Anschauung* ist immer die der *praktisch-sinn-lichen Tätigkeit:* Fast alle seine publizistischen Texte sind eigent-lich Entwürfe zu Kurzgeschichten, gar Romanen. Der pro-grammatische Aufsatz ›Hierzulande‹ wäre, vertauschte man Namen und Personalpronomen, fast eine perfekte Story. Selbst Buchkritiken (wie die über Amerys Essays) beziehen ihren mo-ralischen Impetus aus erzählerischen Elementen: »Vor einigen Jahren fragte der Vorsitzende bei uns an ... « Seine großen polit-geographischen Lagepläne sind immer Skizzen des Ro-manciers. Man lese nur die Anfänge: ›Nordrhein-Westfalen‹: ... wenn der D-Zug Hamburg–Frankfurt wenige Kilometer südwestlich von Osnabrück den Bahnhof Hasbergen pas-siert ... ; ›Raderberg-Raderthal‹: ... als ich 4 Jahre alt war, zogen wir aus der Vorstadt in einen noch halb ländlichen Vor-ort; ›Der Rhein‹: ... eine Möglichkeit, dem Rhein gerecht zu werden: sich ihn wegzudenken oder ausgetrocknet vorzustellen; ›Das Ruhrgebiet‹: ... aber es riecht dort vor allem nach Men-schen, nach Jugend, Barbarei und Unverdorbenheit; ›Köln am Ende der Diktatur‹: ... Menschen sind wohl nur da halbwegs zu Hause, wo sie Wohnung und Arbeit finden, Freunde und Nach-barn gewinnen.

Sogar ein politisch-aufklärerisch gemeinter Text wie jener ›Brief an einen jungen Katholiken‹ zieht seine Überzeugungs-kraft nicht aus dem Argument, der logischen Deduktion, dem Beweis – sondern aus dem Bericht. Jene freundliche Erinnerung an das ziemlich freudlose Freudenhaus, das Bild der Hände, die sich an der Kaffeetasse wärmen mußten, *ist* Argument.

Heinrich Böll – allein eine formale Untersuchung seiner Ar-beiten zeigt es – ist gar kein politischer Schriftsteller, oder nur im sehr erweiterten Sinne des Wortes: er ist ein Schriftsteller der Realität. Als Künstler ein Realist. Als »Politiker« ein Idealist.

6, 7, 8

Immer wieder nämlich wird deutlich, daß ihm nie die Summe der Dinge interessant ist, sondern das *menschliche Wesen*, das man als *Ensemble der gesellschaftlichen Verhältnisse* sehen mag, das bei Heinrich Böll aber im Vordergrund steht, die gesellschaftlichen Verhältnisse oft vergessend, selten interpretierend. Sogar sein Porträt von Karl Marx wird ein typisches Böll-Konterfei, Vaterfigur eher und tragisch hilfloser, gar einsamer Denker – der Erfinder des Marxismus, der nicht Marxist sein wollte:

»Die westliche Welt hat auf Marx geantwortet, indem sie das historische Material, das seinem historischen Materialismus zur Grundlage diente, geändert hat; sie hat sich damit in einen heillosen Materialismus manövriert, in den die Christen auf eine heillose Weise verstrickt sind, verstrickt in die Folgen eines Menschen Irrtums, nicht in seine Wahrheit.«

Heil(los), Irrtum, Wahrheit – das sind die Wortraster, die Böll für Marx zur Verfügung stehen, wie ihm bei Oppenheimer, dem Vater der Atombombe, das Wort Sünde zur Verfügung steht oder bei Franz von Assisi das Wort Geheimnis. Das ist, man begreift, das Material des Biographen, des Boten – nicht des Diagnostikers von Zeit und Zeitgesetz.

9, 10

So sehr scheint Böll in *die Anschauung der einzelnen Individuen und der bürgerlichen Gesellschaft* vertieft, daß er selber doch Produkt, gar – abermaliger – Repräsentant der bürgerlichen Gesellschaft bleibt. Er fragt, aber fordert nicht. Er belächelt und beweint, aber beerdigt nicht. Er protestiert, aber versteht nicht. Aus den Fugen will er sie nicht gehoben sehen, diese Welt – auch jenem jungen Katholiken gab er nur eine Art Anti-Brevier; den Zweifel, ob Deutschland überhaupt eine Bundeswehr braucht, gab er ihm nicht. Keine Tabula rasa ist zu erwarten von seiner kritischen Integrität, seinem überzeugenden Humanismus.

11

Heinrich Böll hat unsere Welt verschieden interpretiert, nachdem es anderen vor ihm gelang, sie zu verändern.

GÜNTER GAUS
Die politische Vergeßlichkeit

Heinrich Böll wechselt die Front. Er tut es langsam, schrittweise, aber offensichtlich ohne zu zögern. Er geht in die falsche

Richtung. Der Fünfziger vergißt, so sieht es aus, was nach dem Kriege der Dreißigjährige sich vorgenommen hatte. Die meisten von denen, die seinerzeit Vorsätze faßten, haben keine zwanzig Jahre gebraucht, um sie zu vergessen. Dagegen kann man wenig tun. Es macht die Armseligkeit des Menschen aus, daß er so schnell vergißt. Aber was sind zwanzig Jahre für die Erinnerungskraft eines Erzählers?

Böll, ein Erzähler, ist darauf trainiert, sich zu erinnern. Menschen und deren Gesichter, Gesten und Stimmen; Farben, Schatten, heiß und kalt, Gerüche und hell und dunkel: alles Erinnerungen, die Bausteine sind. Böll hantiert mit ihnen, wenn er schreibt. Jedoch, er schickt sich an, das Wichtigste zu vergessen. Er gibt eine Erinnerung preis und will eine Kategorie, eine Formel, eine Ideologie dafür einhandeln. Man kann auch sagen, nach zwanzig Jahren will er wieder eine Fahne haben. Bölls Frontwechsel ist eine umgekehrte Fahnenflucht: zur Fahne hin.

Auf der Suche nach einem Sammelplatz, über dem eine Fahne weht, sind seit einigen Jahren viele Literaten und Publizisten. In einer langen Kolonne, in der jeder Mitläufer glaubt, daß er ein Einzelgänger ist, ziehen sie dahin. Ihr Marschgepäck: der Überdruß an der Mangelhaftigkeit der westdeutschen Parteien, vor allem der beiden großen. Der Reiseproviant: die Selbstsicherheit, wie sie jede oberflächliche Beschäftigung – hier also die mit der Politik – vermittelt. Der Reiseweg: soweit bisher erkennbar, ein Kreis.

Es ist schwierig, die unermüdlich Kreisenden in ein kritisches Gespräch zu ziehen. Bezweifelt man Sinn und Nutzen ihrer intellektuellen Dauerrevolte, so unterstellen sie, man wolle die von ihnen (meist recht unvollständig und schematisch) erkannten Fehler, Versäumnisse und Unvollkommenheiten der Parteien und Politiker leugnen. Sie gebärden sich als couragierte Realpolitiker und rühren ob ihrer Illusion von Parteien, die keine Interessen, Feigheiten und faulen Kompromisse kennen.

Schlichter hat kein Bonner Antikommunist der fünfziger Jahre die Welt in Gut und Böse geteilt, als heute die Urteile mancher Schriftsteller über die politischen Einrichtungen der Bundesrepublik abgefaßt sind. »Die CDU hat ihr C genauso verkommen lassen wie die SPD ihr S« (Martin Walser). Ist das wirklich differenzierter als die Grobschlächtigkeit der politischen Kategorien Adenauers? Ach, wie sehr sind Augstein und Enzensberger, Kuby und Walser die Kinder der von ihnen gescholtenen Bundesrepublik – zu sehr, denn manches könnte besser sein ohne die allzu bundesrepublikanische Art der vorherrschenden intellektuellen Kritik; also bei etwas weniger Ich-Bezogenheit der Kritiker, die mit der Attitüde des marxistischen Analytikers den Verlust ihrer prämarxistischen Ideale beklagen.

Böll will nicht mitmarschieren, er will nicht einer der »Schreihälse vom Dienst« sein. Aber in mehreren öffentlichen Bekundungen der letzten Zeit hat er seine wachsende Unlust an den staatlichen Institutionen und Parteien Westdeutschlands laut werden lassen – und zwar auf eben die Weise, wie die Vergeßlichen sie empfinden und dann in die Enthaltsamkeit der Enttäuschten ummünzen.

In einem Interview im Sommer 1967 hat Böll gesagt: »In einem Land, in dem es keine Linke mehr gibt, nur noch linke Flügel von drei überwiegend nationalliberalen Parteien, ist es sinnlos, Zeitverschwendung, sich parteipolitisch zu engagieren.« Es ist eindeutig, daß Böll hier kein Verdikt über die verhältnismäßig unwichtige Frage einer durch Mitgliedsbuch und Monatsbeitrag ausgewiesenen Parteimitgliedschaft gefällt hat.

Er sagt vielmehr, daß die Bundestagsparteien, wie sie heute sind, die Unterstützung des Schriftstellers, Mitglied oder nicht, grundsätzlich nicht wert sind. Er nennt seinen Grund für dieses Urteil: keine von ihnen hat die Fahne – denn: »In einem Land, in dem es keine Linke mehr gibt . . .« Entscheidend an der Auskunft Bölls ist nicht seine Klage über das von ihm konstatierte Fehlen einer Linken; in diesem Aufsatz über Heinrich Böll und dessen politische Einsicht geht es nicht um den (wichtigen) Unterschied zwischen links und rechts.

Viel wichtiger ist es, sein in dem Gespräch preisgegebenes Bedürfnis nach glatten, klaren, faßbaren Kategorien in der Politik, nach Formeln, gemäß denen man politisch leben kann, zu untersuchen. Denn der Wunsch nach solchen Formeln, der Wunsch Bölls und so mancher anderer, wird um so drängender, je blasser die Erinnerung an die Vorsätze von 1945 wird, als alle Fahnen eingerollt wurden.

Die Studenten des Jahres 1967 können es nicht wissen. Sie kennen die Einheit nicht, die, als der Krieg zu Ende war, nach dem Willen aller Einsichtigen künftig das Maß der Politik bestimmen sollte: der Einzelne in all seiner Durchschnittlichkeit. An das Erinnerungsvermögen der Jungen also kann man nicht appellieren. Man kann ihre rebellische Geste sogar verstehen. Das Mittelmaß, das in der Bundesrepublik dominiert, ist für wohlbehütet aufgewachsene junge Leute wenig anziehend. Aber, bei allem Verständnis, erschrickt denn keines der gebrannten Kinder, keiner wie Böll über die Ungeniertheit, mit der von den Studenten nur zwanzig Jahre nach dem Kriege ideologische Floskeln höher veranschlagt werden als der einzelne, gebrechliche, kümmerliche Mensch?

Die Ähnlichkeit des Überdrusses der Studenten von heute mit den Unlustgefühlen der jungen Deutschen im großen Frieden vor 1914 verschlägt den Atem. Wie groß ist denn der Unterschied zwischen dem damaligen Verlangen nach einem Stahlbad, in dem die Jugend die Schlacken der Sattheit abwaschen wollte, und der heutigen Forderung nach zwei oder drei weiteren Vietnams, in deren Napalmfeuer endlich der neue Mensch geboren werden soll?

Es ist so neu nicht, was die Studenten diskutieren, und als politisches Verhalten ist es auch ziemlich deutsch. Wieder einmal wird mit den besten Absichten das den Menschen allein bekömmliche Mittelmaß in der Politik verachtet und statt dessen das caudinische Joch absoluter Maßstäbe errichtet.

Wer darüber traurig ist, muß kein konservativer Verächter von Ideologien aus Prinzip sein. Es genügt die Einsicht in die Verbrauchtheit der Ideologien dieser Zeit – was dann bleibt, mag eine leise Wehmut sein über den Verlust eines Feuers, das hierzulande nicht mehr wärmen, sondern nur noch verbrennen kann und schon so viel verbrannt hat.

Noch vor zehn Jahren hat Böll dies gewußt. In einem Nachwort zu einer Kurzgeschichtensammlung Wolfgang Borcherts hat er 1955 geschrieben:

»Ein Strich über eine Generalstabskarte, das ist ein marschierendes Regiment; eine Stecknadel mit rotem, grünem, blauem oder gelbem Kopf ist eine kämpfende Division: man beugt sich über Karten, steckt Fähnchen, Nadeln, errechnet Koordinaten. Und das Maß aller dieser Operationen stand auf den blutroten Waggons der Reichsbahn zu lesen: 6 Pferde oder 40 Mann. Für den einzelnen jedoch hat es nie taktische Zeichen gegeben: ein alter Mann, der sich heimlich in der Nacht eine Scheibe Brot abschneidet – seine Frau, die ihm ihre Scheibe Brot schenkt. Elf Gefallene: Männer und Brüder, Söhne, Väter und Gatten – die Geschichte geht achselzuckend darüber hinweg, Pilatus wäscht seine Hände in Unschuld. Ein Name in den Büchern, ›Stalingrad‹ oder ›Versorgungskrise‹ – Wörter, hinter denen die einzelnen verschwinden. Sie ruhen nur im Gedächtnis des Dichters ...«

Zwar ist in diesem Nachwort zu Borchert nur von den übermenschlichen Kategorien des Militärischen die Rede, aber Bölls Beschreibung der verzweifelten Unterlegenheit des geschundenen und verbrauchten Einzelnen gegenüber den sogenannten höheren Werten deckt alle vorkommenden Spielarten übergeordneter Kategorien. Der Tatbestand ist Böll durchaus geläufig. In dem erwähnten Interview räumt er ein: »Aus jedem ideologischen oder ideologisierten Fundament – siehe das Christentum – erwächst Terror.« Aber dennoch nennt er das Engagement für die derzeitigen Bonner Parteien sinnlos und Zeitverschwendung.

Auch die letzte Erwartung, die ihn trog, nannte Böll beim Namen: »Im Jahre 1965 konnte einer noch, was er heute beim besten Willen nicht mehr kann: auf die SPD hoffen.« In dieser Auffassung trifft sich Böll ganz und gar mit jenen, die er als Schreihälse empfindet. Nichts hat die intellektuellen Kritiker – deren Motive jeden Respekt verdienen – so verstört und befeuert wie der Eintritt der Sozialdemokraten in die bankrotte Regierung der CDU. Das nimmt nicht wunder: denn wenn man die Augen verschlossen gehalten hatte vor der politischen Entwicklung des letzten Jahrzehnts in Westdeutschland, wenn man sich mit dem Oberflächenbefund begnügte, so konnte man wirklich bis zum Regierungseintritt der SPD meinen, sie würde sich dem Bonner Staat versagen, bis sie ihn von Grund auf umbauen könnte. Das war freilich eine politische Betrachtungsweise, die zu ihrer Selbstorientierung möglichst große Plakattafeln braucht; mit Hinweisen auf rechts und links.

Es ist wahr: Der westdeutsche Staat hat wenige der Erwartungen erfüllt, die nach dem Kriege von den umkehrwilligsten Staatsbürgern in ihn gesetzt wurden. Und ganz gewiß erweist sich hier wie in anderen Ländern, daß die Schulbuchvorstellungen von der parlamentarischen Demokratie nicht zutreffender sind, als Schulbücher zu sein pflegen.

Mag sein, daß die Unruhe der Studenten ein erstes Zeichen für ein neues Bedürfnis nach ideologischen Denkschemata und Utopien ist. Sollte das so sein (wahrscheinlich ist es bei Rudi Dutschke noch nicht), so würde niemand den Strom eindämmen können. Nicht mehr und nicht weniger als eine Atempause zwischen den Kriegen der Ideologien – das ist es, was das politische Mittelmaß gewährt. Muß da nicht ein Mann, der in den dreißiger Jahren halbwüchsig war und sehenden Auges aus dem Kriege kam, das Mittelmaß loben?

Die Sozialdemokraten haben mit ihrem Eintritt in die Regierung die Chance etwas vergrößert, daß Arbeitsplätze und Spargroschen den kleinen Lohnempfängern erhalten bleiben. Freilich hat die SPD mit ihrer Hilfe für die bis dahin hilflose Union auch die Chance der Millionäre auf eine weitere gedeihliche Wirtschaft vermehrt. Das ist in der Tat keine Politik, die sich ideologisch leicht fassen läßt. Aber sie kann die Atempause verlängern, die denen zu gönnen ist, die am Ende immer die Zeche bezahlen mußten, ohne je die Rechnung zu begreifen.

Im Roman ›Haus ohne Hüter‹ erzählt Böll vom Besuch der Soldatenwitwe Brielach beim Zahnarzt. Frau Brielach braucht neue Zähne, und die werden zwölfhundert Mark kosten, die Frau Brielach nicht besitzt; und der Arzt würde ihr gern helfen, aber er kann es nur in engen Grenzen tun. – Wenn heute eine Partei die Möglichkeiten dieses Arztes, zu helfen, ein wenig nur vergrößert, dann hat sie nach den traditionellen Begriffen linke Politik betrieben. Allerdings von einer Art, die sich für die Beschriftung von Wimpeln und Fahnen wenig eignet; die junge Leute nicht begeistern kann und die auch von älteren im Werte nur erkannt wird, wenn sie genau hinsehen.

Aber geholfen hat die Politik ein wenig: jenen Brielachs, die nicht wissen, was politisch links und rechts ist, die den Namen des Bundespräsidenten nicht kennen und das Hohe Haus am Rhein für den Kölner Dom halten.

LUDWIG MARCUSE
Neben den Erzählungen

Die Literatur wird, nach altem Brauch, ehern gegliedert: Lyrik, Drama, Erzählung. Der PEN hat noch die Essayisten aufgenommen; das hat sich kaum herumgesprochen, zumal nicht wenige (Aldous Huxley expressis verbis) nicht selten ihre Essays als Romane oder Dramen verkappten.

Es wäre lohnend, zu untersuchen: wieviel Nebenbeis der »Dichter« umfangreicher und mehr Kunst waren als vieles, was als ihr Eigentliches überliefert wird. Hebbels hervorragendste Dramen sind (dem Umfang nach) unterlegen seinen nicht auszuschöpfenden, künstlerisch nicht zu übertreffenden Tagebüchern und Briefen. Heine hat ein paar unbedeutende Dramen geschrieben, keinen Roman; und die Blüte seines poetischen Werkes ist (quantitativ) gering im Vergleich mit seiner außerordentlichen Prosa, die nicht Roman war, sondern politischer Bericht an Tageszeitungen, Theater- und Opernkritik, Polemik. Und wer Joseph Roths ›Juden auf der Wanderschaft‹, ›Panoptikum‹, die vielen poetischen Reportagen und militanten Feuilletons vergleicht mit den paar außerordentlichen Erzählungen, die er geschaffen hat, wird der Fülle seiner Nebenbeis gewahr. Literatur im großen Sinne des Wortes gibt es nicht nur innerhalb von drei Gattungen. Alfred Kerr hatte recht, als er viele seiner Kritiken für schöpferischer hielt als die kritisierten Dramen.

I

Die Vorrede zielt auf die Nebenbeis des Erzählers Heinrich Böll. Joseph Roth ist der einzige Dichter der Vor-Hitlerzeit, dem er »ein Denkmal« gesetzt hat; die Verwandtschaft ist offenbar. Beiden ist das Erzählen nicht zum Problem geworden. Beide hatten nur wenig Gleichgeartete unter den Dichtern ihrer Zeit; Roth hatte mit dem Expressionismus nichts im Sinn. Auf beide trifft zu, was Böll von Roth sagt: ». . . diese Einheit von Trockenheit und Sinnlichkeit«. Und beide haben eine epische Gelassenheit, die sie nur gelegentlich in einem Nebenbei verläßt; im überhitzten ›Antichrist‹ Roths, in Bölls verächtlichem Manifest ›An einen Bischof . . .‹. Das Gemeinsame besteht auch darin, daß Böll, im Verhältnis zu seinen besten Romanen, ein umfangreiches Nebenbei geschaffen hat, das wohl erst ins Bewußtsein der Zeitgenossen rücken konnte, nachdem es zuerst in einem Bändchen, dann in einer umfangreichen Sammlung veröffentlicht wurde; und vielleicht sind auch diese zahlreichen »Aufsätze«, »Aufsätze zur Zeit«, »Feuilletons«, »Kritiken«, »Interviews« nur eine Auswahl.

Es wird nicht die Qualität von zwei Dichtern verglichen, sondern ihre Verwandtschaft gesehen. Es gibt kaum Selbstporträts: nicht von Roth und nicht von Böll. Aber Roth, der auch den bösen Blick hatte (nicht nur den kritischen), schrieb in einem langen Geburtstagsbrief an seinen Verleger Kiepenheuer so Ungeheuerliches über sich und die anderen, daß einige Leser dies Aufdecken für einen von der Eitelkeit stilisierten Exhibitionismus hielten, andere für einen gutgeratenen Scherz. Die den ›Heiligen Trinker‹ kannten, wissen zwar, daß weder in vino noch im Pernod père veritas ist – aber doch ein Partikelchen von ihr. Roths Selbstbeschimpfung und Publikumsbeschimpfung war echt und wurde gemildert von einigen Medizinen: der grünen, trunken machenden und der edlen Klarheit im Schreiben.

Böll ist ein Feind jeder Böll-Introspektion; darin ist er eins mit den Zeitgenossen. Der kleine Band ›Aufsätze der Zeit‹ beginnt mit einer Druckseite, deren Autor nicht genannt wird. Er teilt mit, daß im Folgenden Böll »persönlich« hervortritt. Dies »persönlich« hat es in sich: nämlich eine dicke Ästhetik. Sie scheidet rigoros die subjektive Aussage des Mannes am Schreibtisch mit Pfeife oder Telefon von seinem ihm fremden Erzähler-Ich, das für diesen und jenen Kunden fremde Personen fingiert; obwohl doch nicht selten der Romancier in seinen Phantasie-Basteleien viel mehr »persönlich« da ist, weil er und seine Figuren anonym auftreten können ... und so manche Rücksicht wegfällt.

Bölls »persönlich« darf auch in den Nebenbeis nur mit Maß durchscheinen, als Erinnerungen an den jüngeren, auf keinen Fall an den geheimen Böll. Wo er sich ausdrücklich zum Thema wird, ist die Präsentation besonders mager; fast lexikalisch knapp, auf drei kleinen Druckseiten (›Über mich selbst‹); noch spärlicher ist die ›Selbstkritik‹. Er identifiziert sich mit den Erlebnissen »des Jahrgangs 1917«; nur ganz weniges, was zum Eigennamen Böll gehört, ist diskret eingewoben. Die zwergenhafte ›Selbstkritik‹ trägt eins der köstlich-treffendsten Mottos – und so sieht sie auch aus:

> Gott sei Dank, daß niemand weiß,
> daß ich Rumpelstilzchen heiß.

Tatsächlich findet man von Rumpelstilzchen nur, was mindestens einen Leser hoch erfreut hat: daß es Doppelpunkte liebt.

In zwei Interviews gibt es kaum etwas ad personam ... und sehr viele Ansichten eines Manns namens Böll: über den politischen Schriftsteller, über den Kommunismus, über die Problematik religiöser Literatur. Nur (wie zufällig) schleicht sich ins Gespräch mit Reich-Ranicki der Satz ein: »Ich neige nicht zur Selbstanalyse.« Folgt sogar ein hoffnungsvoller Anfang zu dem, wozu er nicht neigt: »Ich bin kein anständiger Mensch. Ich schwanke.« Der Interviewer, der nur fragen darf, was beantwortet werden wird, hätte jetzt die Erlaubnis haben müssen, sehr neugierig zu sein: Was ist das für ein Schwanken? Und weshalb ist Schwanken nicht anständig? Einige halten es sogar für sauberer als die Sicherheit – die es nicht gibt. Dann wäre es wohl immer tiefer gegangen – nicht Richtung Jahrgang 1917 oder Jahr 1967, sondern in Richtung dieses besonderen Singular Heinrich Böll.

Noch direkter erscheint seine Abneigung gegen eine Selbstanalyse publico im Gespräch mit Dr. Rummel: »Ein Schriftsteller veröffentlicht, ist aber keine öffentliche Person.« Die Sentenz ist (trotz Engagement-Verherrlichung, die immer nur meint: für oder gegen Amerika? China? Israel?) die Schriftsteller- Definition seiner Zeit. Confessiones und Confessions und Ecce homos von Zeitgenossen werden nicht goutiert. War nicht der Schriftsteller Tolstoi, der Schriftsteller Richard Wagner, der Schriftsteller Nietzsche eine öffentliche Person?

Böll ist nicht nur der Analyse seines Selbst abgeneigt. Analysieren ist Theoretisieren – und das ist nicht seine Art, obwohl heute zwischen Erzählern und Theoretikern mehr als eine Personalunion besteht. Seine Beiträge zu den Überlegungen, zeitgenössische Literatur und literarisches Leben betreffend, grenzen ihn mit scharfen Strichen ab von der religiösen, posaunenhaftmilitanten und zugleich kulinarischen Elfenbeinturm-Literatur: ›Ich gehöre keiner Gruppe an.‹ Er schiebt diese literarischen Kategorien schlicht beiseite.

Die Gleichgültigkeit gegen die Armee rund um das Elfenbein ist 1967 allerdings sensationell. Denn wer kennt noch seinen Ursprung? Der »Freiheit«-Schiller sagte von den Künstlern: »... daß sie auf Vergnügen abzwecken«; und das »L'art pour l'art«, der »tour d'ivoire« wurde zum erstenmal von Franzosen im Enthusiasmus über die nichtengagierte Ästhetik des »Freiheit«-Kant gebraucht. Böll ist frei von dem Kämpfen zwischen literarischen Slogans. Er ist ungewöhnlich konkret. Seine Geschichtsschreibung in dem ausgezeichneten Stück ›Angst vor der Gruppe 47?‹ ist so, wie sie ein guter Historiker im Jahre 2000 nicht gerechter schreiben wird. Man kann die Darstellung als Attacke lesen, auch als Rechtfertigung – wenn man durchaus will; schön wäre gewesen, wenn Böll sich noch die niedliche Frage vorgelegt hätte: ob es vielleicht viel kleinere, aber mächtigere Literaturgrüppchen gibt, vor denen ein junger deutscher Schriftsteller heute ernstlich Angst haben darf.

Ab und zu hat er auch Buchkritiken geschrieben, auch Mini-Essays zur Ästhetik, etwa ›Über den Roman‹. Da heißt es: er sei eigentlich »noch zu jung, um zu sterben«. Ist das ein Argument? Aber Böll fürchtete sich nicht, dem deutschen Roman

Mangel an Humor anzukreiden. Übrigens wird der ersetzt durch eine Hypotrophie der Satire.

2

In diese Reflexionen hätte er sein ›Bekenntnis zur Trümmer-literatur‹ hineinziehen sollen! Dann hätte Böll mit Böll disputie-ren können: Ob nicht auch heute noch seine und viele Romane und viele Gedichte und viele Dramen der Zeit zur »Trümmer-literatur« gehören, was die feineren Kollegen in Entfremdungs-Literatur übersetzen dürfen. Böll ist ironisch, satirisch – wie oft humoristisch? Die Frage ist nicht rhetorisch.

Der nüchterne Böll wird gerade, wo er von seinem Handwerk spricht, trunken. Er sinnt nach über ›Das Risiko des Schreibens‹. Und zählt nicht als Punkt eins auf: daß man verhungern, als Punkt zwei, daß man eingelocht, als Punkt drei, daß man als Reaktionär verschrien werden kann. Er vergleicht den Schrift-steller mit einem »Bankräuber«, der in »tödlicher Einsamkeit nachts den Tresor aufknackt« ..., obwohl doch die meisten Knacker eher (seit Brecht) Teamwork leisten, auch die Verfasser des poetischen und prosaischen Realismus – vor allem im Voka-bular, das ebenso elitär wie gängig ist. Und ganz unböllsch ist die feierliche Erklärung, daß Schriftsteller und Dichter mit jeder neuen Arbeit alles, was sie geschrieben haben, »aufs Spiel setzen«. Hat Böll diese Erfahrung gemacht? Remarque? Zuck-mayer?

Böll ist kein Problematiker. In dem Aufsatz ›Karl Marx‹, der (trotz folgender Einwendungen) in alle deutschen Lesebücher gehört, ist Karl Marx ein Denkmal der (leider) nie errichteten Siegesallee großer deutscher Forscher, ein würdiges Monument; aber eben gerade nicht der knifflige Marx, mit dem wir es jetzt zu tun haben. Wird er wirklich noch »unseren Kindern als Schreck-gespenst geschildert«? Haben sich wirklich »die Sozialdemo-kraten aller Länder und Schattierungen öffentlich von Karl Marx distanziert« – oder nur von seinem Klassenkampf-Rezept? Und gehen die Ultra-Linken in diesem Distanzieren nicht noch viel weiter? Der »klassische Kapitalist, wie Karl Marx ihn ver-stand und wie er heute noch lebt«: dies Zwillingspaar sollte Böll 1967 einmal vorführen – zum Beispiel den gerade verstorbenen Krupp neben einem der Fabrikherren, die Engels geschildert hat.

Es ist wichtig, in Bölls Enzyklopädie aus Traktaten, Pasquil-len, geheimen Aufrufen herauszufinden, was auch dabei ist (diese reizvollen Pièces ›Coctail-Party‹, ›Vom deutschen Snob‹), und was im Zentrum steht. Dort schreiben zwei Bölls, der aggressive Spötter, Ironiker, Sarkast (bisweilen mit börnescher Verstellungskunst), und dann noch (weniger auffällig) . . ., davon aber später.

Die ganze Wucht seines Angriffs trifft den Katholizismus: nicht so sehr in dem berühmten ›Brief an einen jungen Katholiken‹ als in dem anderen ›an einen jungen Nichtkatholiken‹, vor allem aber in seiner Frage an den Freund Carl Amery: ›Warum so zartfühlend?‹.

Den jungen Katholiken belehrt er, noch leidlich friedlich: Moral ist nicht identisch mit Sexualmoral. Und vielleicht ist er hier in Anpassung an den jungen Mann sogar etwas unböllsch-metaphorisch, wenn er der körperlichen Liebe und der reinen, die nicht radikal zu trennen seien, diese fragwürdige Theologie schenkt: Die körperliche Liebe ist die »Substanz eines Sakraments, und ich zolle ihr Ehrfurcht, die ich auch dem ungeweihten Brot als der Substanz eines Sakraments zolle«. Man kann sich entscheiden: zu blumig oder zu risky. Aber dann kommen Sätze, die der junge Katholik nie vergessen sollte: »Die sittliche Gefahr, der ein Soldat ausgesetzt ist, ist allerdings groß, aber die sexuelle Gefahr ist die geringste.« Zwar redet er auch in diesem Schreiben von der »Geschmäcklerei« des deutschen Katholizismus, die er in hinreißenden Zitaten aus der Devotionsbranche festhält; auch von den politischen Sünden des Vatikan: der erste Staat, der mit Hitler einen Vertrag abgeschlossen habe. Aber hier ist er immerhin noch ein sich mäßigender Erzieher.

Im ›Brief an einen jungen Nichtkatholiken‹ und in der Buchkritik: ›Warum so zartfühlend?‹ gibt es Senge (das Wort ist hier nicht zu ersetzen), ohne Rücksicht der Person. Da steht: »Es gibt also tatsächlich törichte Päpste, besonders solche, die zu häufig das Wort Frieden gebrauchen.« Darf ich bescheiden hinzufügen: die sich fernsehen lassen, wie sie im Heiligen Land ein heiliges Felsstück küssen?

Böll hat nicht nur den allgemeinen Zorn gegen die nichtchristlichen Christen, den Kierkegaard gesät hat. Auch Bölls Angriffe sind datiert und haben Adressen. Er meint die Christen, die mit dem C in zwei Parteien Deutschlands chiffriert sind. Er meint »das strahlende, heitere, reine, nicht ganz uneitle Gesicht des katholischen Wehrbischofs«. Namen werden genannt. Wer versteht ihn nicht, Jud’ oder Christ? Seine Negationen sind bissig: »Ich gehöre keiner katholischen Gruppe an«, auch nicht dem »Nouveau roman catholique liberal«.

Aber jeder Berichterstatter sollte gestehen, was er nicht mehr versteht. Ich verstehe alle die Entmythologisierer: Sie wollen bei Christus bleiben, aber nicht so ganz; sie wollen nur ein Minimum von Mythos. Böll ist nicht von dieser zaghaften Art. Er schrieb: daß er »weiterhin katholische Kirchensteuer zahlen und katholisch sterben möchte«. Und in seiner kurzen Notiz über ›Mauriac‹ ist zu lesen: »Ob jemand begreifen werden wird, daß einer katholisch sein kann, wie ein Neger Neger ist?« Wenn mit dem »jemand« auch ich gemeint bin und mit dem »einer« Böll: Ich begreife es nicht. Ich begreife es noch, wenn ich an die Berliner Ostjuden in der Heidereiter Gasse zurückdenke; oder an die Mönche von Monte Cassino, die mich einen Tag und eine Nacht ihr Leben mitleben ließen. Ich verstehe es, wenn Gettos gemeint sind. Aber als Börne die Frankfurter Judengasse verließ, war er in seinem Bewußtsein kein Neger mehr: er wurde Europäer und wanderte mit diesem Ziel aus Deutschland aus.

Ich verstehe Bölls Feindschaft gegen die nichtchristlichen Christen (so was gibt's nicht nur bei ihnen); daß er alle schriftstellerischen Mittel mobilisierte, um sie zu treffen. Aber von wo geht dieser Stoß aus? Seine »religiöse Frömmigkeit« ist doch nicht die unspezifische Schleiermachers. Auch nicht die lyrische des Nichtchristen Faust, der Gretchens ängstliches Interview ebenso vage behandelt, wie auch weniger ängstliche Ausfrager es täglich erleben.

Böll ist direkter: »Wir Katholiken kriegen es (das Katholische) nicht mehr von der Haut.« Ich wünschte, mir wäre dieser Satz klar. Es gibt eine schmale Fährte dahin. Als Böll gefragt wurde, ob er exkommuniziert sei, antwortete er: »Ich wünschte, ich sei exkommuniziert, aber was dann hätte geschehen können, mochte ich meinem Vater, der damals noch lebte, nicht zumuten.« Religion ist sehr oft Pietät: Die Eltern leben weiter in den Riten, welche die Kinder zelebrieren. Aber da ist doch eben dies: »Wir kriegen es nicht mehr von der Haut . . .«, wo sie doch inzwischen schon oft gewechselt hat.

3

In einem Schriftsteller kann eine Serie von Schriftstellern stecken, auch wenn nicht jeder von ihnen sich voll entfaltet. Die Böllschaft ist ziemlich üppig, sieht man auf Themen und Stile. Im Innersten aber gibt es zwei (siehe oben). Der eine hat bereits sein Bild erhalten: der aggressive Clown und der listige Prediger, ein Streitroß, das vorgibt, nur zu tändeln, und ein Paradepferd, das ausbricht: gegen seine Katholiken; gegen die (»nach verwaschener Soziologie«) »törichten Begriffe ›links‹ und ›rechts‹«; gegen die »heimatlosen Linken« – sie haben inzwischen, was Böll noch nicht wissen konnte, Unterschlupf gefunden bei den Farbigen und jenen Professoren, die (ich zitiere) »das Wahre, Gute und Schöne« kennen. Böll schrieb auch gegen den »Zwang«, nur »von Politik zu leben«, »eine fragwürdige Kost«. Wovon lebt der leidenschaftliche Politiker Böll noch?

Dieser zweite, weniger sichtbare, der (innerhalb der offiziellen Ästhetik unserer Tage) mit einer ehrenrührigen Kategorie belegt wird, aber es ist wirklich nicht böse gemeint, ist von seinem Gott als Idylliker angelegt worden. Diese Anlage kommt in den Nebenbeis am stärksten heraus in den Stadt- und Landschaften: ›Köln‹, ›Der Rhein‹, ›Im Ruhrgebiet‹, ›Rheinland-Westfalen‹ . . .

Idylliker ist momentan ein herbes Wort. Alle Leser, soweit sie die höhere Schule besucht haben, denken vielleicht an NATUR, an Lämmer mit bunten Schleifchen: an Bukolisches (an Theokrit selig), an die lieblichen Sänger Gessner und Ewald von Kleist, an Bilder, in denen Christus ein veritabler Hirt ist.

Aber gerade ist die PEN-Anthologie herausgekommen, in der Bölls ›Der Rhein‹ in der Rubrik »Zeitkritik« plaziert ist. Ein Idylliker? Er schrieb schon einmal ›Der Rhein‹; und obwohl er auch dort nicht der Fluß des rheinischen Weins und seiner zugehörigen Mädchen war – der Strom taucht wahrhaft auf hinter der dürren Metapher: seine lange Geschichte, auch viele sehr fremde Milieus; eine deutsche »Heimat« wird sichtbar. Er rehabilitiert dies Wort, das man heute in positive Anführungsstriche setzen muß, um das Feld der Unehre zu vergessen.

Idylliker? Die sehr lange Studie ›Im Ruhrgebiet‹ verdeckt die Häßlichkeiten nicht: »Es gibt von Menschen bewohnte Räume, auf die jährlich pro Quadratmeter 800 Gramm Dreck herunterregnen.« Aber er verdeckt auch nicht, was er sonst noch gesehen und gehört hat: »Es bleibt Mythos oder Begriff und ist doch Heimat, so geliebt wie jede andere Heimat.« Böll ist einer der hellsichtigsten Idylliker. Eine Frau kommt aus den Ferien zurück, steigt an der Brücke über die Ruhr aus und jubelt: »Ich freue mich, daß ich wieder zu Hause bin, ich war all die Schönheit und den blauen Himmel ein wenig leid.« Apologie für das Grau? Die beste Definition für das Wort Heimat! Und doch könnte auch dies »Ruhrgebiet«, abgesehen davon, daß es im Jubel jener Frau zur Idylle wird, in der Rubrik »Zeitkritik« stehen.

Wenn die Baedeker wüßten, was sie versäumen: weil sie vor den Kapiteln mit Details nicht eine Einleitung bringen wie Bölls ›Was ist Kölnisch?‹. Zuerst nimmt er dem Leser den Dom fort; er gehöre zu den »sentimentalen Irrtümern« über das Kölnische. Dann macht er klar, daß es in Köln keinen Fasching gibt, sondern einen Karneval. Indem er das Wirkliche unter dem Übermalten hervorholt, entsteht ein Bild, das man als Idyll empfindet, weil das Aufgesetzte verschwunden ist. Idyll ist: Versöhnung mit der Wahrheit.

Die schönste Idylle unter diesen Nebenbeis, auf dreißig Seiten, ist die Geschichte der ›Mutter Ey. Versuch eines Denkmals in Worten‹. Sie schildern eine Frau aus der Düsseldorfer Altstadt, die morgens eine Unmenge Brötchen mit Wurst und Käse zubereitet (10 Pfennig), nachmittags Kaffee (10 Pfennig), Milch 5; dann kommt sie unter die Maler und Bildhauer, kauft, kommt zu Geld, pumpt es ihren Künstlern, wird weggejagt, als die Bilder im Schaufenster als Entartete Kunst denunziert werden, kommt wieder zurück, ist immer noch dieselbe: dies ist keine Laudatio, nicht einmal ein kleiner Trinkspruch, nur eine kleine Idylle, von Gott verfaßt. Und man weiß nun, daß es heute wie eh und je auch »Heile« gibt (nach dem gängigen Wörterbuch), Nicht-»Entfremdete«. Vielleicht hat Böll, unter dem Druck der Verhältnisse, zu wenig Mütter Ey gezeigt ..., neben den vielen Höllen, die gewiß sehr real sind.

Bölls Nebenbeis sind ein weites Feld. Aber es wachsen hier nicht nur Dornen. So ist er vielleicht der Wahrheit etwas näher als die, welche diktieren: in der Epoche der Unfreiheit (also seit der Vertreibung aus dem Paradies) kann es keine Menschen geben, nur Krüppel. Das ist ganz bestimmt richtig, von der schönsten Zukunft aus gesehen. Aber ist sie der einzige Standort? Es ist leicht, die Engel zu lieben, die sich vielleicht einmal aus den Menschen entpuppen werden. Böll gehört heute zu den wenigen, die wissen, daß es auch die Eys gibt und Frauen, die beglückt, vom Süden zurückkommend, in das Flüßchen Ruhr schauen: »Zu Hause«. Die Humanitas besteht nicht darin, daß man ausschließlich für das kommende Paradies schwärmt, sondern vor allem für die kleinen und großen Freuden der Lebenden, die leider noch nicht im Himmel auf Erden leben.

Kein Irrtum: Auch der Idylliker Böll schlägt kräftig zu. Aber

er ist auch ein Mit-Mensch und lebt nicht in verstockter Mono-
gamie mit den fernen Tagen, in denen alle Lebenden (und wieviel Generationen danach?) unter der Erde liegen werden. Es
wäre vorzuschlagen, dem Wort Humanismus frisches Blut zu-
zuführen, indem es auch auf diese freundliche Haltung festgelegt
wird. Vorläufiger Steckbrief: Böll ist auch ein Mit-Mensch, nicht
nur ein Gegen-Mensch. Schon heute blühen wirklich gewordene
Utopien. Böll ignoriert sie nicht. Könnte er sie nicht noch öfter
vorstellen – jetzt, wo er doch, wie er versichert, von seinen
Katholiken genug hat?

ULRICH SONNEMANN
Rheinische Alternative

Einer Reduktion Bölls auf seine Erklärbarkeiten werde hier zunächst widersprochen. Daß nicht der Widerstand erst, auf den
ein Leben stößt, es beschränke, sondern seine Bedingtheit schon
selber der Widersacher seiner Freiheiten sei, setzt voraus, daß
man alles, was es zu einem geschichtlichen, bestimmten macht,
aus ihm ausklammert; daß ein Begriffsphantom seine Existenz-
prämissen in blindem Widerspruch zu seinen Erfahrungen von
ihm trennt. Solche Willkür, die dem Abstraktionsschatten eines
Daseins dessen ebenso abstrakten Umstände dann entgegenhält,
ist der Kunstgriff des Kulturpessimismus, es als Gefangenen
seiner eigenen Endlichkeit zu beklagen, als trüge es nicht sein
Jetzt und Hier gerade als Konstitutionsmoment, dem sich seine
Identität verdankt, schon in sich.
  Da diese Täuschung so durchschaubar wie ihr Gegenstück
ist, das von einem unbedingten Subjektsein nicht lassen will,
relativiert es auch Böll nicht, daß er unter anderm als Sozio-
logicum existiert: ohne die Gesellschaft, die an beiden Ufern des
Rheins anlegt, nicht denkbar ist, so wenig wie sie selber, die ihn
schon einzubauen meint, wenn sie ihn nur liest, ohne Böll. Kein
Versuch, ihre immanente Antithese auszumachen, wird sie in
einer andern Gestalt entdecken können als seiner, und wie alle
Temperamente, die Geist haben, könnte auch das seine ohne
seine Provokation, an die das Provozierte immer etwas Gemeinsames knüpft, nicht begriffen werden; kaum sieht man ihn richtig,

kommt man über das Adenauersche Deutschland, das etabliert um uns dauert, nicht klar.

In den ›Ansichten eines Clowns‹ sagt ein Befürworter der Todesstrafe häufig ka-ka-ka-, und »bis er endlich das restliche ›nzler‹ oder ›tholon‹ herausgespuckt hatte«, hat der Clown mit ihm Mitleid. Solches Erbarmen, das sie vor seiner parochialen Versteinerung zu Barmherzigkeitssprüchen erschrecken läßt, macht ihn und seinen Autor den Hochnotpeinlichen auch dort überlegen, wo diese nicht stottern. Im Kanzler selber stotterten sie nicht. Da er die Sprache nicht hatte, gab sie ihm auch Probleme nicht auf, weder des Satzbaus noch Begriffs, wieviel weniger neuromotorische; *daß* er sie nicht hatte, keine mit seinem Publikum, seinem Volk. Seit Menschengedenken nennen es die Wörterbücher seiner slawischen Nachbarn *die Stummen*: noch immer mit soviel Recht, welches täglich zu bestätigen deutsche Parlaments- wie Gerichtsprotokolle nicht aufhören, daß er mit nichts gerade es so beherrschen konnte wie der inventurmachenden Dürftigkeit seines bis zur Unbeugsamkeit anakoluthischen Wortes. Daß es sich in ihr erkannte, nachdem die Niederlage es dem Monolog, einer calibanhaften Völlerei mit dem Abhub von Sprache, entrissen hatte, und daß es vorerst zu solcher Ernüchterung sein politisches Gewicht an den Rhein, in unmittelbare Nachbarschaft artikulierter Gesellschaft, verlagerte, ist konsequent und sogar redlich gewesen; daß es diese Ärmlichkeit mit der Redlichkeit aufs beunruhigendste auch dann noch verwechselte, wenn damit faustdick gelogen und falsch Zeugnis wider den Nächsten geredet wurde, nach menschlichen Kriterien hingegen lediglich konsequent, also stur. Diese Sturheit ist der Zustand von Menschen, die sich noch nicht haben entschließen können, welche zu sein. Im Zeichen des Büffels, von dessen Sakrament seine Landsleute in ihrer großen Mehrheit zu kosten nicht aufhörten, zog sich Bölls Bild seiner Gegenwelt, die diese Sturheit in Permanenz ist, zusammen.

Daß ein genau treffendes Wort für sie nur das Deutsche hat, ist einerseits vielsagend, anderseits nicht ohne Hoffnung; es könnte sie einfach hinnehmen, statt dessen nimmt es sie wahr. Klar zeigt sich da, wie die deutsche Nation doch in der Eigenschaft, der sie periodisch anheimfällt, nie aufgeht, sondern sie reflektiert, übersteigen muß, kritisch als ihr eigenes Gegenteil sich entwirft. Doch ist das eine alte Geschichte und die Sturheit gleichwohl immer noch da; eine nicht weniger alte sorgt dafür, daß ihr die Teufel nicht ausgehen. In ihr, deren Welt vom Gesetz des sich selbst vergötzenden Eindrucks regiert wird, den man machen möchte oder auf sich machen läßt, überlebt bis zur Stunde die anthropologische Voraussetzung des Nazismus, ein menschlicher Zustand, dem Sprache, als wäre sie die von Seekühen, für eine Gelegenheit mehr zu Bauch- und Brusttönen als zu Mitteilungen, Gedanken, Nuancen gilt, für etwas Hinteres und Unteres nach dem leiblich davon beanspruchten Zentrum, statt wie anderswo für ein Produkt gerade von Kleinstbewegungen vorn und oben im Munde, das dort unabhängig von Pedalverstärkung das zu Sagende und sich selbst erst bestimmt.

Demgemäß sind die Träger des Zustandes nicht nur in wesentlichem Sinne stumm, sondern auch taub; froher Botschaft solange nicht zugänglich, als diese froh und eine Botschaft ist, vielmehr muß sie erst zu Macht, Handgreiflichkeit von Institutionen, geronnen sein, wenn sie in um so heftigerer Geschlossenheit als ihre Volkswarte, Gralshüter, auf den Plan treten.

Das muß man sich vor Augen halten, wenn man schon heute die Resonanz, die Bölls Bücher in Deutschland gefunden haben, ermessen will. Der Zustand selbst muß sich getroffen gefühlt und in seiner Erkenntnis seine Erlösung, die in Durchsetzung der Erkenntnis besteht, antizipiert haben: unwahrscheinlich schließlich, daß er sich mag, sich nicht loswerden möchte wie in seiner case history, die neuerdings wieder aktueller wird, der Zwerg Nase, trotz dessen wachsenden Verantwortungsbewußtseins als ein dienstverpflichteter königlicher Pastetenkoch, ehe die Gans Mimi ihn zu dem Glück, das in Desertion besteht, doch noch verführt. In Böll lebt die Wahrheit der Märchen fort, immer ja legte der Landeszustand Entfernungen von der Truppe schon nahe.

Erstmals nur vielleicht dämmert er denen, die in ihm befangen sind, nun im ganzen. Er hat sich im elften, vierzehnten, siebzehnten Jahrhundert verschlimmert, und wiederum rückfällig, diesmal ins Unglaubwürdige, tritt er seit fünfzig Jahren wieder hervor; aber wenn irgendwo, könnte er dort, wo städtisches Wesen Zeit gehabt hat, die Menschen mehr zu welchen zu machen, die Chance der Selbsterkenntnis, Keim seiner eigenen Gegenmacht, bergen, darum geht Köln in der Rechnung seines weiland Oberbürgermeisters nicht auf. Gelassen verbindet es, wie es Römisches mit Ripuarischem, Erzbischöfliches mit Reichsstädtischem in der Zeit verband, so im Raum das Miese Düsseldorfs mit Bonn megamisanthropischem Muff, keineswegs aber tut es das, um sie einfach ungeläutert bei sich zu beherbergen, vielmehr treffen sie dort nur zusammen, wirken unangenehm und heben sich auf.

Ihre Aufgehobenheit heißt, daß sie einerseits beide noch da sind, ja so panzerschrankartig ineinander verbissen, das eine im andern bewahrt, daß keinem von beiden so leicht in dem Depot was passieren wird, anderseits aber suspendiert: mit derart wartenkönnender Grandezza, peremptorischer Sorglosigkeit in St. Gereon, dem der ganze Autoverkehr nichts anhaben kann, daß vielleicht doch noch zum Schluß was passiert. Man kann nicht wissen. Ich verstehe nichts von Heiligen, sicher nichts von Hagiologie, aber undenkbar erscheint es mir, daß bei der Beerdigung dieses Anführers von dreihundertachtzehn Revolutionären ein Kardinal die Worte »Ach, er betete so gern« gesprochen haben sollte, die in der Tat auch weder bei ihm noch auf ihn fielen, sondern auf den toten Kanzler im Dom; sollte Gereon trotzdem Wind davon bekommen haben und sich im Grab sei es drehen, sei's schütteln, hat ein Seismograph in Köln-Müngersdorf die Erschütterung ohne Zweifel notiert.

Anders als andere solche Instrumente legt dieses seine Ausschläge immer selbst aus; und ist gewiß ja nicht auf tote Heilige, ehre es sie auch, spezialisiert, sondern das kritischste Aufnahmegerät, was unter anderm einfach: das trennschärfste heißen will, für die Rumores, Tremores, Mores seiner westdeutschen Landsleute. Ohne Folgen für diese? Soweit in der Zeitgeschichte sich neuerdings Regungen zeigen, die die Macht der Verhältnisse in der Seele und in der Gesellschaft erschüttern könnten, ist sie in einem Prozeß begriffen, auf dessen Voraussetzung, die beharrliche Schaffung ihrer stillschweigenden Bedingungen im Bewußtsein, Bölls millionenstarke Auflagen nicht einflußlos gewesen sein können: entgegen einer Propaganda, die auf Ohnmacht der Intellektuellen beharrt.

In Erfüllung einer christlichen Forderung, die Berufschristen von jeher mit Methode überhört, sabotiert haben, will in der dritten globalen Vorkriegszeit jetzt, bei begründet antikirchlicher Frontstellung, die Menschheit in ihren Jugenden ihrer möglichen Menschlichkeit sich bewußt werden: Beats und Hippies, Provos und Gammler spiegeln den *groundswell* einer Generation wider, die das allzu lang vertagte Liebesgebot plötzlich wörtlich nimmt, gegen die Mordlust, die positiv denkt, ihrer Aszendenz, welche nur ihre Pflicht erfüllt, sich erhebt. Bei traditionsbewußter Pose ihres unentwegt vermeintlichen Konservativismus ist inzwischen in der Bundesrepublik die Macht ungebildet genug, an Geschlechtsdelikte zu denken, wenn man Schubladengesetzen Unsittlichkeit vorwirft, wie einem hochgestellten Bonner Institutionellen, der in seinem kategorischen Notstand selbst von Kant nichts gehört haben kann, erst vor kurzem passierte; und so aus unöffentlichen Ursachen wachsen die öffentlichen Sexualkomplexe von Klerikern, als sei partout auf deren Privatpräokkupation die Bekehrungsaufgabe ihrer Kirche erbaut.

Denkverbot und Lustprohibition haben immer einander Sekundantendienste geleistet; was, wenn dieser Sachverhalt auch dem Kirchenvolk erst zu dämmern beginnt? Wenn trotz des anthropologischen Zustands einer Mehrheit des westdeutschen Volkes, der mit ihrem Zwangschristentum, ihrer Vorchristlichkeit, fertigzuwerden zu wenig gelang, ihr das Eingeständnis leichtzumachen, daß das nachchristliche Zeitalter da ist, daß es sie ihrer Antiquiertheit überführen will, keiner Hoffnung noch entsagt werden muß: die Schlacht unentschieden steht zwischen den Sakramenten des Lamms und des Büffels, hat das abermals mit Köln, mit dem historischen Umstand zu tun, daß es die am frühesten christianisierte, westlichste ist unter den Großstädten Deutschlands, lange offen für Niederländisches, Französisches, Englisches und Irisches war, urban gerade in Schichten wurde, die weiter östlich betulich und stumpf blieben, Modell eines Kleinbürgertums, das in menschheitlicher Erinnerung ist. Ihre rheinische Alternative heißt seit den Anfängen der Bundesrepublik Böll, und nicht beliebig ja ist er in Köln geblieben; eher so selbstverständlich, spontan, trotz des entbehrungsvoll Absurden in der Differenz, die unweigerlich der Vergleich zeigt, wie in manchem Land, wo die Polizei Nummern, nur die Kriminalpolizei Schußwaffen trägt; wo sich Tradition und Revolution in einer Hauptstadt und ihrer Gesellschaft durchdringen, gerade die Schriftsteller dort zu Hause sind, denn das Glück der Literatur, wie der Mond das der Wissenschaft, ist die Stadt. Daß es mit Entschiedenheit überdurchschnittlich, gerade nach neueren deutschen Begriffen, urban ist, schafft das Redlichere an Köln noch, wo es menschlich am häßlichsten ist; wie ja selbst A.'s Lügerei nie schmierenhistrionisch hysterisch wurde, also über diejenige seines Amtsvorgängers hinaus einen Fortschritt zur Wahrheit markiert. Wie er zu keiner Zeit den Gekränkten spielte, wenn einer seiner Minister geopfert war, nie einem gefallenen Barockengelchen ähnelte – wenigstens in einem dieser Vorkommnisse sehr im Unterschied zu dem Gefallenen selbst –, hat auch die Alternative zu ihm, Böll, es entschieden mit der Romanik gehalten, mehr noch diese mit ihm aber: romanisch sind sein Raumgefühl, seine Phantasie.

Das bedeutet hier keine Stilimitation, keinen nachempfindend maskensüchtigen Historismus, sondern daß ein Formprinzip von humaner Richtigkeit diese Richtigkeit in neuem Medium bewährt; größere Affinität zur Moderne beweist, aufschlußreich, als irgendein späteres. An seiner ausgewogenen Kompaktheit gelingt der Nachweis des nicht Ausgewogenen, sich nicht Rundenden, der Zerrissenheit der Welt, gegen die kritisch Literatur revoltiert und die der Impuls Böllschen Schreibens mikrokosmisch zur Sprache, ans Licht bringt, in mäandernden Satzkurven, deren Rundung solchen Kontrasteffekt erst erlaubt. Man kann in seinen Büchern wohnen; das gilt für deren Gestalten wie für ihre Leser. Daß er Gegebenes so wenig ab- wie eventuell zu Wünschendes an- und aufmalt, aufs äußerste barockfern, ermöglicht seine satirische Kraft, die in jüngsten Jahren gewachsen ist, ob sie auch spürbar schon an seinen Anfängen teilhatte; solche Illusionsfeindschaft ist sein Erbteil aus der großen Romantradition. Kaum der deutschen; nichts Altmeisterliches ist da, auch nichts Romantisches, pädagogisches Schweizertum, wie auch Fontanes Pläsierlichkeit fehlt, auch die musikalische Ironie Thomas Manns: Bölls eigene ist anschaulich, optisch, ihr Bezugspunkt immer Menschenvernunft, nicht die Todesmetaphysik bürgerlicher Resignation. Kein Nirwana interessiert hier, und wie jener von Flaubert und den Russen lernte, so er selbst mehr, seinen Wahlverwandtschaften nach, von Angelsachsen, Iren, von Swift: ein geheimer Duft von Westwind, der Freiheit atlantischer Meeresweite, weht durch alle seine Produktionen, wenn bis heute auch nur eine davon ihn in ihrer aufnotierenden Thematik ergriff. Mit der andauernden Umzentrierung Deutschlands ist eine Diskontinuität seiner Literaturgeschichte verbunden, mit ihr das verschüttend Abschneidende, Unterbrechende, das jede umzentrierende deutsche Katastrophe selbst schafft: weder Anknüpfung an Heimisches konnte von der weltsehnsüchtigen Zurückgeworfenheit der Jahre nach 1945 erwartet werden noch auch gleich Souveränität der Verfügung über alle Kunstmittel, für die die Präzedenzen bereitstanden; um so auffälliger beschleunigt nur wuchs ihm eines nach dem anderen zu.

Dieser Prozeß dauert an: weder bekommt man seine Richtung noch sein Substrat zu fassen, das sich aufhebende Identität ist, nur durch solche Selbstaufhebung, Reflexionsgebrochenheit, blieb es auf je unvorhersehbare Weise es selbst, greift man behend nicht, wie ein Kind auf Eidechsenjagd, kritisch dorthin, wo zu sein Böll sich anschickt, wesentlich schon ist, anstatt dorthin, wo er soeben noch war. Von Anfang an hatte sein Erzählen die moderne Gestaltwandlung des Romans jedenfalls in dem Sinn schon hinter und in sich, daß es von dessen älterem Paradigma nach der Valéryschen Kritik: La marquise sortit à cinq heures, bemerkenswert frei war: das Interesse an den Vorgängen in ihrer angeblich stringenten Tatsächlichkeit, ihrem an seiner Irrelevanz scheiternden Anspruch, in der und der Weise und nicht anders verlaufen zu sein, von vornherein einer Konzentration wich auf ihre untilgbare Heterogenität für den ihnen Widerstand leistenden Bewußtseinsprozeß einer Zentralfigur. Nur ist der Perspektivenreichtum des Verfahrens seit den Anfängen so erheblich gewachsen, daß er, da er gleichzeitig aufs undemonstrativste diskret blieb, die kritische Einordnung der Produktionen erschwerte: wie am Streit der Rezensenten über den ›Clown‹ gerade seinerzeit klarwurde, den dieser schon insofern gewann, als charakteristische Wendungen der lehrreichen, unabschließbaren Fehde sich auf den Seiten einer Fortsetzung von ihm ohne Bruch hätten abspielen können. Die letzte, vielleicht doch nicht einnehmbare Bastion des Realismus in der Erzählung ist die Selbstdokumentation der Erfahrungen einer mitteilsamen Anima candida, die so schlüssig nur Implikat ihrer Spiegelungen von Wirklichkeit ist, daß ihre Individualität keiner psychologischen oder soziologischen Vermittlung bedürfte; gar nicht sie selbst wird ja da betrachtet, sondern, verbindlicher, aus ihrem unverstellten Blickwinkel, der durch Weltangemessenheit sich rechtfertigt, in Sätzen sich durchsetzt, die Welt, deren Disjunktives, Zerrissenes gerade zur Herausforderung der Einheit, wahrheitsmächtigen Realität des Subjektes wird, das sie erleidet: als Erscheinung von Spontaneität, die in ihre eigenen Objektbezüge so artikuliert und so rückhaltlos, mit der Nüchternheit ihrer Denkleidenschaft, einging, daß Subjektivität hier nicht länger ein austauschbar beliebiges Sosein ist, sondern eine Atempause des Weltprozesses, der seiner Kritikbedürftigkeit dabei so inne wird, daß es kracht.

Organon dieser Einsicht aber, als eine so unvergleichlich christliche Menschenart, daß sie erst dem nachchristlichen Zeitalter wie ein Chiffre, die in ihm entschlüsselbar wird, sich gewachsen zeigt: was zu ihrem Seltenerwerden nicht im Widerspruch steht, sondern in ihm gerade sich demonstriert, ist der Clown: der die Imperfektion des Ganzen nicht mit so kritischem Elan überspielen könnte, bewahrheitete er sie nicht vorerst, unter Aufgabe der Ich-Illusion, in sich selbst. Der Mut zu solcher Durchschauung, die dem ungebrochenen Identitätsvertrauen der Antike vollständig fremd war, weist den Clown als wichtigsten Fortschritt auf dem Wege zum Menschentum aus, den im Gegenzug zu ihrer Unchristlichkeit die Christlichkeit von zwei Jahrtausenden zeitigte. Weder verleugnet der Clown seine Trauer, noch räumt er ihr Gewalt über sich ein, sondern er objektiviert sie in seiner Person, die zur traurigsten, mithin komischsten wird: welches Selbstopfer so human zwischen ihr und seiner Freiheit vermittelt, daß dieser Brückenschlag über den Abgrund, welcher tödlich zwischen beider Ansprüchen klafft, den Abgrund selber erst bloßlegt, also die Welteinrichtung ihrer Absurdität überführen kann; was am beispielhaft sanftesten in Schniers Begegnung mit seinem Vater gelingt. Daher ist Clownerie die progressivste Steigerung aufklärerischer Kritik, die neue Wegrichtung der Satire. Daß er das erfaßte, sagt stillschweigend etwas über Bölls literarischen Rang, das politische Ärgernis aber, das die *Bindungslosigkeit* des Clowns in seinem Vaterland hervorrufen mußte, unterschlägt, daß diese die Wahrheit ist, die zu sich selbst genügend Mut aufbrachte, also die Freiheit; mit deren sich selbst steuernder Alleinverbindlichkeit auch Politik, die sich geschichtlich durchsetzt, erst anfängt, während gerade solche, die es noch nie tat, dabei immer noch auf Bindungen sich berief.

Der gegen Böll erhobene Einwand, keine Gefahr für die Macht könne dieser von der Unabhängigkeit einer Clownerie drohen, die von Rußland bis Portugal so auflagenstark wie unzensiert blieb, geht am Geschichtsgesetz von Aufklärung vorbei, deren Kraft es ist, die Verhältnisse selbst zu Wort kommen zu lassen, Kuckuckseier in die Institutionswelt zu legen, für deren Defensivvorrichtungen so ungreifbar wie ihren Trägern unbegreiflich zu sein. Nicht zu falsch kann, landläufig gesprochen, Böll liegen, wenn die jetzt unerbittlich kritischste aller bestandaufnehmenden Fragen am Rhein: nach einer in die Breite wirkenden deutschen Figur, deren jeder Impuls zu einem Erdbeben werden muß, wenn man im Reiche beider Gehlen zu Hause ist, mit keiner sich so zwanglos, unzweifelhaft beantwortet wie mit ihm. Die Macht, die als Ohnmacht sich bei jedem Staatszusammenbruch in Mitteleuropa herausstellt: die man nicht hat, sondern an der man ist, solange man es ist, verstünde die Freiheit, deren apriorisches Unverständnis sie in Deutschland doch als Macht definiert, verstünde sie deren Unteilbarkeit, die unvoraussehbare Folgen hat, irgend besser; das gibt dieser ihre Chance, seelenpädagogische Bewegungen heraufzuführen, deren Dialektik sich den Kontrollen entzieht, da sie einer unkodifizierbaren Verbindlichkeit sich verdankt. Verbindlich ist die Spontaneität, die Bölls Zentralfiguren ihren Gegenspielern in so hohem Maße voraus haben, ohne daß er doch Charaktertugenden, Identitätsglasuren, ihnen andichten würde, wie ihr Autor seinem Ambiente, das wie alles andere auch seine Kultur nur besitzt. Daher sitzt es darauf, erbberechtigt, statt daß es sie als seine Eigenschaft in sich trüge; und kann die besessene Kultur sich Überraschungen zwar einverleiben, sie aber nicht aushalten. Da die Spontaneität keine Beschaffenheit ist, sondern jede solche durch Kommunikation, welche die Welt als eine gemeinsame hat, übersteigt, trifft das Moment von Kritik an der prototypischen Reaktion jenes Ambiente, das Bölls Erzählen Idealisierungen unterstellt, den Illusionismus von Modellfiguren, daneben; man kann es nicht einordnen, weil es Präzedenzen in der deutschen Literatur mit ihrer Gesellschaftsfeindschaft faktisch nicht hat, denn einerseits setzt es der Welt immer eine Ansicht von ihrem Zustand entgegen, zum andern ist diese keine in ein Innerliches auswandernde Weltanschauung, sondern Kritik ihres Jetzt und Hier, die ihrem Leserpublikum zum Bewußtsein verhilft.

Das progressive Potential des Katholischseins kommt mit einer Paradoxie, die für unsere Verhältnisse kennzeichnend ist, hier zum Vorschein: als eine Kondition, die nur dort freilich, wo ihre Prägung nicht provinziell ist, sondern urban, sich gelassen nun imstande zeigt, in die vakuumartige Bresche zu springen, die der Bankrott lutherischer Innerlichkeit dem Selbstverständnis der Individuen bei uns schlug. Solche Katholizität, da sie eine Herkunft ist, hat mit den Konversionsmoden so wenig zu tun wie mit dem Hinterwald, an dem sich diese berauschen. Katholisch in dieser Spielart des Begriffes heißt gerade nicht parochial, keine Selbstverklärung eines Milieus, die mitsamt ihrer Jargonschummerigkeit jeder Seitenblick auf dessen Verhältnisse schon zerschlagen muß, sondern eine Kontinuität des Gedächtnisses, die nach dem ältesten Sinn des Wortes, den die Propaganda fidei vergessen ließ, universell ist, in sich ruhen könnende Weltläufigkeit, die die Welt noch beunruhigen kann;

daher Böll um so mehr er selbst wird, je reiner er zum Satiriker sich entwickelt.

Sein Schreiben bildet Gesellschaft, indem es der, die keine ist, eben dies nachweist; das überhebt es, noch in seiner Milieubeschränkung, dem sich weltfeindlich Abkapselnden, Eingezäunten des deutschen Romans.

Dessen Partikularismus in jedem Sinn, dem die Vielfalt deutscher Regionalmilieus von seiner Umwelt her freilich immer entgegenkam, während das Rheinische nun tonangebend wenigstens für die Bundesrepublik ist, hat es hinter sich. In den Menschen dauert er fort, ein Ärgernis nun für ihre Söhne und Töchter, daher die Geduld in Bölls Widerstand, dessen Reizbarkeit, aber auch Immunität: gegen die melossüchtige Verstocktheit, Unartikuliertheit, heimischer Literaturfeindschaft, samt Weltfremdheit und Selbstverrat der mit ihrem Literatentum Versteck spielenden deutschen Literaten, deren Reflexionsträgheit sich kulturpessimistisch gibt, wenn sie vor öffentlicher Verbindlichkeit bloß sich drückt; gegen ihre Angst, die auf die gründlichere des deutschen Professors das Echo ist, vor der Freiheit und ihrer Formstrenge, der Rezept- und Programmlosigkeit in der großen westeuropäischen Tradition der Essaykunst, die von ihnen selbst noch so wenig verstanden, der Literatur daher nicht zugezählt wird, daß noch unlängst erst das Prosa-Preisausschreiben eines reputierlichen Verlages zu München ausdrücklich den Essay ausschloß, da er bloß *Verbreitung von Meinungen* sei; gegen Ideologie in jeder Gestalt und deren Ursprünge in der Automatik der Sturheit; schließlich, wie nur plausibel ist, wo das Engagement, das nie vorsätzliche, schon Ereignis ist, das mit Protesten freilich nichts zu tun haben muß, gegen den ganzen auflösbaren, durchschaubaren Hader und dessen »Problem«.

Vieles, was anderswo seine Auseinanderlegung, Analyse erfahren will, sieht dieser Autor ja, so nennt man es wohl, intuitiv; solches Sehen aber ist selber, wie jedes, das seine Sache trifft, analytisch, und Intuition also, die gelingt, über Menschenkraft kaum schon hinaus, vielmehr Analyse in Zusammendrängung, deren wissenschaftliche Entschlüsselung freilich aussteht: Perzeption komplexer Sachverhalte, seien auch deren Daten verstreut. Gegen dieses Verfahren, das sich auch in seinen Essays zeigt, steht die Systematik, da sie da nicht mitkommt, zwar unerbittlich, gerade die gerne mit ihr zusammengeworfene Logik indes keineswegs; daß von präziser Phantasie gerade die Denkgesetze nicht ignoriert, sondern erfüllt werden, kann nur von einer Weltspaltung noch verschwiegen werden, die die Einheit von Sprache selber zerreißt. Wie diese das Band zwischen Theorie und Literatur immer neu knüpft, ermöglicht sie Verschwörungen gegen die Herrschaft des erbaulichen Monologs; daher ist es segensvoll, daß das Werk dieses Autors ins Volk drang, noch nie fand in Deutschland Ironie eine so verbreitete Resonanz. Sollte diese, die auch nach fremder Geschichtserfahrung, um erzieherisch zu sein, ihre Zeit braucht, bei ihrer Anlage so folgenlos bleiben wie die deutsche Klassik, die Hitler nicht verhindern konnte, bei ihrer? Schleift sich Böll, indem er gelesen wird, ins Gedächtnis der Generationen nicht ein? Daß dieser Kritiker westlicher Bindungen so viel westlicher ist, als die Ideologen deutscher Westlichkeit jemals sein können, heißt, daß daß der antikonfessionalistische Gegenentwurf zu Adenauers Deutschland-Fragment, als welcher seine Bücher es so hartnäckig beschatteten wie sie es erhellten, ihm jetzt zukunftsreicher bedrohlich ist, als es die Verhältnisse der Ostwelt noch sein könnten: verfiel diese nach ihrer Geschichtsregel ideologisch-institutionellen Versteinerungen, wendet Satire, die sich unverzagt treu bleibt, Stein für Stein, der nicht von erdgeschichtlicher Herkunft ist, gerade um.

Daher ist die Alternative, die Bölls Werk vor Augen führt, nicht weltanschaulich, sondern anthropologisch; an der Konfrontation mit ihr klärt sich, was für ein Mensch einer ist. Mit der Fatalität eines Determinismus, dessen Bestimmungen unabänderlich wären, hat dieses Anthropologische nur negativ etwas zu tun, nie verfallen die Determinanten zwar, deren Zwangscharakter keine Illusion versteckt, Unterschätzungen, daß deren Rechnung aber nicht aufgeht, für selbstbestimmtes Alternativverhalten, seinen Kern von Eigensinn, der unberührbar ist, schließlich Spielraum bleibt, schafft keine Bereinigung solcher Differenzen, da sie nichts vorausbestimmt, sondern immer nachträglich ist, aus der Welt. Ohne diese leichte Asymmetrie gäbe es nur Abläufe auf ihr, keine Geschichten: zwar die Freiheit, daran ändert sich nichts, bleibt in ungreifbare Ferne verlagert, aber in unsichtbare nicht, irgend mehr als bei Gestirnen der Fall ist; welcher Unterschied nicht platonisch ist, sondern etwas Einschneidendes und Praktisches hat. Wie jene einst dem Schiffer, der zur Nacht über See fuhr, die Richtung wiesen, wird die Freiheit als ein Blickpunkt, der Orientierungen ermöglicht, konkret, daher werden Bölls Zentralfiguren von den Milieuströmungen, die sie durchkreuzen, zwar mitgenommen, wahren immer im

Tumult aber ein hohes Maß an Désinvolture. Ihre Widersetzlichkeit, die es sowohl mit dem Fernsten als auch dem Nächsten, nur dem Naheliegenden, das ihnen Protektion böte, nie hält, kollidiert bei ihrer Welterkundung zwar mit Mächtigem, aber nicht Festem; wie sie selber nicht feststehen, andernfalls und mindestens eine Art Seekrankheit sehr bald ihr Los würde; ja ohne Standbeinwechsel, unaufhörlichen, risse es sie schnell über Bord. Liegt nicht in dieser Nachgiebigkeit vor Gegebenem, die gerade das Wesentliche an Anpassung (die der Tod ist) konzessionslos verweigern darf, jetzt die Chance Unzähliger?

Durch solche Neuentdeckung der Spontaneität hindurch, die der Widerschein ist der Freiheit im Unfreien, kehrt vielleicht Revolutionshoffnung überhaupt nun in den Westen zurück: daß ein entschieden volkstümlicher Erzähler, ein »naives« und »Natur«-Talent seinem Anfang nach, zu einem immer kritischeren Literaten wurde, dessen unveranschlagbares Urteilsverhalten an jeder Art Weltverwaltung, die sich nicht in Frage stellt, Sabotage treibt, sein Erzählen aber nicht unsicherer durch den Reflexionszuwachs geriet, sondern zwingender, könnte für solche Aussichten ein Auspiz sein; auf alle Fälle ist es ein Novum am Rhein. Dies *am Rhein* kann ebensogut redensartlich und figurativ wie speziell geographisch gehört werden, das letztere aber mit Unterstreichung, denn bis auf Böll trugen die Rheinlande zur neueren deutschen Geistesgeschichte kaum bei; die Heimatschriftstellerei wucherte da wie nur noch auf der altsächsischen Heide. Zwar die besondere Neigung zum Täuschen- und Getäuschtseinwollen, die dort heimisch ist, war von der Literatur nicht übersehen worden, nicht ohne prophetische Bewandtnis ist an den Rhein Felix Krulls Wiege verlegt; aber sie mußte wohl erst avancieren, zum horizontartigen Gesellschaftsstil des ganzen umfangreichsten Trümmerstücks Bismarckdeutschlands, um ihren Widerspruch bei ihr daheim zu evozieren, statt aus Lübeck/München eine Art intuitiven Reflex.

Daher, rufen wir das Abgas von Literatur in die Erinnerung unserer Nasen zurück, das im Zeichen der Reichsschrifttumskammer, die schon höchst flüssig vom Abendland sprach, ihm vorauswehte, hat das Novum am Rhein sich so dezidiert dann in die Gegenrichtung bewegt zu den Stillen im Land und ihren konkurrenzlosen Lautsprecheranlagen, von der AA-Kultur über die Deutschlandstiftung, die jetzt den Adenauer-Preis vergibt, bis zu Springer; einschließlich eines pfiffigen, unentbräunten Literaturideals, der teils knorrigen, teils verhaltenen, kunstgewerblichen Naivitätsmache der Volksnahen, die auf sich selbst sich so selbstverliebt und so unerträglich geistlos beschränken sollte, daß sie nicht nur provinziell blieb, wie es ihre grollende Agrarmythologie sich gewünscht hatte, sondern immer gerade jene Unmittelbarkeit, die sie hinhorchend prätendierte, mißlang. In Böll wird der Gegensatz zunichte, der von der Behauptung allein, er bestehe, sich in Deutschland seit seiner Romantik bis auf den heutigen Tag zu fristen nicht aufhört: zwischen Spontaneität und Reflexion, von denen keine ohne die andere sein kann, am wenigsten dort aber, da zwanglos eins zu werden die beiden ihre Anlage und Bestimmung ruft, wo erzählt wird, denn nur die kritischste Vermittlung des gesellschaftlich immer selbst schon Vermittelten stellt im nicht Ausrechenbaren ihrer Konstellationen einen Abglanz von Unmittelbarkeit wieder her. Dem entspricht das Lufthungrige und Rebellische, Unabschließbare an Bölls Prozeduren, welche Wechsel auf Werte, die die Weltanschauung in ihren Safes verwahrt, nicht in Zahlung nehmen; nichts Unausgepacktes verfängt vor ihnen, in Verhaltens-, Rechtfertigungsfragen setzen sie uneindämmbar meist schon ein, laufen sie aus.

Kann man, was da faktisch aufklärt, verklären? sich nach theologisierender Nationalsitte selbst etwa zu seinen Büchern *bekennen*, ohne daß schon dieser Zungenschlag, den er so aufmerksam durchlauscht hat, sich Lügen strafte? Besser tut man daran, ihn dankbar, aber unschwelgerisch einfach bei der Antithese zu nehmen, als deren schreibende Verkörperung er am Bewußtsein seiner Landsleute schafft. Zu gründlich, bedenkt man ihr Unwahres wie dessen Widerschein in ihren geschichtlichen Folgen, hat die Sturheit die Sentenz erlernt, wer A sagt, müsse auch B sagen. Das Entweder-Oder, vor das in bereinigendem Gegenzug dazu dieser Schriftsteller sein Publikum führt, stellt statt dessen ihm die Wahl anheim; nur beides mit einer Zunge sagen, das erfährt dessen schwer aufzuweckendes, darum nicht aufzugebendes Gewissen, kann keiner. Die Wahl ist anthropologisch, wer wissend A. sagte in der Bundesrepublik, kann selbst im Glanze ihres Kulturhimmels bei noch so guter Absicht nicht B. sagen.

Dermaßen exklusiv, seiner uneinschüchterbaren Popularität zum Trotz spröde, über schnelle Leser, wenn sie zu langsam schalten, daher verhältnismäßig unbesorgt, ist sein Ruhm.

»Als Junge habe ich eine Zeitlang geglaubt, der Rhein bestünde
aus Drachenblut, das aus dem Odenwald abfließt; ich mochte
Siegfried, der ja auch Rheinländer war, nahm seine Arglosigkeit
nie für Dummheit, und daß er verwundbar, auf den Tod verwundbar gewesen war, machte ihn groß. In Sklaven-Soldaten-
und Drachenblut gestählt (und nicht einmal eine Erbsenblüte
fiel vom Himmel deutscher Geschichte, um eine verletzliche
Stelle zu schaffen – und kein Sternlein wird je vom Aufsichts-
rathimmel fallen!) ist ja nur die Industrie; ja, DIE; offenbar ist sie
weiblichen Geschlechts, und man küßt ihr sogar in Moskau,
Warschau und Peking das unverletzliche Unschuldshändchen.«

Der andere Rheinländer, der diese Komposition aus Drachenblut und Industrie, Peking, Odenwald, Unschuld und Verwund-
barkeit vorträgt, heißt Heinrich Böll. Es handelt sich um zwei
Sätze aus dem Essay ›Der Rhein‹, der im PEN-Almanach 1967,
›Federlese‹, erschienen ist und den die Herausgeber unter die
»Zeitkritik« sortiert haben. Genausogut hätte er in die Rubrik
»Portraits« oder zu den »Philosophischen Essays« gepaßt, denn
er enthält ein Selbstporträt des Heinrich Böll und Grundzüge
seiner Philosophie. Benno Reifenberg und Wolfgang Weyrauch,
die Herausgeber des Almanachs, werden wohl erwogen haben,
daß sie durch ihre Zuweisung das Rheinische des Autors Böll
mit Zeitkritik identifizierten und ihn mit rheinischer Zeitkritik:
›Der Rhein‹ als Zeitkritik.

Böll sinniert, was alles zutage käme, trocknete man den Fluß
aus, und was »das Völkchen« der Rheinländer, »kein heiteres, wie
man irrtümlich glaubt«, an Geschichte aufsammeln könnte, wäre
der Fluß trocken. Man braucht sich nicht Siegfried mit rheini-
schem Dialekt vorzustellen, um die Komik des Irrealen zu
schmecken, die mit dieser Geschichte hochkommt: »Die Wacht
am Rhein« und das »Deutsche Eck«, der Drachenfels und die
Redoute zu Godesberg – das ganze Accessoir des nationalliberalen Aufwandes, jene nicht ganz solide und doch so geschäftige,
aus voller Brust intonierte und stets auf den Absprung bedachte
Überzeugtheit von was.

Jüngst hat das unlautere Gewimmel am Rhein den Nationalis-
mus geläutert, man trägt sich wieder so, wie wiederaufzutreten
eine Weile ganz undenkbar schien. Böll wittert Unrat: Er sieht,

daß sich nur gegen Osten richten kann, was da an Wiederauftritten geprobt wird, und, wie es seinem Jahrgang entspricht, stellt sich sofort das tiefste Unbehagen ein, das in seiner Generation zu Hause ist: Kriegselend und -erinnerung. Dessen gedankliche Formation ist keine zusätzliche Leistung, die angesichts neuer Erscheinungen neu zu erbringen wäre. Sie reflektiert die Lebenspraxis der Überlebenden und unterscheidet diese von den Lebenden.

So produziert auch Böll die Kriegsvorstellung nicht selber. Wenn er von Geschichte spricht, stellt sie sich ein. Er kann keinen anderen Zugang haben als jene Ablagerung des historischen Prozesses, die in seinem davongekommenen Leib steckt, und die ist von der komischen Irrealität nicht zu trennen, die man das deutsche Rheinbewußtsein hätte nennen können, als sie noch real war: Westwall vis à vis Maginotlinie, wie Hitler 1938 den britischen Prime Minister im Rheinhotel Dreesen antanzen ließ, und schließlich Konrad Adenauer.

Die Subjektivität des Schriftstellers Heinrich Böll enthält dank Lebensalter und historischer Konstellation die objektive deutsche Rheingeschichte, wie seine Stadt Köln die Grundrisse der Städte, die sie früher war. Man muß sich die alten Bebauungen an ihrem historischen Ort gleichzeitig hochragend vorstellen, um zu begreifen, unter welchen Bedingungen da produziert wird. In dem erwähnten Essay nennt Böll die »Perfektgotik« der Kölner Domtürme stellvertretend für den ganzen nationalliberalen Karneval und beklagt den Verlust der romanischen Kirchen der Stadt.

Wer dächte da nicht an Heinrich Heine, der die Nichtvollendung des Domes als Garantie für Deutschlands protestantische Sendung nahm? Und jenes andere, dunkle Gedicht im ›Wintermärchen‹, wo in einer stillen Mondnacht zu Köln der Dichter auf der Mitte des Domplatzes – nirgends sonst! – die unheimlich vermummte Gestalt wieder erblickt, die ihn lange verfolgte, aber dann seit Jahren nicht mehr, und die sich als sein eigener Büttel mit dem blanken Richtbeil zu erkennen gibt:

> »... ich bin
> Die Tat von deinem Gedanken!«

Böll, der Katholik, sucht die Romanik im gegenwärtigen Köln; Heine, der Jude und Protestant, sagte sich am Ende seiner Tage, er hätte besser daran getan, katholisch zu werden und ein Kleriker. Beider Zeitkritik kommt von weit her. Sie ist eine Funktion der lokalen Materie, wie die Zeit eine Funktion des Raumes ist. Erst die hinter *der* Geschichte, die man im eigenen Leib hat, liegende Geschichtsperiode nährt die Hoffnung, diesem funktionalen Zwang zu entkommen, in flatternder Soutane der Welt enteilend, die das Schreiben durchkreuzt und den Arbeitsfrieden zunichte macht.

Köln, wo im 15. Jahrhundert »so viele heilige Männer wie nirgends sonst in Deutschland glänzten«, ist noch im 20. von Reliquien voll, und auch heute hat sie Bewohner, die, wie ihr Student Johannes Cochlaeus, die Stadt glücklich nennen, weil sie mit dem Blut und den Gebeinen von Märtyrern und Bekennern »reichlich versehen« ist. Alljährlich der unreflektierte Mummenschanz zur Fastenzeit. Eine Anhäufung von tiefsitzendem Aberglauben und menschlichen Gebresten, dazu angetan, die sieben Todsünden fortzuzeugen.

Wie soll ein Bürger dieser Stadt damit zu Rande kommen, wenn er den Beruf hat, zu schreiben? Es kann ihm doch nicht entgehen, daß die Sünder für die Kirche da sind und ohne sie nicht wären ...

Die anhaltende Debatte über Böll als katholischen Schriftsteller, die beim ›Brief an einen jungen Katholiken‹ einen ersten, beim Erscheinen der ›Ansichten eines Clowns‹ einen weiteren Höhepunkt hatte, erreicht die theologische Sphäre kaum. Sie ist überwiegend eine Debatte darüber, ob es einem katholischen Bürger erlaubt sei zu schreiben, was Böll schreibt. Dabei kommt die Verquickung der geistlichen mit der weltlichen Macht ans Licht. Der ›Brief an einen jungen Katholiken‹ war eine Warnung vor der Wiederaufrüstung, für die sich der offizielle Katholizismus schon ausgesprochen hatte.

Böll unterlief infolgedessen mit seiner schriftstellerischen Autorität die Anmaßung, alle 25 Millionen Katholiken in der Bundesrepublik seien für diese Politik. Wahrscheinlich wird der damalige Bundeskanzler und frühere Oberbürgermeister von Köln nicht ohne Rücksprache mit dem Erzbischof von Köln die fatale Richtung eingeschlagen haben. Eine klassische Konfliktsituation zwischen dem Kleinbürger, der die Haut zu Markte tragen muß, und den geistlichen und weltlichen Herren der Stadt, die den Markt herrichten.

Gegen den Vorabdruck der ›Ansichten eines Clowns‹ in der ›Süddeutschen Zeitung‹ wandte die Katholische Aktion ein, die Höhe der Auflage, die nicht nur literarisch Interessierte erreiche, bringe den Text an Kinder und Jugendliche, für die er ungeeignet sei. Es sei deshalb in der »Veröffentlichungsform« als Fortsetzungsroman eine antikatholische Tendenz zu sehen, wiewohl kein rechtlich angreifbarer Tatbestand vorliege, kurzum, die Redaktion habe ihre Verantwortung gegenüber der katholischen Öffentlichkeit in grober Form verletzt.

Es war das alte Zensurargument, das schon der junge Marx, von Köln aus, mit dem Hinweis erledigt hat, daß die Religion nur ihre besondere positive Moral anerkennen kann und daß die Zensur deshalb die intellektuellen Heroen der Moral allesamt verwerfen müsse, weil sie die äußere Anständigkeit verletzten. Prompt sagte dann der Literarhistoriker Wilhelm Grenzmann in der zum Erscheinen des Buches in der Bischöflichen Akademie Aachen einberufenen Versammlung, Böll gehe der Sinn für das Tragische ab, das mit der Macht verbunden sei. Das wäre, falls es zuträfe, kein spezifisch katholischer Zug, reichte aber hin, die Verknüpfung des Klerus mit der Staatsmacht, die Böll angriff, zu verteidigen.

Wo der Sinn für Tragik fehlt, mag dahingestellt bleiben, denn die Tragik des kleinen Mannes gleicht nicht der des großen; und die Traurigkeit des Bürgers Böll unterscheidet sich von der eines Bischofs, eines Generals, eines Ministers . . ., wie man in seinem Brief an drei Altersgenossen vom Jahrgang 17 nachlesen kann.

Das ist im Osten wie im Westen dieselbe Sache. Mnackos ›Wie die Macht schmeckt‹ besagt nichts anderes. Es könnte sein, daß der große Erfolg Heinrich Bölls in den kommunistischen Ländern auch davon herrührt, daß Böll die Sorgen derer teilt, die unten bleiben, nicht jener, die Macht haben, woher auch immer. Ob es die – soziologisch gesehen – alte Klasse ist, »die Industrie, ja, DIE«; ob eine neue, die sich erst einzurichten beginnt, macht in einer Hinsicht nicht viel Unterschied: Die Machthaber müssen kontrolliert werden. Am 24. Januar 1959 sagte Böll:

»Der Schriftsteller, der sich dem Mächtigen beugt, sich gar ihm anbietet, wird auf eine fürchterliche Weise kriminell, er begeht mehr als Diebstahl, mehr als Mord; für Diebstahl und Mord gibt es eindeutige Paragraphen, einem verurteilten Verbrecher bietet das Gesetz sich zur Versöhnung an: es wird etwas beglichen, mag die Begleichung auch nicht so glatt aufgehen wie eine Rechenaufgabe; doch ein Schriftsteller, der Verrat begeht, verrät alle die, die seine Sprache sprechen, und ist nicht einmal strafbar, da er nur ungeschriebenen Gesetzen unterworfen ist; ungeschrieben sind diese Gesetze, was seine Kunst betrifft und was sein Gewissen betrifft; er hat nur eine Wahl, entweder alles zu geben, was er im Augenblick geben kann – oder nichts, also zu schweigen; er kann irren, aber in dem Augenblick, wo er, was sich später als Irrtum herausstellen mag, ausspricht, muß er glauben, daß es die reine Wahrheit ist; er darf nicht den möglichen Irrtum als ständigen Freibrief in der Tasche tragen: er würde in einer verzweifelten unaufrichtigen Lage sein wie einer, der, bevor er sündigt, schon weiß, was er bei der Beichte sagen wird« (›FAZ‹, 30. 1. 1959).

Mit diesen Sätzen sollte man die Rede vergleichen, die Ludvik Vaculik auf dem Prager Schriftstellerkongreß im Juli 1967 gehalten hat, um Bölls europäische Spannweite zu begreifen.

Als Heinrich Böll 1951 von der Gruppe 47 die von der McCann Company gestifteten DM 1000.– als Literaturpreis in Empfang nahm für seine Erzählung von einem Büroboten, der regelmäßig über die Rheinbrücke fährt und sich von einer treppenputzenden Hausfrau konsternieren läßt, war er ein kleiner Kommunalangestellter mit drei Kindern; aber der zweite Versuch einer deutschen Republik war noch nicht verwachsen. Heute ist Böll der erste Name in der deutschen Gegenwartsliteratur; aber die Demokratie hat sich in einer Oligarchie verhockt, die der Mehrheit ihre Formeln im Namen der Mehrheit suggeriert.

Der Staat, den Böll in der Agonie des Kabinetts Erhard nicht sah, als er 1966 zur Eröffnung des Wuppertaler Schauspielhauses sprach, ist da. Er ist dem kleinen Mann unzugänglicher als zuvor, denn er benutzt dessen Namen und bringt ihn in Widerspruch mit sich selbst, wenn er aufbegehrt.

Bürger Böll scheut diesen Widerspruch nicht. Er weiß, was seine Mitbürger kaum ahnen: Politik wird mit Worten gemacht. Am Rhein und anderswo.

HILDEGARD HAMM-BRÜCHER
Das Anti-Zeitgenössische

Die Politikerin ist nicht kompetent, über den *Schriftsteller* Heinrich Böll zu schreiben. Wenn ich auch beinahe alles von ihm gelesen habe, so besteht doch weder Anlaß noch Interesse, literarisch darüber etwas auszusagen.

Neben der privaten Begegnung mit dem Werk von Heinrich Böll gibt es aber auch noch eine öffentliche, und die geht mich sozusagen von Berufs wegen etwas an und beschäftigt mich sehr. Es handelt sich dabei um die Möglichkeiten des politischen Engagements des durch die Zeitläufe zum Anti-Zeitgenossen verurteilten Schriftstellers – und ich schreibe wohlüberlegt »Anti-Zeitgenosse« und nicht »Nonkonformist«, weil dieser Begriff überstrapaziert, klischiert und abgewertet ist und Böll, dies spürend, nichts weniger begehrt, als schematisch einer fiktiven Zunft von politisch engagierten Nonkonformisten zugeordnet zu werden.

Dennoch ist sein bisheriges Werk in einem in Deutschland nicht gekannten Maß politisch engagiert – und zwar auf eine neue, bislang einmalige Weise: Mit jeder seiner Erzählungen hat er uns ein Kapitel der Nach-Hitler-Zeit nach dem anderen aufgeschrieben, ein Stück Gegenwart nach dem anderen eingefangen und daran gesellschaftspolitisches Zeitgeschehen exemplifiziert. Wer die chronologische Reihenfolge ihres Erscheinens vergessen hat, kann unschwer an den Stoffen, Konflikten und Schicksalen seiner Erzählungen das Jahrfünft ihres Erscheinens erraten und daran den An- und Ablauf der Nach-Hitler-Zeit rekonstruieren – wozu noch, quasi als Prologe, seine unterkühlt-distanzierten Kriegserzählungen gehören.

Aus der Summe seiner Geschichten ist über die Jahre *unsere* Geschichte geworden, die jeden angeht, der aktiv oder passiv sein Scherflein dazu beigetragen hat – und so scheint es mir, daß unter allen engagierten und nonkonformistischen Schriftstellern unserer Zeit Heinrich Böll der engagierteste und reflektiert nonkonformistischste ist. (Der Fall Günter Graß liegt anders, was zu erörtern hier nicht hergehört.) Böll ist intellektuell *und* sensibel, und es ist die daraus resultierende Intensität seines Engagements, die ihn zum Prototyp des leidenden und mitleidenden Anti-Zeitgenossen hat werden lassen.

Wie ist es dazu gekommen?

Böll hat seine zeit- und gesellschaftskritischen Fortsetzungserzählungen – angefangen von der Geschichte der lebens- und glaubenshungrigen Käte und des Fred Bogner bis hin zu der saft- und kraftstrotzenden Satire über das Ende einer Dienstfahrt – ganz bewußt in den Bezug, ja in die kollektive Haftung für das Unrecht und das Unheil gestellt, das das deutsche Volk über sich und über die Welt gebracht hat. Allein die Lektüre der ›Dienstfahrt‹ reichte aus für eine entkrampfte Gewissenserforschung! Jeder kann darüber ein wenig lachen, jeder ein wenig weinen, und alle Ge- und Betroffenen – wir alle – können unsere eigene Rolle in diesem hinreißend geschilderten, ungereimten Mischmasch unserer Neunzehnten-und-zwanzigsten-Jahrhundert-Mentalität wiedererkennen und das, was in diesen zweiundzwanzig Jahren Nach-Hitler-Zeit aus uns geworden ist.

Genau das ist das Thema, welches Böll so eminent wichtig ist und sein literarisches Engagement beherrscht: die moralische Bewältigung der Hitler-Zeit! In der Tat ein heikles Thema, das dem offiziellen Westdeutschland – sprich der regierenden und der regierten Mehrheit seiner Kirchen und Politiker, seiner Reichen und Armen, seiner Heimatvertriebenen- und seiner Traditionsverbände (und so weiter!) – längst lästig geworden ist und je früher, je lieber vergessen und begraben sein möchte. Böll begreift und ergreift dieses eigentliche Dilemma unserer Tage, das verdrängt und verschüttet hinter Geschäftigkeit und Wohlstand, hinter Sensationen und Sekundär-Kontroversen zu seinem literarischen *ceterum censeo* wird: Sein Werk ist zur Chronik der nicht vollzogenen Umkehr geworden! Am Anfang überwog dabei noch die Hoffnung. Spätestens seit den ›Ansichten eines Clowns‹ sind es Enttäuschung, Schmerz, ja Verbitterung, die überwiegen, und wer seine literarischen Absichten nicht so zu deuten vermag, der lese ergänzend seine politischen Reden und Aufsätze.

Man muß fragen, was Heinrich Böll und gleich ihm all die Menschen erwartet hatten, die sich nach 1945 wie erlöst rückhaltlos in irgendein Engagement gestürzt hatten, sei es Politik gewesen oder Publizistik, Kirche oder Welt, Wissenschaft oder Wirtschaft. Woher rührt ihre Enttäuschung, und weshalb wurden nicht die schlechtesten in unserem Land zu beunruhigten Gegnern des etablierten Konformismus?

Es gab doch so etwas wie die Gnade des Neubeginns. Man war doch voll guten Willens und wollte Fehler und Unrecht nach Kräften wiedergutmachen. Es gab viele Ansätze, die Einsicht und Vernunft, Demut und Mut zur Umkehr verrieten. Weshalb nur kam es so anders – und so bald schon? Der ersten Enttäuschung folgte die zweite und dritte. Bald hörte man auf zu zählen, und Mitte der fünfziger Jahre schon war alles wieder verwischt, die Ansätze verkümmert, Mut und Wille erlahmt. Von da an waren und blieben Staat und Gesellschaft muffig und und abgestanden, versteinerten sich zusehends, wurden frömmlerisch, mittelmäßig und selbstzufrieden; restaurativ in ihrem militanten

Anti-Intellektualismus und peinlich in ihrer kleinbürgerlichen Großmannssucht.

Dieses Resultat ist desolat für Menschen, die wie Heinrich Böll gehofft hatten, daß nach den Schrecknissen der Hitlerzeit eine Zeit kommen würde, in der sich Glauben und Liebe, Hoffnung und auch Ehrfurcht erneuern würden. Statt dessen *liebt* man nun, wie es die Illustrierten vorschreiben, *glaubt*, was in der ›BILD-Zeitung‹ steht, *fürchtet*, was die Ruhe stören könnte, und *hofft* auf die nächste Totoquote.

Die Enttäuschung über diese gespenstig rasche Normalisierung hat viele Bürger dieses Landes dazu gebracht, die Bewältigung der Nach-Hitler-Zeit verloren- und ihr eigenes Engagement aufzugeben. So wuchs die Mehrheit, die vergessen wollte, und die Minderheit, die nicht vergessen konnte, isolierte sich immer mehr und engagierte sich, nun, da die Bewältigung mißglückt war, ersatzweise an der Nichtbewältigung.

Das hat uns abermals in die wohlbekannte Sackgasse verbitterter Positionskämpfe geführt, in denen sich »Macht und Geist«, Konformisten und Nonkonformisten gegenüberstehen. Im öffentlichen Bewußtsein feiert das doppelte, in sich widersprüchliche Hirngespinst fröhliche Urständ: Einerseits ist Politik im Volksmund nach wie vor ein »garstig Lied«, wenn aber andrerseits die engagierte Literatur an Machtmißbrauch in Staat und Gesellschaft Anstoß nimmt, dann empfindet hierzulande der Mann auf der Straße eben dies als ein die öffentliche Ruhe und Ordnung gefährdendes Element. Nicht einmal dieses ebenso unlogische wie zählebige Klischee haben wir endgültig in den Papierkorb unserer obrigkeitsstaatlichen Vergangenheit geworfen!

Statt dessen leben nun auch heute wieder Politik und Intellektuelle davon, daß sie einander verdächtigen und verächtlich machen – und bis zur Stunde leben sie nicht schlecht davon: Der Volksvertreter, der des Beifalls und der Stimmen seiner Zeitgenossen sicher sein kann, wenn er nur seiner Abneigung (und seinem Unverständnis!) für die »zersetzende Nachkriegsliteratur« urwüchsig Luft macht, und desgleichen der nonkonformistische Schriftsteller, wenn sich seine steigende Verbitterung über die konformistische staatliche und gesellschaftliche Ordnung in steigende Auflagen und gut dotierte Preise umsetzt.

Heinrich Böll hat auf dem Höhepunkt seines Lebens und Schreibens ein gutes Gespür dafür, daß es so nicht weitergehen sollte, daß diese Alternative zu simpel ist und zu kläglich und daß es nicht weiterhilft, sich ausschließlich am Versagen der Mehrheit zu engagieren.

Denn was auch immer in den letzten 20 Jahren schiefgegangen sein mag, in keinem Fall waren es immer nur die anderen, die daran schuld waren. Für ein glaubwürdiges Engagement des Anti-Zeitgenössischen reichen auf die Dauer Enttäuschung, Verbitterung und Verachtung nicht aus, und noch nie haben sich Probleme allein dadurch bewältigen lassen, daß man sich an ihrer Nichtbewältigung ereifert. Das verhärtet, vereinfacht und entmutigt – statt zu klären, zu inspirieren und zu läutern.

Es ist gut zu wissen, daß Heinrich Böll nach einem Ausweg sucht, denn wenn er vorhat, künftig über »Liebe und über Religion« zu schreiben, dann heißt das noch lange nicht, daß er sich damit vom Engagement dispensieren will; dann ist das noch keine Fahnenflucht vor der Wirklichkeit, vielmehr könnte es auch durch Einsicht und Erfahrung zugewachsene schriftstellerische Vitalität sein. Ich wüßte nämlich keine Themen, die dringlicher des antizeitgenössischen Engagements bedürften als die von Böll gewählten.

Wer es damit versuchen will, der bedarf allerdings mehr als der Gabe, mit dem Wort umgehen zu können. Er bedarf einer Feder, die sich freigeschrieben hat von aller zeit- und gesellschaftskritischen Vereinfachung und sich gegen Nur-Gags sträubt. Dazu bedarf es eines Autors, der gelernt hat, sich von seinen eigenen Nöten, Animositäten und Aversionen zu abstrahieren, der abwarten kann und nicht aufgibt. Kurzum: Dazu gehört ein Mensch, der glaubt und liebt.

Es wäre hoffnungsvoll, wenn sich für und durch Heinrich Böll dieser Weg öffnete. Das Alles-auf-einmal-Gutmachen konnte wohl nicht gelingen, einem einzelnen nicht und einem Volk erst recht nicht. Das ist eine wichtige Einsicht für Menschen, die sich – motiviert durch die Schrecknisse der Hitlerzeit – dafür engagiert haben, daran verzehrten, darf man wohl ausnahmsweise sagen. Diese Einsicht verlangt Konsequenzen, denn der Rückfall in autoritäre Reaktionen und Gegenreaktionen hat schon begonnen.

Angesichts der Besorgnis über diese Entwicklung ist es gut zu wissen, daß es einen Heinrich Böll gibt, der kein »Schreihals vom Dienst« sein sein will und der nicht ablassen kann, zu glauben und zu lieben.

Eine Erfindung wie das Schweigen, das der Dr. Murke sammelt, gelingt einem Schriftsteller nur selten. Das ist eine Idee von schwejkischem Format: das bißchen Stille in der dauernden Berieselung, die auf Tonband gebannten Atempausen, die der Techniker herausschneidet, aneinanderzureihen und zusammenzukleben und schließlich abzuhören – gesegnete Ruhe und vernichtendes Urteil zugleich.

Denn der arme Doktor Murke, der sich jeden Morgen im Rundfunkhaus frischen Mut macht, indem er mit dem Paternoster-Aufzug über die oberste Etage hinaus das Nichts des Dachgeschosses durchfährt, ist auch der Richter der Welt, in der er leben muß. Genauer gesagt, das *Establishment*, das, ohne genannt oder genauer beschrieben zu werden, die ganze schöne Geschichte durchwebt und der Urgrund der Angst ist, welche den Doktor Murke peinigt und ihn dazu treibt, sich in sein gesammeltes Schweigen zu flüchten. Das Establishment wird dabei nicht einmal als besonders bösartig gezeigt; seine Vertreter, Männer mit Namen wie Bur-Malottke, lassen allerdings ahnen, wessen es fähig sein könnte, wenn wieder einmal eine große Zeit anbräche.

Das Hintergründige an der Geschichte hebt sie über die grandios-groteske Story-Idee hinaus auf die Ebene großer sozialer Kritik. Die Kritik ist nicht besonders kaschiert, obwohl Böll diese Art Versteckspiel liebt; in einem Gespräch über seine Arbeitsmethoden erwähnt er, daß der Roman besser noch als die Erzählung ein »Versteck« sei, in dem man Worte und Ideen verstecken könne, von denen man hofft, daß der Leser sie finde.

Es wäre deshalb verfehlt, zu glauben, Böll empfehle die Flucht des Doktor Murke in sein gesammeltes Schweigen als Rezept gegen das, was uns belastet und quält – wie denn auch Hašek den Schwejkismus nicht als Lösung der großen, die Menschheit bedrängenden Fragen gedacht hat. Im Gegenteil: Böll verlangt, daß gesprochen wird, laut und deutlich, und daß besonders der Schriftsteller ausspreche, was ist.

In einer Zeit, in der es Mode geworden ist, mit vielen Worten so wenig wie möglich oder gar nichts zu sagen, ist ein Mann, der dem Wort Gewicht zumißt und sich selbst eine Verantwortung dafür, eine erfreuliche Erscheinung. Von dem Willen zur Aussage ist beim Schriftsteller, beim Romancier, nicht trennbar der Wille zum Erzählen; Böll erzählt tatsächlich; seine Menschen sind Menschen, nicht Schemen; sie haben Schicksale, sie entwickeln sich; da gibt es Anfang, Mitte, Ende, Schürzung des Knotens, Spannung; und auch dort, wo er kunstvoll die Zeiten ineinanderschachtelt, das Thema mal durch die eine, mal durch die andere seiner Personen betrachtet, ist die Form immer nur Mittel zum Zweck, bleibt primär die Erzählung, die allerdings vielschichtig genug ist und mitunter in Tiefen vorstößt, vor denen manch anderer zurückscheut.

Es ist interessant, Bölls Architektur zu verfolgen: wie da die Elemente miteinander verflochten sind; nichts sticht leer in den Raum, nichts hängt über, die Schicksale sind verknüpft und spitzen sich zu auf den Punkt der Katharsis. Das ist bewußte Arbeit, und Böll hat uns einiges von seiner Arbeit berichtet, von den farbigen Tabellen, die er sich anfertigt und auf denen die drei Schichten erscheinen, die er in seinen Romanen hat: die reale, das heißt die Gegenwart; die Reflektiv- oder Erinnerungsebene; die Ebene der Motive.

Die Verantwortung für das Wort ist unter anderem die Verantwortung für das richtige Wort. Das Risiko ist groß. Der kleinste Versager kann Verlust des gesamten bisher mühsam Erworbenen, des Rufes, bedeuten. Böll vergleicht einmal, zunächst schockierend, die Arbeit des Schriftstellers mit der des Einbrechers, »der in tödlicher Einsamkeit nachts den Tresor aufknackt ... Schriftsteller und Dichter setzen mit jeder neuen Arbeit ... alles, was sie bisher geschrieben haben, aufs Spiel: es ist das Risiko, den Tresor leer zu finden, geschnappt und um den Ertrag aller früheren Einbrüche gebracht zu werden ...«

Ja, es stimmt schon, wir sind wie Einbrecher. Immer wieder, in tödlicher Einsamkeit, versuchen wir einzubrechen in die Bereiche der menschlichen Seele, und wehe uns, wenn wir sorglos arbeiten.

Die Verantwortung für das Wort ist aber auch die Verantwortung für das wahre Wort, selbst wenn die Wahrheit unbequem ist. Was die Wahrheit den Schriftsteller kosten kann, weiß Böll: Er berichtet von Wolfgang Borchert, der, zwanzigjährig, sechs Wochen in der Todeszelle hockte einiger Briefe wegen, in denen er seine Meinung über Hitler und den Krieg geschrieben hatte. Böll verlangt vom Schriftsteller ein gutes, scharfes und vor allem unbestechliches Auge, mit dem er sogar Dinge erfaßt, die in seinem optischen Bereich noch nicht aufgetaucht sind.

Er wendet sich gegen jene, die sich eine Binde vors Auge legen lassen oder sich, je nach Wunsch und Bedarf, eine rosarote, blaue oder schwarze Brille aufsetzen lassen. »Rosarot wird gut bezahlt, es ist meistens sehr beliebt . . ., und wenn es gerade beliebt ist, wird auch Schwarz gut bezahlt.« Und das in Deutschland! . . . »Wir leben im Lande der Opportunisten«, stellt Böll fest, »man weicht den Entscheidungen aus . . .« Aber: ». . . es wird sich jene Instanz melden, die beim Namen zu nennen schon verdächtig geworden ist: das Gewissen.«

Böll, katholisch geboren und geblieben, schlägt sich viel mit seinem Gott und seiner Kirche herum. Fest und unerschütterlich bei ihm ist der Glaube an die Macht des Gewissens, zumindest seines eignen.

Also die Wahrheit. Aber ist die Warheit immer gleich wahr, ist sie erkennbar, vor allem für den Schriftsteller, der doch verantwortlich ist, erkennbar? Der Schriftsteller kann irren, sagt uns Böll, »aber in dem Augenblick, wo er, was sich später als Irrtum herausstellen mag, ausspricht, muß er glauben, daß es die reine Wahrheit ist«. Die Alternative wäre, zu schweigen – die Lösung des Doktor Murke also, die weder für Böll noch für irgendeinen von uns eine Lösung ist.

Und nun geschieht das Märchenhafte: Böll, der in seinem Teil Deutschlands nach bestem Wissen und Gewissen die Wahrheit schreibt und sich keine Binde ums Auge legen und keine wie immer gefärbte Brille auf die Nase setzen läßt, findet den Beifall desselben Establishment, das er in seinen Romanen und Erzählungen immer wieder und von immer wieder anderen Gesichtspunkten her angreift und bloßstellt. Es gibt kaum ein Buch von ihm, das nicht von einer staatlichen oder städtischen Stelle mit Preisen ausgezeichnet worden wäre – sie belohnen den Brillenlosen, Scharfsichtigen, Scharfzüngigen; und er fühlt sich ein wenig unwohl dabei, was ist los?

Er nimmt den Preis an und hält eine Rede im Grunde gegen die Spender des Preises. »Der Schriftsteller, der sich dem Mächtigen beugt, sich gar ihm anbietet, wird auf eine fürchterliche Weise kriminell . . ., verrät all die, die seine Sprache sprechen . . .«

Es nützt nichts, sie belobigen ihn weiter. Ah, sie sind schlau geworden westlich der Elbe. Sie haben gelernt, daß man den Propheten auch ersticken kann, indem man ihn umarmt oder, wie Böll es ausdrückt: »Indem man den natürlichen Gegner für schön erklärt, ihn poliert, ins Museum hängt, sperrt man ihn in ein allerdings sehr komfortables Gefängnis.«

Aber das Wort ist mächtiger als alle Mauern, auch die der Museen. Das Wort, getragen von der Leidenschaft des Schriftstellers, der die Welt sieht, wie sie ist und wie sie sein könnte, und der sie daher zu verändern wünscht, ist frei und wird bleiben.

Darum ist auch das, was Böll uns gesagt und geschrieben hat, bleibend.

ERNST FISCHER
Engagement und Gewissen

Die finsteren Zeiten haben, je mehr das Werk des liebenswerten Heinrich Böll ins Große wuchs, aus den Trümmern von einst künftigen Trümmern entgegen, den für einen Deutschen höchst ungewöhnlichen Humor dieses Schriftstellers aufgezehrt. In seiner Studie ›Über den Roman‹ hat Böll 1960 notiert, der moderne Roman

»scheint tatsächlich den Humor verloren zu haben. Das hat seine Ursachen. Die Atempausen zwischen den Katastrophen waren zu kurz, ihn wiederzufinden, und schon tritt eine neue Bedrohung auf, die alle bisher geträumten Vernichtungsträume zu harmlosen Alpträumen degradiert ... Der Fortschritt ist absolut humorlos, weil er den Optimisten ausgeliefert ist. Wer im Angesicht solcher Bedrohung nicht Selbstmord begeht, lebt entweder automatisch weiter, auf Grund jenes törichten Optimismus, den etwa eine Uhr ausströmt, indem sie weitertickt – oder muß jenes Gran Humor besitzen, das ihn wenigstens zeitweise des Gefühls der eigenen Wichtigkeit enthebt.«

Wie Theodor W. Adorno von einer »erhabenen Ironie« (in ›Wanderers Nachtlied‹) spricht, wagt Böll, den Humor »erhaben« zu nennen, »und ein Künstler sollte, gerade weil er einer ist, fähig sein, auch über seine Kunst erhaben zu sein, und diese Erhabenheit darf er getrost in seine Mitteilung einflechten«.

In andrem Zusammenhang sagt Böll, daß Charles Dickens »sehr gute Augen« hatte, »die Augen eines Menschen, die normalerweise nicht ganz trocken, aber auch nicht naß sind, sondern ein wenig feucht – und das lateinische Wort für Feuchtigkeit ist: Humor«. Auch Heinrich Böll hat sehr gute Augen, die Fähigkeit, das scheinbar unbedeutende Detail und das noch (oder schon wieder) Unsichtbare zu sehen – doch in seinen letzten Romanen ist (ich mag mich täuschen) die Träne verdunstet; es blieb das Salz, das man in Wunden streut.

Da sitzt ein weißgeschminkter Clown auf der Bahnhofstreppe; sein Gesicht ist das Gesicht eines Toten, »vollkommen weiß, kein Strich schwarz, kein Tupfen rot, alles weiß, auch die Braue überschminkt; mein Haar sah darüber wie eine Perücke aus, mein ungeschminkter Mund dunkel, fast blau, die Augen, hellblau wie ein steinerner Himmel, so leer wie die eines Kardinals, der sich nicht eingesteht, daß er seinen Glauben längst verloren hat ...« So sitzt er auf der Bahnhofstreppe und singt. Ein Groschen fällt in seinen Hut.

Da taumelt ein Neurotiker durch das wieder in Wohlstand und demokratischer Gesinnung prangende Köln – einer, der einst in der Deutschen Wehrmacht, »vom Schießen befreit«, als Fäkalienträger seine Erziehung zum deutschen und zum Menschen überhaupt, seine »Menschwerdung« erlebt hatte – und den nun, wenn irgendwelche Flugzeuge über der Stadt erscheinen, ein plötzliches, fast epileptisches Zucken überfällt. »Daß ich manchmal beim Anblick von Baggern ins gleiche Zucken verfalle, vor mich hinflüstere ›Arbeit macht frei‹, veranlaßte neulich einen jungen Mann, hinter mir herzusagen: ›Auch so einer.‹ Da ich – eine Folge der Kopfverletzung – auch noch stottere und nur Gesungenes mir glatt von den Lippen strömt, und was böte sich zum Singen Geeigneteres als der Vers ›Deutsche Frauen, deutsche Treue, deutscher Wein und deutscher Sang‹, blieb mir ohnehin manches ›Auch so einer!‹ nicht erspart.«

Denn die nicht »vom Schießen befreit« waren und nicht zur Strafe Fäkalien zu tragen, sondern in Ehren Menschen anzuzeigen und umzubringen hatten, sind wieder obenauf, lallen nicht das alte, sondern schmettern das neue, gesäuberte, demokratisch zurechtgestutzte Deutschlandlied. Deutschland ist enttrümmert, das heißt, die Trümmer sind unsichtbar geworden, verhüllt von einer neuen, auftrumpfenden Architektur, und daß Gespenster umgehn, wie Henriette – »sie war sechzehn, als der Krieg zu Ende ging, ein schönes Mädchen, blond, die beste Tennisspielerin zwischen Bonn und Remagen« –, im Februar

1945 zur Flak geschickt, in den Tod, so rasch und reibungslos, als mache sie einen Schulausflug, daß die unaufgefundenen Überreste der Toten allgegenwärtig sind, daß dem Wohlstand der Geruch der Verwesung anhaftet, will der Normaldeutsche nicht wahrhaben, doch die »Trümmerliteratur« erinnert ihn daran.

›Was will das Gespenst?‹ nannte Goya eine der höllischen Visionen, der monochromen Gemälde im ›Landhaus des Tauben‹. Böll fragt nicht, er *weiß*, was die Gespenster von ihm wollen; von Anfang an war er also ein »engagierter« Schriftsteller. Es war und ist ein »Engagement« gegen die Mächte der Deformation, die äußeren und die inneren, für die Menschen, die selbst in ihrer Entstellung noch einen Rest »mißglückter Zukünfte« bewahren. In den ›Ansichten eines Clowns‹ wird ohne Pathos gesagt: »Merkwürdigerweise mag ich die, von deren Art ich bin: die Menschen. Wenn einer von meiner Art stirbt, bin ich traurig.« Mensch ist kein »stolzes Wort« mehr, wie noch Gorki schrieb; es ist »merkwürdig« geworden, diese Art von Lebewesen zu mögen, *trotzdem* zu mögen.

Der Un-Held Bechtold, einrückend gemacht zur Deutschen Wehrmacht und, nach seinem Beruf gefragt, wahrheitsgemäß, doch leichtfertigerweise erwidernd »Student der Philologie«, wurde »auf Grund der sattsam bekannten Achtung der Deutschen vor jeglicher Art und Abart geistiger Beschäftigung in die fäkalischen Gefilde verdammt, um dort ›ein Mensch zu werden‹«... Wenn er zwischendurch einen Haufen verfaulter Kartoffeln aussortierte und in die Küche brachte, erteilte der Küchenchef ihm und seinem Kameraden Engel den »Schneckensegen«, »das heißt, wir mußten uns auf den schmierigen Boden werfen, rund um den riesigen Herd kriechen, durften dabei den Kopf nur so weit über den Boden erheben, wie notwendig war, das Gesicht vor Schürfungen zu bewahren«.

Oder, »in der Mitte unseres Idylls«, die Gefallenengedenktafel: »Hildegard Schmöler, geborene Bechtold ... Ihre sterblichen Überreste wurden nie gefunden ... Engelbert Bechtold, genannt Engel ... Seine sterblichen Überreste wurden nie gefunden ... Anton Bechtold ... Seine sterblichen Überreste wurden nicht gefunden ...«

All diese Unaufgefundenen sind die Gespenster, die Böll nicht zur Ruhe kommen lassen, damit er die Lebenden beunruhige – und derlei noch Humor zu nennen, ist ein Wagnis; es ist der Humor des Hamlet, des Narren im ›König Lear‹ oder des Clov im ›Endspiel‹, dieser erhabene, erschreckende Humor, der die Verzweiflung artikuliert und daher überschreitet.

Bücher können faszinieren, erregen, erbittern, langweilen und mancherlei andres – doch daß man einen Autor einfach liebhat von der ersten bis zur letzten Zeile, in seinen schwächeren und in seinen Meisterwerken, ist ein ungewöhnlicher Fall. Heinrich Böll hat diese elementare *Sympathie* seiner Millionen Leser gewonnen, der naiven und der anspruchsvollen, der unbefangenen und der reflektierenden. Die Freude an diesem Autor hängt gewiß auch mit seiner literarischen Entwicklung zusammen, mit der zunehmenden Fülle, Intensität und Konzentration seiner Ausdrucksmittel, mit seinem steten, mitunter sprunghaften Größerwerden.

In der Erzählung ›Das Abenteuer‹ (1950) prägen nur zwei Stellen sich ein: die Verschmelzung der Bilder in der Erinnerung, »das sich langsam vergoldende und das wirkliche«, und das Auftauchen des Geistlichen aus dem Halbdunkel der leeren, verfallenen Kirche. In seinen späten Romanen (sofern man bei einem Fünfzigjährigen von »spät« sprechen darf) gibt es nur wenige Stellen, über die man unbetroffen hinwegzulesen vermag. Ich weiß nicht, ob diese späten Romane »populärer« sind als die frühen Erzählungen. Auf die törichte, vielleicht auch hinterhältige Frage: »Wollen Sie so viele Leser wie möglich erreichen und, falls ja, beeinflußt dieser Wunsch sie vielleicht, eine populäre Art des Schreibens zu wählen?« hat Böll mit bewunderungswürdiger Höflichkeit geantwortet:

»Ich weiß einfach nicht, was der Terminus populär bedeutet. So viele Autoren sind populär und so verschieden, von Tolstoi über Hemingway bis Sienkiewicz, und das merkwürdige ist, daß so verschiedene Autoren bei denselben Lesern populär sind. Ich glaube, daß kein Autor, dem dieses Prädikat mit Recht zukommt, auch nur die geringsten Konzessionen macht.«

Böll *ist* »populär« wie kein zweiter deutscher Schriftsteller. Er hat niemals Konzessionen gemacht. Er war und ist von Werk zu Werk ein unbefangen Lernender, das Ensemble seiner künstlerischen Mittel, seiner formalen »Kunstgriffe« Erweiternder, über seine Kunst, die Vielfalt ihrer Möglichkeiten, das Ineinandergreifen von Assoziation und Bewußtsein, von Detail und Gesamtheit intensiv Nachdenkender. Alle Entdeckungen (oder Wiederentdeckungen) der modernen Prosa, von Parallelismus und Verfremdung bis zur Gleichzeitigkeit des Vergangenen, Gegenwärtigen und Künftigen, zum Entschwinden und zur Wiederkehr von Motiven, werden angewandt, und immer ist es das Wie, das mehr bedacht wird als das Was. Es ist nicht meine Absicht, die ›Ansichten eines Clowns‹ oder die ›Entfernung von der Truppe‹ literarisch zu analysieren; ich möchte nur auf die enorm *musikalische* Gliederung dieser Werke hinweisen, zum Unterschied von der streng *architektonischen*, die der Nouveau Roman bevorzugt.

Das »Engagement« des Schriftstellers, das Böll anerkennt, seine Verantwortung nicht nur für die Qualität seiner Kunst, sondern für ihre gesellschaftliche Wirksamkeit, ist weit entfernt von »Propaganda«, von der Illustration ideologischer oder politischer Thesen. Das *Wort* ist Verantwortung, nicht nur als Zeichen für einen »Inhalt«, sondern in seiner rätselhaften Gesamtheit als Sinn, Klang, Herkunft und Hinweis, wechselnde Valenz in einem sprachlichen Bezugssystem. Daß die Sprache nicht dazu diene, die Wirklichkeit zu verstellen, durch eine Hierarchie von Wortgespenstern die Macht des Nicht-mehr-Wirklichen, Erstarrten, Toten zu sichern, sondern daß sie dem Wirklichen entspreche, daß sie Geheimes aufdecke, Wesentliches bedeute, ist die mehr als ästhetische Forderung des Schriftstellers an sich selbst. »Die Sprache kann«, sagte Böll 1958, »der letzte Hort der Freiheit sein.«

Als *sprachliches* Gewissen vereinigt sich die künstlerische mit der gesellschaftlichen Verantwortung; wenn es auch nicht unbedingt vor politischer Gewissenlosigkeit bewahrt, ist doch der Verfall des Gewissens oft als Verfall des Worts, als Widerstand der Sprache gegen ihren Mißbrauch erkennbar. Ich denke zum Beispiel an die ehemaligen Schriftsteller John Steinbeck und Michail Scholochow, in deren Romanen ›Früchte des Zorns‹ und ›Der stille Don‹ Sprache und Gewissen, Literatur und Wirklichkeit übereinstimmten. Aus welchen Gründen immer sie aufgehört haben, die Wirklichkeit mit eigenen Augen und nicht durch die Brillen der Mächtigen zu sehen – daß der eine »Revolutionäre Justiz«, also den Tod, für Sinjawski und Daniel forderte, der andre an Bombenangriffen gegen das Volk von Vietnam mitwirkte, steht in Wechselwirkung mit dem Verfall ihrer literarischen Qualität. Ein guter Charakter genügt nicht, um ein guter Schriftsteller zu sein; doch die Korrumpierung durch den Konformismus, also die Preisgabe dessen, was den Charakter *als Schriftsteller* ausmacht, disqualifiziert auch das Talent. Der auf solche Weise die »ungeschriebenen Gesetze« des Schriftstellers Brechende mag sich auf Ideologie,

Parteilichkeit, »höhere Interessen« berufen – die Sprache bringt es an den Tag.

Böll wurde gefragt: »Sind Sie der Meinung, daß ein Autor in seinem Werk zu politischen oder sozialen Fragen Stellung nehmen soll?« Antwort: »Es ist gewiß nicht die Pflicht des Autors, zu solchen Fragen Stellung zu nehmen. Es gibt keine verbindlichen Regeln, die den Autor zwingen, einer bestimmten, meist oberflächlichen Vorstellung von Aktualität zu folgen . . .«

Der diese Antwort gibt, ist ein zutiefst »engagierter« Schriftsteller. Eben darum ist er nicht bereit, »verbindliche Regeln« der »Aktualität« anzuerkennen. Jede Partei braucht Publizisten, um ihren jeweiligen Standpunkt darzulegen und zu erläutern und der jeweiligen Vorstellung von Aktualität zu folgen. Jedes gesellschaftliche System braucht, um nicht zu erstarren und zu verkommen, den ungebundenen, doch »engagierten« Schriftsteller, um über die Aktualität hinaus die Wirklichkeit wahrzunehmen. Jede Instanz, die Literatur reglementiert, dem Schriftsteller Thema, Gesinnung, Gestaltung vorzuschreiben sich unterfängt, hemmt die gesellschaftliche Entwicklung. Seine *gesellschaftliche Funktion* (es sei mir gestattet, das oft mißbrauchte Wort zu verwenden) kann nur der Schriftsteller selbst bestimmen. Und diese seine nicht konstante, sondern variable Funktion ergibt sich aus dem, was er *sieht*, der *Seher* welcher *Wirklichkeit* er ist.

Heinrich Böll war einer der ersten, die in einem *zertrümmerten* Land zu sehen wagten, was zwar alle sahen, doch nur als einen Irrtum der Geschichte, nicht als Konsequenz eines Irrwegs, nicht als Wirklichkeit anerkannten. Die aus dem Krieg Heimgekehrten fanden etwas vor, das dem Wort »Heimkehr« nicht entsprach. Trümmer sind kein Heim; sie sind das Unheimliche, das zu enträtselnde Geheimnis. Solche Trümmer fand Böll vor, und sie zur Sprache zu bringen, war sein Unterfangen. »Merkwürdig, fast verdächtig war mir der vorwurfsvolle, fast gekränkte Ton, mit dem man sich dieser Bezeichnung (›Trümmerliteratur‹) bediente; man schien uns zwar nicht verantwortlich zu machen dafür, daß Krieg gewesen, daß alles in Trümmern lag, nur nahm man uns offenbar übel, daß wir es gesehen hatten und sahen, aber wir hatten keine Binde vor den Augen und sahen es.«

Die bloße Nennung des Wortes Wirklichkeit löst, wie Böll konstatiert, »im allgemeinen Unbehagen aus«. Nicht nur, weil das Wort »nach Zahnarzt« klingt, also nach etwas, das man wegschiebt, hinausschiebt, durch schmerzstillende Mittel verscheucht, sondern auch, weil es fragwürdig, vieldeutig ist. Wirklichkeit ist ungleich mehr als eine Summe von Tatsachen, Augenblicken, Ereignissen, sie ist ein vieldimensionales Ensemble, »dem Menschen aufgegeben, eine Aufgabe, die er zu lösen hat«. Keine noch so exakte Wissenschaft vermag die Wirklichkeit, deren Mitwirkende die Menschen sind, zu dechiffrieren; denn: »Auch unsere Phantasie ist wirklich, eine reale Gabe, die uns gegeben ist, um aus den Tatsachen die Wirklichkeit zu entziffern.« Und stets tritt die Frage hinzu: *Welche* Wirklichkeit? *Wessen* Wirklichkeit? Die des Mathematikers oder Naturforschers ist nicht dieselbe wie die des Schriftstellers, des Künstlers; die des Neandertalers nicht dieselbe wie die des Zivilisierten; und objektive Wirklichkeit als *Totalität* ist die verwegenste aller philosophischen Fiktionen. Vom *Sehen* aus, vom »menschlichen und unbestechlichen«, entdeckt Böll die Wirklichkeit einer zertrümmerten, aus den Fugen gegangenen Welt – *unsre* Wirklichkeit.

»Das Wirkliche liegt immer ein wenig weiter als das Aktuelle: um einen fliegenden Vogel zu treffen, muß man *vor* ihn schießen ... Aus dem Aktuellen das Wirkliche zu erkennen, dazu müssen wir unsere Vorstellungskraft in Bewegung setzen, eine Kraft, die uns befähigt, uns ein Bild zu machen. Das Aktuelle ist der Schlüssel zum Wirklichen. Jene, die das Aktuelle für das Wirkliche halten, sind oft sehr weit davon entfernt, das Wirkliche zu erkennen ... Das Wirkliche *ist* phantastisch – aber man muß wissen, daß unsere menschliche Phantasie sich immer innerhalb des Wirklichen bewegt.«

Erinnerung, »die Kunst, die nur von wenigen beherrscht wird«, und *Phantasie*, die produktiv assoziierende und antizipierende Erinnerung, wirken zusammen, um das Aktuelle, des Jetzt und Hier, zum Wirklichen zu verdichten, zur Wirklichkeit zu erweitern.

Auf solche Art *sehen*, erinnern, nach dem fliegenden Vogel zielen, heißt *Stellung nehmen*, von einem Standpunkt aus, der weder vorbestimmt noch unverrückbar ist. Immerhin: Eine Welt, deren Zertrümmerung wir miterlebt haben, können wir nicht nur ästhetisch betrachten, wie der Tourist die Ruinen einer Ritterburg oder assyrischer Paläste. Die Trümmer sehend, nicht nur zerstörte Städte, sondern den Menschenschutt, eine zerbrochene Nation, die sich selbst zu vergessen oder von Schuld freizusprechen bemüht war, wurde Böll zur Stimme der Verschollenen und Verschütteten. Er hat sein »Engagement« als deutscher, christlicher, humanistischer Schriftsteller auf sich genommen: Literatur als Verantwortung.

Der Problematik eines solchen »Engagements« ist dieser unbeirrbar aufrichtige Schriftsteller sich wohl bewußt. Die Kirche, zu der er sich bekennt, vermag über Kunst nicht zu urteilen; daß sie daher die Kunst nicht mehr kontrolliert, erweitert die Möglichkeiten und steigert die Verantwortung des Künstlers, der ein Christ ist. »Er fühlt sich durch kirchliche Urteile einfach nicht mehr betroffen, da diesen Urteilen im positiven wie im negativen Fall notwendigerweise die Differenzierung fehlt und die Kompetenz in keinem Fall nachgewiesen wird. Er ist allein und hat doch mit Dämonen zu tun, mit guten und bösen Geistern, die das Geheimnis bewachen; wird er seine Kunst verraten oder den Gott, zu dem er sich bekennt, und wird er nicht, wenn er die Kunst verrät, wenn er weniger zurückgibt, als ihm gegeben ist, Gott verraten? ... Solange das Geheimnis der Kunst nicht entziffert ist, bleibt dem Christen nur ein Instrument: sein Gewissen; aber er hat ein Gewissen als Christ und eins als Künstler, und diese beiden Gewissen sind nicht immer in Übereinstimmung. Diese Problematik betrifft nicht nur die Christen, sie betrifft alle Künstler, die eine Verbindlichkeit außerhalb ihrer Kunst anerkennen. Schaffen sie die Kongruenz der beiden Gewissen gewaltsam, so leidet die Kunst Schaden. Ein Beispiel ist die Literatur und Malerei des sozialistischen Realismus, und wenn diese Kongruenz gewaltsam hergestellt wird, stellt sich heraus, daß sie, indem sie Kunst verletzten, auch den Inhalt verletzten, dem zuliebe sie die Form vernachlässigten. Es bleibt ein Geheimnis, wie beides zu verbinden sei; man kann nicht halbwahr sein, kann nicht die Form an den Inhalt preisgeben, ohne zugleich den Inhalt zu verraten. So bleibt das Dilemma, Christ zu sein und zugleich Künstler und doch nicht christlicher Künstler ...«

Erwägungen solcher Art machen den Künstler jeder Konfession liebenswert. Das Geheimnis der Kunst wird nie zur Gänze entziffert sein (trotz aller Erwartungen einer avancierten Wissenschaft). Aber auch das Gewissen ist so rätselhaft, zweideutig, vieldeutig wie die Identität des Menschen mit sich selbst. Wessen Stimme ist es? Wie viele Stimmen sind da vermischt, wie viele Jahrtausende, Jahrmillionen fluten ineinander? Doch wie immer es sei, auf diese Stimme, auf diese Stimmen nicht zu hören, ist Verzicht auf ein Organ, dessen der Künstler bedarf, um von Situation zu Situation neu zu entscheiden.

In dieser Welt, in der Recht und Unrecht, »Fortschritt« und »Rückschritt«, Absicht der Dirigenten und Automatik der Apparatur einander so mannigfaltig durchkreuzen, in der heute ein

Entschluß, ein Ereignis im wesentlichen progressiv zu scheinen vermag, um morgen oder übermorgen seine Negativität hervorzukehren, gibt es keine *Normen*, durch welche dem einzelnen die Entscheidung abgenommen wird. Mag für den Angehörigen dieser oder jener Gemeinschaft ein Programm oder Führungsgremium entscheiden (was an Wendepunkten der Entwicklung fragwürdig wird) – der Schriftsteller ist in jeder Entscheidung *allein*, repräsentiert den permanenten *Ausnahmezustand*, in dem wir alle uns befinden. Als *Gestaltender* gehorcht er dem Zwang der Wirklichkeit und nicht dem Gebot der Norm – widrigenfalls die gestaltende Kraft sich ihm versagt. Für den auf unentwegte Parteilichkeit Eingeschworenen ist immer der *andre* der Angreifer; der Schriftsteller Böll aber fragt: »Wer will je herausfinden, wo Verteidigung anfängt oder Angriff aufhört? Vielleicht werden sie in einem eleganten Flugzeug mit Atombomben über Europa kreisen, und es wird sich jene Instanz melden, die beim Namen zu nennen schon verdächtig geworden ist: das Gewissen. Auch Gewissen ist ein großes Wort, ich weiß, und die Instanz, die dieses Wort bezeichnet, ist von unzähligen, unbenennbaren Einzelheiten abhängig, aber vergessen Sie nicht: es war die Instanz, der alle jene Männer gehorchten, die sich entschlossen, Hitler Widerstand zu leisten, und die wußten, welcher Preis ihnen abverlangt werden würde; und vergessen Sie nicht, wenn die vagen und törichten Begriffe ›links‹ und ›rechts‹ Sie zu verwirren drohen: diese Männer kamen von der äußersten Linken und von der äußersten Rechten ...« Womit freilich auf die Problematik nicht nur der zum Klischee gewordenen Begriffe »rechts« und »links«, sondern auch des Gewissens hingedeutet wird.

Ob Böll in jeder Hinsicht recht hat, ist nicht das Wesentliche; daß er uns allen ein Beispiel gibt, wie »Engagement« mit unbedingter Aufrichtigkeit zu vereinigen ist (und nur dadurch überzeugt), halte ich für das wahrhaft Relevante. In diesen Zeiten wird jede nationale, ideologische, religiöse Selbstgefälligkeit zur unbeabsichtigten Selbstverhöhnung. Es gibt simple Sprichwörter, in denen mehr Weisheit steckt als in der hintergründigsten Dialektik. Ein solches Sprichwort ist: »Jeder kehre vor der eigenen Tür!« Damit *allein* ist es nicht getan: denn das Tor eines Konzentrationslagers ist *aufzubrechen*; vor ihm zu *kehren* wäre Zynismus und Heuchelei. Doch wer vor der eigenen Tür nicht kehrt, sondern nur den Dreck vor der andren sieht, verliert als »Engagé« die Glaubwürdigkeit. Der Katholik Böll wird nicht müde, von allen negativen Erscheinungen des Katholizismus, allen Deformationen der zu ihm sich Bekennenden zu sprechen. »Ich habe das oft bei Katholiken bemerkt«, heißt es in den ›Ansichten eines Clowns‹: »sie hüten ihre Schätze – die Sakramente, den Papst – wie Geizhälse. Außerdem sind sie die eingebildetste Menschengruppe, die ich kenne. Sie bilden sich auf alles was ein: auf das, was stark an ihrer Kirche, auf das, was schwach an ihr ist, und sie erwarten von jedem, den sie für halbwegs intelligent halten, daß er bald konvertiert ...« Oder an andrer Stelle: »Es ist grauenhaft, was in den Köpfen von Katholiken vor sich geht. Sie können nicht einmal guten Wein trinken, ohne dabei irgendwelche Verrenkungen vorzunehmen, sie müssen sich um jeden Preis ›bewußt‹ werden, wie gut der Wein ist und warum. Was das Bewußtsein angeht, stehen sie den Marxisten nicht nach ...«

In der Tat: Man kann nicht leichten Herzens, nicht ohne Bedenklichkeit Christ sein oder Marxist, Angehöriger einer auf Ideen, Werten, Zielsetzungen beruhenden Gemeinschaft. Erforderlich ist nicht nur die Überzeugung, daß die Gemeinschaft, der wir freiwillig angehören, trotz allen Irrtümern und Verfehlungen, der geistigen, moralischen, materiellen Entwicklung der Menschen dient, sondern auch das Eingeständnis dieser Irrtümer und Verfehlungen, die Entschlossenheit, gegen sie den Kampf aufzunehmen, die eigenen Grundsätze und Zustände stets aufs neue gewissenhaft zu überprüfen. Das unbedingte Nein! zum schlechthin Bösen wie Hitler, also der, wenn's um Sein oder Nicht-Sein des Humanen geht, notwendige Bruch mit dem Grundsatz der Toleranz, bedarf als Ergänzung der Unduldsamkeit gegen Deformation der eigenen Idee, Bewegung, Gemeinschaft. In jedes »Engagement« hat das Gewissen dreinzureden.

Mögen *Gewissen* und *Bewußtsein* häufig noch so trüb, ungenau, einander widersprechend sein, so sind doch sie, und niemals ein Gerichtshof außer uns, die letzte Instanz – nicht *nur* für den Schriftsteller, *vor allem* aber für ihn, den Seher und den Sprecher des noch Ungesehenen, Unausgesprochenen. Es geht nicht nur um »christliche Kunst« oder »sozialistischen Realismus« oder dergleichen Schablonen, sondern um die Erkenntnis, daß es ein *totales* Engagement nicht mehr gibt, in diesem gewaltsamsten und widerspruchsvollsten aller Zeitalter, daß dem Schriftsteller die schwere Freiheit auferlegt ist, jeweils auf Grund seines keineswegs unfehlbaren Gewissens und Bewußtseins zu entscheiden.

IV

Hans Schwab-Felisch
Der Böll der frühen Jahre

In seinen Frankfurter Vorlesungen von 1964 hat Heinrich Böll versucht, »an einzelnen Büchern, Themen und Thesen eine Ästhetik des Humanen zu behandeln – das Wohnen, die Nachbarschaft und die Heimat, das Geld und die Liebe, Religion und Mahlzeiten«.

Es fällt nicht schwer, sich vorzustellen, daß diese einleitenden Worte seiner Vorträge eher skeptisch aufgenommen wurden als mit intellektuell geschärfter Neugier. Eine »Ästhetik des Humanen«, die »Suche nach einer bewohnbaren Sprache in einem bewohnbaren Land« – waren das nicht Vokabeln einer fast betulich anmutenden Unverbindlichkeit, eines unzeitgemäßen, Arme ausbreitenden Olympiertums?

Im Geiste sieht man überlegen-wisserisches Lächeln im Auditorium sich breitmachen, sieht man ein gut Teil der Zuhörerschaft dazu entschlossen, den kommenden Ausführungen des Dichters mit Nachsicht zu folgen, großmütig und aufgeklärt. Und in der Tat: Einer Germanisten-Generation, die längst darauf eingefuchst ist, »Texte« nach ganz anderen Kategorien zu interpretieren, mußten die soeben vernommenen Wendungen Bölls wohl vorgekommen sein, als wären sie von einem anderen Stern zu ihr gedrungen.

Böll ist sich dieser Kluft offenbar bewußt gewesen, als er, der meist allzu rasch Verstandene, seine Überlegungen darüber anstellte, wie er seine literarischen Prinzipien und damit sich selbst einer Generation darstellen sollte, die weniger auf das Verstehen aus ist als auf kritische Anatomie. So flüchtete er sich denn sofort in die Selbstironie eines weise gewordenen Mannes, der es sich sogar leisten kann, ihr einen Unterton des Wehmütigen mitzugeben. Er sprach von seiner Gebundenheit »an die Ruhelosigkeit einer Generation, die sich plötzlich ins Großvateralter versetzt findet und immer noch nicht – wie nennt man das doch? – reif geworden ist«.

Wer will, mag dies als eine Floskel abtun. Doch kommen wir

so leichten Kaufes nicht davon. Die Selbstironie Bölls auf sich beruhen zu lassen, hieße die Krallen nicht sehen, die sich hinter seiner Sanftmut fast immer, mit Sicherheit aber hier versteckt halten. Sein Eingeständnis, nicht geworden zu sein, was man »reif« nennt, enthält unüberhörbar eine Aufforderung an die Jüngeren, ruhelos und wachsam dem zu mißtrauen, was nach allgemeiner Übereinkunft zwar »Reife« heißen mag, in Wahrheit aber Gleichgültigkeit ist – der Verlust, sagen wir es getrost, einer Kindlichkeit im christlichen Verstande.

In einer Welt, die mehr und mehr selbst einfachste Gesten einer elementaren Humanität auf weltpolitisch-soziologische Zusammenhänge projiziert, über deren barbarisches Grundmuster weiß Gott niemand mehr belehrt zu werden braucht, geraten die von Böll herausgestellten Kategorien leicht in den Verdacht, sie sollten von den Dingen selbst ablenken, obwohl sie doch, ganz im Gegenteil, das Denken auf sie zurückführen. Damit ist nichts gegen soziologische Betrachtungsweisen ausgesagt. Für jede Beurteilung Bölls aber ist es von zentraler Wichtigkeit, zu wissen, daß die von ihm entwickelte »Ästhetik des Humanen« gleichermaßen existentiell wie literarisch anwendbar ist.

Das hat sein Werk von Anfang an ausgezeichnet, ihm gleichzeitig aber auch gewisse Grenzen gesetzt. Es ist vollständig von seiner Person gedeckt, obwohl es falsch wäre, ihn in ihm immer selbst aufsuchen zu wollen. Es wächst mit ihm, und diese vollkommene – in vorstellbaren anderen Fällen nicht einmal wünschbare – Identität zwischen dem Autor Heinrich Böll und seinem Werk ist vielleicht ein Schlüssel zum Geheimnis seines Erfolges, der weder soziale Schranken zu kennen scheint noch weltanschauliche Barrieren. Böll ist glaubwürdig in dem, was er schreibt, weil er in Kunst umsetzt, was er glaubt, nicht aber, weil er in die Welt der ihn umgebenden Erscheinungen etwas aus fremden Perspektiven hineininterpretierte.

In dem Erzählungsband ›Wanderer kommst du nach Spa...‹ steht in der 1947 entstandenen Kurzgeschichte ›Die Botschaft‹ der Satz: »Da wußte ich, daß der Krieg niemals zu Ende sein würde, niemals, solange noch irgendwo eine Wunde blutete, die er geschlagen hat.« Von hier aus wird nicht nur, wie man meinen könnte, der junge Böll verständlich; dieser Satz, dem andere an die Seite zu stellen wären, hat für ihn auch heute noch eine zentrale Bedeutung. Die Wunden sind noch immer nicht vernarbt; der Krieg, in seinem hier gemeinten Sinne, ist noch lange nicht zu Ende gegangen. Dennoch – und dies ist es, was der Empörung Bölls ständig neue Nahrung gibt – haben Begriffe des Humanen, wie Wohnen, Nachbarschaft oder Mahlzeit, sich zu Trivialitäten zurückverwandelt: Nur für einen kurzen geschichtlichen Augenblick nach 1945 schienen sie in ihrer ursprünglichen und unkomplizierten Beschaffenheit wiederhergestellt. Andere, wie etwa der Begriff Heimat, sind gar aus der Zone des Verdächtigen gleich in die nächste Zone des nicht minder Verdächtigen geraten: Man hat ihnen nicht einmal Zeit gelassen, der Gleichgültigkeit anheimzufallen.

Vielleicht ist es nicht abwegig, den Katalog der »Erscheinungen des Humanen« in dieser Weise zu lesen, den Böll all seinen Überlegungen für ein Studenten-Auditorium so nachdrücklich und zweifellos sorgenvoll vorangestellt hat. Ihn mag dabei der Gedanke gequält haben, der Spiegel könnte schon blind geworden sein, in dem er selbst und seine Generation die noch bewußt erlebten Gegenbilder des Humanen zu erkennen vermögen. In ihren ohnehin immer blasser werdenden Schatten verbindet ihn und sie noch immer und trotz allem eine untergründige Solidarität; wenn nicht, so doch wenigstens die Möglichkeit zu einer Verständigung. Es hat damit zu tun, wenn Böll – in diesen Vorlesungen und andernorts – immer wieder deutlich zu machen versucht, »was es bedeutete, im Jahre 1945 auch nur eine halbe Seite deutscher Prosa zu schreiben«. Selbst wir, seine Altersgenossen, vergessen es bisweilen.

Man muß diese Ausgangsposition nicht nur für eine Beurteilung des frühen Böll im Blickfeld behalten. Sie ist bei ihm vielmehr von fortwirkender Bedeutung. Nachhaltiger, unerbittlicher, auch einengender als bei irgendeinem anderen deutschen Autor, und zwar mit all ihren Implikationen: den ästhetischen, den moralischen, politischen und gesellschaftlichen.

Bei anderen, nicht minder engagierten Schriftstellern wird der Emanzipierungsprozeß im Leben der Bundesrepublik von der Vergangenheit – oder jedenfalls das, was seine Oberflächen-Erscheinung ausmacht – mit zunehmender Intensität ablesbar. Mit wachsender Deutlichkeit erhält die Bundesrepublik und das, was wir ihre »Wirklichkeiten« zu nennen uns angewöhnt haben, in ihren Schriften ein Gepräge sui generis. Ob diese Wirklichkeiten nun abgelehnt, kritisiert oder wohlwollend behandelt werden, bleibt dabei unerheblich. Bei Böll hingegen verhält es sich anders. Auch seine in der Gegenwart spielenden Erzählungen erscheinen rückführbar auf den historischen Augenblick von

1945 und auf die Voraussetzungen, die ihn erst ermöglicht haben. Das fällt nicht immer sofort ins Auge. Aber die Vergangenheit bleibt transparent, weil die essentielle Wirklichkeit dieser Gegenwart ohne sie von Böll gar nicht gedacht und entwickelt werden kann.

Das Aktuelle, das greifbar gegenwärtige »Klima« veranlaßt ihn zum Erzählen; es beherrscht auch bei ihm die Szenerie seiner Romane und Novellen. Die Komparserie ist mit zeitgemäßer Gestik versehen, und ihre Mentalität ist angepaßt. Die Versatzstücke wechseln, und sie stehen alle an ihrem genauen, das Zeitgerechte jeweils enthüllenden Platz. Hinter allem aber schimmert das Walten des Antihumanen hindurch, das seinen Höhepunkt im Kriege gefunden hatte. Die Vergangenheit lebt fort und fort, weil die Gegenwart sich nicht von ihr freigemacht hat. Hier ist das Grundmotiv für Bölls Protest zu suchen, von dem nur oberflächliche Leser sagen können, er sei milde. Darin ist Böll ein Bruder von Karl Jaspers zu nennen.

So ähneln einander denn auch, bei wechselnder Szenerie, die Konstellationen: Henker und Gehenkte, Widder und Schafe – alles andere kommt erst in zweiter Linie. Die Verletzung des Humanen hat in den Provinzen des menschlichen Lebens vielfältige und verwirrende Facetten. Begegnet werden kann ihnen nur von einem Zentrum hartnäckiger und auf wenige Grundforderungen reduzierbarer Vernunft. Sie ist mit der Humanität so gut wie identisch. Solche Voraussetzungen haben mit »Gesinnungsliteratur« gar nichts zu tun. Nur etwas mit einer fast pflanzenhaft widerstandsfähigen Position, die ihrerseits – natürlich – Gesinnung voraussetzt; Gesittung wäre vielleicht der treffendere Ausdruck. Von ihr aus entsteht, mit raffiniert angewandten Mitteln einer unerhört sensitiven Mimesis, eine bisweilen vegetativ zu nennende Literatur. Sie ist in ihrem Charakter, allerdings nur in ihm, vergleichbar etwa der des jungen Hauptmann, auch wenn dies nicht auf Anhieb einleuchten sollte.

Mit drei rasch aufeinanderfolgenden Büchern trat Böll Ende der vierziger und Anfang der fünfziger Jahre an die Öffentlichkeit. Sie handeln ausnahmslos von Krieg und Nachkrieg: eine bare Selbstverständlichkeit. Böll mußte sich das Grunderlebnis seiner jungen Jahre von der Seele schreiben. Darin unterscheidet er sich nicht von anderen Autoren der frühen Jahre wie Lenz oder Richter, Andersch oder Schroers, Kolbenhoff, Bastian Müller oder Schnurre.

Doch war sein Ton von Anfang an unverwechselbar, leise und

bestimmt, weder plakativ noch schreiend, mit Anklängen eines noch zaghaften Humors, bisweilen auch weich bis zur Gefühligkeit. Zwar ist der übermächtige Einfluß Hemingways auch bei ihm zu spüren; wer damals zu schreiben begann, konnte sich ihm wohl kaum ganz entziehen. Nie aber ist Böll diesem Einfluß erlegen. Es ist kennzeichnend, wenn vielleicht auch nur der reine Zufall, daß er in der berühmten Anthologie ›Tausend Gramm‹ von Wolfgang Weyrauch nicht vertreten ist. Böll hat nie »einen Kahlschlag in unserem Dickicht« unternommen, eher hat er das Dickicht mit einbezogen, es dann aber durchsichtig gemacht.

Es ist wahr, die deutsche Nachkriegsliteratur kennt Beispiele, in denen der Krieg als Ort der Schlacht, als der große Orlog, eindringlicher geschildert worden ist als bei Böll, etwa in Plieviers ›Stalingrad‹. Und das Tagebuch des verschollenen jungen Historikers Felix Hartlaub, ›Von unten gesehen‹, ist als brillante, distanziert-intellektuelle Röntgenologie gesellschaftlicher Zustände in dieser Zeit unübertroffen geblieben.

Aber das sind nicht die Perspektiven Heinrich Bölls. Weder ist er der kühl beobachtende Analytiker, noch hat er jemals die Schlacht als eine in sich geschlossene Welt beschreiben wollen, die ihren eigenen Gesetzen und Mechanismen folgt. Eine solche Sinngebung des Sinnlosen – sie wird hiermit Plievier keineswegs unterstellt – wollte er ja gerade vermeiden. Er sah den Krieg, wie Saint-Exupéry ihn gesehen hat: »Früher habe ich Abenteuer erlebt: die Einrichtung von Postlinien, die Überwindung der Sahara, Südamerika – aber der Krieg ist kein richtiges Abenteuer, er ist nur Abenteuerersatz. Der Krieg ist eine Krankheit. Wie Typhus.« Deshalb auch stellte er dieses Wort Saint-Exupérys seinem ersten Roman ›Wo warst du Adam?‹ als Motto voran.

Der Krieg ist eine Krankheit, niemand kann sich ihm entziehen, aber man weiß nicht, woher er kommt. Er betrifft alle, aber am Ende betrifft er nur den einzelnen: Bölls Helden finden alle ihren eigenen Tod, und wenn er auch absurd ist und widersinnig oder überraschend eintrifft, so hat er doch fast immer etwas an sich, das als ein Spezifikum angesehen werden kann für den, den er ereilt. Böll interessiert nicht das Panorama, nicht das Massengesicht kriegerischen Geschehens. Ihn interessiert das Detail, von dem aus das Ganze sichtbar gemacht wird. Das Eingangskapitel zu ›Wo warst du Adam?‹ – noch immer einer der eindrucksvollsten Romananfänge unserer zeitgenössischen Literatur – läßt diese Absicht, freilich im Spiegelverfahren, ganz deutlich werden.

Mit einer für die damaligen literarischen Anfänge ganz ungewöhnlichen sprachlichen Zucht beschreibt Böll darin zunächst, wie der General »mit den bläulichen Tränensäcken, den gelben Malariaaugen und dem schlaffen, dünnlippigen Mund eines Mannes, der Pech hat« an rund tausend im Karree aufgestellten Soldaten entlanggeht. »Er fing an der rechten Ecke des staubigen Karrees an, blickte jedem traurig ins Gesicht, nahm die Kurven schlapp, ohne Schwung und Zackigkeit, und sie sahen es alle: Auf der Brust hatte er Orden genug, es blitzte von Silber und Gold, aber sein Hals war leer, ohne Orden. Und obwohl sie wußten, daß das Kreuz am Halse eines Generals nicht viel bedeutete, so lähmte es sie doch, daß er nicht einmal das hatte.«

Dann beginnt Böll diese Totale aufzulösen. Erst marschieren »sie zu einhundertundelf mal drei Mann in einen anderen Stadtteil«. Dort erwartet sie ein Oberst, der »die Ecken gerade« nahm, der »langsam und fest ging.« Bald danach sind sie nur noch »fünfunddreißig mal drei Mann, ein müder Zug« und ein Oberleutnant, mit dem »eleganten und schlappen Gang eines Mannes, der von oben bis unten mit Überdruß angefüllt ist«, der »Hauptmann nahm nicht einmal die Hand an die Mütze; er hatte kein Koppel um, einen Strohhalm zwischen den Zähnen, und sein dickes Gesicht mit den schwarzen Brauen sah gemütlich aus«. Endlich sind sie nur noch »acht mal drei Mann«, aus denen sich die Hauptfigur, der Architekt Feinhals, bald heraushebt.

Es gibt andere Erzähler, auch dieser frühen Jahre, deren Erzählhaltung von einer ähnlichen Hinwendung zum Detail, zur Einzelheit geprägt war. Meist aber wollten sie in ihm nur das Typische treffen. Damit gab sich Böll schon damals nicht zufrieden. Mit dem Blick auf das einzelne, auf eine charakteristische Situation, ja, bisweilen sogar mit der Akzentuierung einer scheinbar nebensächlichen Banalität, wird bei ihm Parabelhaftes angestrebt. Die Versuchung, die Zeit des Krieges, in der er ja nie, wie andere es taten, einschichtig die Kriegszeit sah, mit einfachen, nacherzählend-realistischen Stilmitteln in den Griff zu bekommen, ist an ihn offenbar nie herangetreten. Von Anfang an suchte er das Gleichnis, die Überhöhung. Das ist ihm nicht immer gelungen.

Es gibt, besonders in der langen Erzählung ›Der Zug war pünktlich‹ Passagen, in denen gerade dieser Wille, das scheinbar Beliebige exemplarisch erscheinen zu lassen, fragwürdige Ergebnisse hervorbringt, ja, ein Abgleiten in den Kitsch begünstigt. Doch kann man schon diesen Titel mit seinen Elementen

»Pünktlichkeit« und »Züge« als ein verkürztes Gleichnis ansehen, das die Rastlosigkeit des komplexen Vorganges »Krieg« und das exakte Funktionieren seiner Maschinerie zugleich kennzeichnen soll. Das Motiv des Zuges und das der Pünktlichkeit wird hier verschiedentlich abgewandelt, taucht auch in einigen Geschichten des Bandes ›Wanderer kommst du nach Spa . . .‹ bereits auf. Nicht nur hat der Krieg eine im Grunde doch begrüßenswerte Eigenschaft der Eisenbahn, nämlich die, pünktlich zu sein, in ihr Gegenteil verkehrt. Er hat ihr auch die Qualität einer fast antikisch anmutenden Schicksalsmächtigkeit verliehen, die noch in ihrer Umkehrung zutage tritt: »Pünktlicher hätte er sich nicht verspäten können, dieser Prachtzug.«

Das Schicksalhafte ist in den frühen Arbeiten Bölls von hervorragender Bedeutung. Nicht nur Andreas, der Held der Erzählung ›Der Zug war pünktlich‹ empfindet auf der Bahnfahrt quer durch das besetzte Europa seinen herannahenden Tod als ein unausweichliches Faktum. Nicht nur er befindet sich in einem Räderwerk, aus dem es kein Fortkommen gibt. In seiner Gestalt aber ist dieser Gedanke am deutlichsten entwickelt. Es ist ein fast magisch zu nennender Vorgang, wenn Andreas beim Nennen des Ortsnamens Stryi bewußt wird: dies ist das Dorf, in dem er fallen wird. Stryi-Styx; diese Verbindung stellt sich beim Leser sofort ein. Es ist wohl auch kein Zufall, daß sich in Andreas die Frömmigkeit Bölls noch sehr unverstellt, noch sehr direkt und noch unbeholfen übersetzt, äußert.

Bölls Gefahr, das Symbolische zu sehr zu überziehen, ist in dieser frühen Erzählung am meisten ausgeprägt. Das ist heute besser zu erkennen als damals. So liest man jetzt die Begegnung des Helden Andreas – eines Musikstudenten – mit der Polin Olina, einer ehemaligen Pianistin, die in einem Bordell patriotische Spionagedienste leistet, eher als melodramatische Sentimentalität; Situationen wie diese sind überdies mittlerweile zu einem Klischee geworden. Doch kann man selbst bei kritischer Lektüre dieser ersten großen Prosaarbeit auch heute in ihr schon Züge erkennen, die den späteren leichten und unvergleichlichen Parlando-Ton Bölls ankündigen.

Auch in ›Wo warst du Adam?‹ gibt es mitunter noch überladene Symbolik. Sie macht einen Teil der Schwierigkeiten Bölls aus, einen formalen Zusammenhang der lose gefügten Episoden herzustellen. Manche Parallelhandlungen müssen von ihm erst mit einiger Gewaltsamkeit in Übereinstimmung gebracht werden: das hängt damit zusammen. Die einzelnen Episoden aber

verraten einen frühen, energischen und kunstverständigen Form-
willen, eine Ökonomie der Mittel und eine damals ganz unge-
wöhnliche Sprachbeherrschung: ›Wo warst du Adam?‹ ist eines
der schönsten Bücher geblieben, die Böll gelungen sind.

Beim Wiederlesen dieses Buches und nicht zuletzt auch einer
Reihe Geschichten aus dem Bande ›Wanderer kommst du nach
Spa'...‹ stellt sich heraus, daß sich viele Bilder, die nur scheinbar
Nebensächliches bezeichnen sollten, und viele Situationen über
die Jahre hinweg tief und unvergessen eingeprägt haben, mehr
als die Personen. So war das Bild der Fahrt über die Rheinbrücke
aus der Erzählung ›Über die Brücke‹ unverwischt geblieben, und
beim Nachlesen enthüllte sich wieder die Meisterschaft, mit der
diese kleine, unprätentiöse Skizze erzählt ist. In ihr wird nichts
anderes beobachtet als eine fensterputzende Frau und, Jahre
danach, die Wiederholung dieser vom Autor schon halbverges-
senen Szene, nun mit der Tochter:

»Nein, sie war es nicht, die Beine waren jünger, etwas dicker,
aber sie hatte die gleichen Bewegungen, die eckigen, ruckartigen
Bewegungen beim Hin- und Herbewegen des Scheuerlappens.
Mein Herz stand ganz still, mein Herz trat auf der Stelle.«

Es mag eine persönliche Erfahrung sein, daß solche und ähn-
liche, minuziös und dennoch niemals kleinlich geschilderten
Bilder eine solche Intensität bewahrt haben. Auch die Wiederkehr des Helden aus der Titelerzählung ›Wanderer kommst du
nach Spa ...‹ in seine alte Schule, seine Begegnung als Ver-
wundeter mit dem ganzen Bildungsplunder seiner Kindheit, der
in dem zum Lazarett gewordenen Schulhaus ein gespenstisch
zähes Leben weiterführt, blieb unvergessen. Nicht minder eine
mit wunderbarer Zurückhaltung geschilderte Szene, in welcher
ein Leichenfledderer auf dem Totenfelde der Ehre herum-
geistert.

Bölls Helden sind einfache Soldaten. Sie haben, wie Feinhals,
Architektur studiert oder, wie Andreas, Musik. Sie waren
Abiturienten, ehe sie, noch unfertig, in den Krieg geschickt
wurden, wie der Held in ›Wanderer kommst du nach Spa ...‹,
oder auch wie, in einer anderen Geschichte dieses Bandes, Drüng,
der »blutarm war, arm überhaupt, Sohn einer Witwe, deren
Mann im Kriege gefallen war« und dessen »neun Schuljahre
pünktlich (!) zu Ende gewesen waren, als der Krieg ausbrach«.

Dennoch ist die Welt der Offiziere bei ihm kaum eine geschlossene Gegenwelt zu nennen. Böll kennt keine Schwarz-
Weiß-Malerei. Davor bewahrt ihn seine Fähigkeit zum Mitleid,

die sogar dem malariakranken General zu gelten scheint. Seine negativen Figuren sind existenziell gebrochen, meist dazu erotisch verklemmt: Der Mangel an Liebeserfahrung ist ein oft abgewandeltes Motiv. Sogar der SS-Führer Filskeit, der in der mit vollständiger Beherrschung beklemmend erzählten KZ-Szene in ›Wo warst du Adam?‹ den Befehl zum Massaker gibt – der ersten übrigens, an die ein deutscher Epiker sich wagte –, scheint von Natur aus nicht zur Bestie angelegt. Er hat eine komplizierte Psychologie, deren wunder Punkt es ist, stark erscheinen zu wollen, wo er schwach ist, und Liebe, die ihm erwiesen wird, nicht ertragen zu können. So wurde er zum starken Mann der mordenden Ordnung.

Doch darf man aus solchen Partikeln des Verständnisses – besser: der Erklärung für bestimmte Verhaltensweisen seiner Figuren nicht den Schluß ziehen, Böll wolle irgend etwas entschuldigen. Im Gegenteil. Die Schuld wird durch solche psychologischen Mittel genauer und schärfer ins Bewußtsein gehoben. Auch wird das dem General anfangs erwiesene Mitleid im Schlußkapitel des Romans auf ironische Weise wieder aufgehoben: Deutschland ist schon zu Teilen von seinen Kriegsgegnern besetzt. Da erkennt Feinhals, der sein noch im Niemandsland liegendes Vaterhaus mit bloßem Auge sehen kann, in einem provisorischen Gefangenenlager den General: »Er sah besser aus, entspannter, und er hatte jetzt das Kreuz am Hals . . ., er sah nicht mehr müde aus, sein Gesicht war ebenmäßig, ruhig, gebildet und human, und das sehr sanfte Lächeln verschönte sein Gesicht.« Der General rückt ab in die Gefangenschaft; er wird überleben. Feinhals aber bricht an der Schwelle seines Elternhauses zusammen. Ihn haben die letzten deutschen, sinnlos verballerten Granaten getroffen.

Der Böll der frühen Jahre ist ein eindrucksvoller, suggestiver Erzähler geblieben. Seine Prosa ist keineswegs immer schlackenlos, oft aber schon von bezwingender Gelöstheit, gelassen und rein. Spürbar hat er mit formalen Schwierigkeiten zu ringen; der epische Atem ist noch etwas kurz. Aber, er hat die Zeit von damals auf kurze, prägnante und einleuchtende Formeln gebracht.

Seine Prosa gehört zu jener in Literatur verwandelten Wirklichkeit, die das Gedächtnis eines Volkes ausmacht. Sie hat abgrenzbare Ränder, sie bleibt in ihrer Zeit, aber sie hat »Welt«.

Wenn man Heinrich Böll nach seinen Vorbildern fragt, nennt er (das letzte Mal in einem Interview mit Marcel Reich-Ranicki, siehe ›Die Zeit‹ vom 11. 8. 1967) zwei Namen: Kleist und Hebel. In der Tat, sehr große Vorbilder, aber solche muß man haben. Ob Böll die seinigen jemals erreicht hat, bleibt zweifelhaft. Seiner Prosa fehlt die strenge kausale Geschlossenheit Kleists sowie Hebels souveräne Objektivität. Der Erzähler regt sich auf, ärgert sich und wird gerührt, was Kleist und Hebel nie tun. Böll ist ein Moralist, und seine Vorbilder sind keine, auch Hebel nicht, der es doch berufsmäßig sein sollte; aber wenn er den Zeigefinger erhebt und »Merke!« sagt, bedeutet dies keineswegs das Auftreten eines lehrhaften Subjekts, das auf den Abstand zwischen Sein und Seinsollen hinweist, sondern eher die Bestätigung, daß der in der Erzählung dargestellte Gang der Welt in sich selbst die Gegenkräfte enthält, die das gestörte Gleichgewicht wiederherstellen. Bei Kleist ist zwar die Welt tief zerrissen, doch seine Kunst besteht eben darin, ihre Sinnlosigkeit als etwas Notwendiges, Naturgemäßes aufzuzeigen, so daß auch hier kein Zwiespalt zwischen dem Erzähler und seinem Stoff entsteht. Soll man jemand in der neueren Literatur nennen, der an Kleist und Hebel heranreicht (und der sie auch bewunderte), so ist an erster Stelle an Brecht zu denken. Mit Kleist glaubte er an die grundsätzliche Unvernünftigkeit der Welt – auch wenn er daraus andere Folgerungen zog – und mit Hebel daran, daß es menschlicher List möglich ist, sich dem Druck dieser Welt wenigstens innerhalb gewisser Grenzen zu entziehen, bevor man sie völlig umwälzt. Aber Böll ist ein katholischer Rationalist, der nach Ordnung und Vernunft drängt und die bestehende Ordnung und Vernunft als Schein, als Unordnung und Unvernunft entlarvt. So muß er im Schillerschen Sinne zwischen Elegie und Satire schwanken, wobei ihm die Satire besser gelingt. Er ist weder Kleist noch Hebel, aber er hat ›Dr. Murkes gesammeltes Schweigen‹ geschrieben, und das hat ihm noch kein lebender Schriftsteller nachgemacht. Trotzdem sind Bölls Vorbilder als Sehnsucht, die er in seinem Schriftstellerherzen trägt, bezeichnend. Der deutlichste Versuch, diese Sehnsucht zu erfüllen, scheint mir die bekannte Erzählung ›Die Waage der Baleks‹ zu sein. Ihr Held, der Großvater des Erzählers, ist ein kleiner Michael Kohlhaas, der als zwölfjähriger Knabe um die Gerechtigkeit kämpft und darum seine Familie und das ganze Dorf ins Unglück stürzt. Wenn der Held in seiner Verbissenheit des einen Vorbilds würdig ist, erinnern Umgebung und Atmosphäre an das andere. Wie bei Hebel haben wir es mit einer datierten Zeitlosigkeit und mit einer lokalisierten Ortlosigkeit zu tun. Die Erzählung spielt im Jahre 1900, als der Kaiser der Familie Balek den Adel verlieh, aber das Leben im Dorf ist »seit fünf Generationen« immer dasselbe geblieben, das Leben armer Flachsarbeiter, und daß die Entdeckung des kleinen Franz Brücher gerade 1900 erfolgt, ist reiner Zufall, sie hätte ebensogut früher oder später erfolgen können, ja sie erfolgt jedesmal, wenn man plötzlich entdeckt, daß etwas an der Gerechtigkeit der Oberen fehlt. Der Schauplatz ist ziemlich genau bestimmt: Es ist kaiserliches Gebiet, die gesammelten Pilze enden »in den Küchen reicher Prager Leute«, die nächsten Dörfer heißen Blaugau und Bernau, das nächste Städtchen Dielheim. Vielleicht gibt es diese Ortschaften tatsächlich, vielleicht gibt es sie nicht, eine Nachforschung wäre so wenig ersprießlich wie die Entdeckung, daß es zwar Hebels Tuttlingen und Emmendingen gibt, aber kein Segringen. Denn Daten und Namen sind nur Gewähr dafür, daß die Geschichte »sich wirklich ereignet« hat, daß der Erzähler sie selbst erlebt oder aus sicherer Quelle erfahren hat, aber ihr Sinn liegt außerhalb des Lokalen und Zeitbedingten, sie stellt einen beispielhaften Vorgang dar, der immer und überall stattfinden kann. In diesem Fall braucht Böll einen halbfeudalen Hintergrund mit einer festgefügten gesellschaftlichen Ordnung, und er wählt irgendeinen Winkel aus der alten Donaumonarchie vor 1914.

Was auf diesem Hintergrund spielt, ist die Entdeckung der Fragwürdigkeit jeder Herrschaft, die sich als selbstverständlich ausgibt und als solche hingenommen wird, einfach weil sie seit Generationen besteht und die Menschen sich daran gewöhnt haben. Die Familie Balek beherrscht das Dorf auf doppelte Weise, da sie sowohl die Flachsbrechen als auch die Wälder besitzt: soweit die Dorfbewohner nicht mit der mörderischen Flachsgewinnung beschäftigt sind, sammeln sie Pilze, Kräuter, Heublumen, und auch diese Waldprodukte müssen an die Baleks geliefert werden, die sie auf einer altertümlichen Waage wägen – der einzigen im Lande, denn die allmächtigen Baleks dulden keine andere – und entsprechend bezahlen. Der kleine Franz Brücher entdeckt nun zufällig, daß es mit dieser Waage nicht stimmt, und er hat keine Ruhe, bis er genau herausbringt, »was an der Gerechtigkeit fehlt«, nämlich fünfeinhalb Deka jedes Pfund. Da die geprellten Dorfbewohner gegen die Baleks aufgebracht sind, lassen diese die Gendarmen einschreiten; die Schwester des kleinen Franz wird getötet, seine Eltern müssen das Dorf verlassen, und alles bleibt beim alten, ja, die Unterdrückung wird schlimmer, weil sie jetzt offener ist, es wird sogar untersagt, in der Kirche das wie auf die Baleks gemünzte Lied ›Gerechtigkeit der Erden, o Herr, hat Dich getötet‹ anzustimmen.

Sprachlich vielleicht kein Kleist, kein Hebel, aber immerhin eine schöne, streng aufgebaute Geschichte in der Nachfolge der besten deutschen Erzählungskunst, wo alles auf eine bestimmte Wirkung hinzielt, keine Einzelheit überflüssig ist und nach klassischem Rezept eine »sich ereignete unerhörte Begebenheit« äußerst eindrucksvoll erzählt wird. Der Leser, und zwar der einfache Leser, der mit der heutigen Literatur sonst nicht viel anfangen kann, kommt auf seine Rechnung und wird dazu gegen die Obrigkeit eingenommen, was nie schaden kann.

Wenn man aber die Geschichte zweimal liest, klingt sie nicht mehr so überzeugend. Man fragt sich erstens, warum der Verdacht, die Waage müsse falsch sein, erst dem kleinen Franz Brücher aufdämmert. Denn wozu sonst hätten die Baleks allen Leuten im Dorf und Umgebung den Gebrauch von Waagen untersagt? »Niemand hatte daran gedacht, dieses Gesetz zu brechen«, heißt es, auch die Wilderer nicht, die es doch gab und die wesensmäßig »das Gesetz mißachteten«. Das Gesetz zu brechen, war freilich gefährlich, man bekam keine Arbeit mehr von den Baleks, aber ist es möglich, daß niemand, fünf Generationen lang, den Betrug witterte, auch ohne daran zu denken, ihn beweisen zu wollen? Die Gedanken sind frei, und wenn man um den Betrug weiß, kann man wenigstens auf Gegenbetrug sinnen. Gleiches mit Gleichem vergelten, was gewiß bei Hebel geschehen würde. Warum bei Böll nicht? Dem beschränkten deutschen (beziehungsweise k. u. k.) Untertanenverstand kann man gewiß alles zumuten, aber diese Zumutung geht zu weit, und sie ist um so erstaunlicher, als Bölls Volksgestalten sonst keineswegs so dumm sind.

Zweitens: Die psychologische Unmöglichkeit ist eine Folge der soziologischen. Die Baleks sind zwar geadelt worden und gebärden sich ganz feudal, aber sie sind keine Landesherren, die mit Leibeigenen zu tun haben, sonst würden sie ja keine Waage brauchen, sie würden Pilze usw. einfach einstecken und die Sammler nach ihrem Gutdünken mit Geld oder Fußtritten entlohnen. Die Baleks stellen im Gegenteil ein Musterbeispiel kapitalistischer Ausbeutung dar, sie nützen nicht nur die Arbeitszeit, sondern sogar die Freizeit der Ausgebeuteten und ihrer Kinder kapitalistisch aus, denn Pilze usw. sind nicht dazu bestimmt, der Baleks eigenen Tisch zu schmücken (wie es bei Feudalherren der Fall wäre), sondern werden weiterverkauft. Besseres könnte sich ein heutiger Konzern kaum ausdenken. Nun, wozu brauchen so fortgeschrittene Kapitalisten eine gefälschte Waage? Was kann, bei totaler Unterdrückung, dieser armselige Extragewinn für sie bedeuten? Vielleicht eine rein ästhetische Freude am Betrug? Aber das ist ein ganz und gar unkapitalistisches Gefühl. Die kapitalistische Ausbeutung setzt genaue Waagen voraus, mit falschen würde sie in sich selbst zusammenbrechen. Diese sollte man dem Krämer überlassen, der einzig und allein auf die Zirkulationssphäre angewiesen ist: in der Hebelschen Welt wären sie infolgedessen zu Hause. So fortgeschritten Baleks in der Praxis sind, so rückständig im Bewußtsein: sie scheinen das Wesen des Kapitalismus, den sie vertreten, nicht begriffen zu haben, und sie sollten von Rechts wegen nach diesem Fehltritt mit der Waage aus dem Industriellenverband ausgeschlossen werden.

Drittens: Was ist Gerechtigkeit und was ist »was an der Gerechtigkeit fehlt«? Hier scheint das Kirchenlied tiefer zu dringen als die Einsicht der Dorfbewohner, denn es behauptet »Gerechtigkeit der Erden hat Dich, o Herr, getötet«, und nicht etwa »Mangel an Gerechtigkeit der Erden …« In der Tat, was die Dorfbewohner tötet, ist die mörderische Arbeit in den Flachsbrechen, nicht die fünfeinhalb Deka, um welche sie beim Verkauf ihrer Pilze geprellt werden; nicht die falsche Waage, sondern die angeblich richtige. Bei Michael Kohlhaas liegen die Dinge anders. Der bürgerliche Roßhändler will sein Recht gegen die feudalen Zustände behaupten und entdeckt allmählich, daß diese auf Ungerechtigkeit beruhen, nicht weil die Oberen falsch wägen, sondern weil sie über jedes Wägen, über quantitative Verhältnisse überhaupt erhaben sind. Aber die Welt der Baleks ist eine Welt der quantitativen Gerechtigkeit, und *diese* Gerechtigkeit gilt es, zu durchschauen und zu widerlegen, nicht, was an ihr fehlt.

Soll das heißen, daß die Baleks mit der Zustimmung der Dorfbewohner und des Autors befugt wären, fünf weitere Generationen lang auf die gleiche Weise zu schalten und walten, wenn sie nur genau wägten? Daß Böll nicht die Ordnung selbst, sondern nur ihr – keineswegs notwendiger – Mißbrauch fragwürdig erscheint?

Man soll hier kein voreiliges Urteil fällen. Der Eindruck der zweiten, etwas pedantischen Lektüre soll den der ersten nicht ganz verwischen. Denn bei aller Brüchigkeit der der Erzählung zugrunde liegenden Anschauungen haben wir es nicht mit einer letzten Variante der Verherrlichung der gottgewollten, von bösen Menschen mißbrauchten Ordnung zu tun. Trotz ihrer sonstigen Ahnungslosigkeit fühlen die Dorfbewohner ganz deutlich, daß sie unterdrückt werden, und Franz Brüchers Entdeckung ist nur der letzte Tropfen, der das Maß voll macht. Sie ist gewiß nicht das Wesentliche, aber gerade durch das Unwesentliche wird man oft des Wesentlichen bewußt. Und Böll hütet sich, irgendeine positive Lösung anzugeben. Bei Hebel würde vielleicht ein aufgeklärter Herrscher, Josef II. oder Napoleon, auftreten, der den Mißbrauch bestraft und die Zustände bessert. Bei den meisten anderen deutschen Geschichtenerzählern käme es überhaupt nicht zum Aufruhr: die frommen Dorfleute brauchten nur die Hände zu Gott zu falten, und alle Baleks würden sich zum Guten bekehren, während der letzte verstockte Wilderer, vom Schlage gerührt, tot hinfällt. Böll läßt dagegen die Eltern des kleinen Franz, wenn nicht zu Wilderern, doch zu wandernden Korbflechtern werden, die keine Heimat mehr hatten, weil sie erkennen mußten, daß »in allen Orten der Pendel der Gerechtigkeit falsch ausschlug«.

Denn Böll schlägt sich auf die Seite der Wilderer, der Wandergesellen, der Clowns, der Outsider, die keine Heimat und keine Ordnung kennen. Freilich glaubt er auch an Heimat und Ordnung, aber er sieht sie nirgends verwirklicht, und wenn man ihm die bestehende Ordnung als gottgewollt preist, ist ihm dieser Gott zuwider.

Über das Wesen dieser Ordnung hatte Brecht viel deutlichere Vorstellungen: er stellte nicht das Zehntel, das an der Gerechtigkeit fehlt, sondern die Gerechtigkeit selbst in Frage. Aber wie Hebel hatte er eine Lösung parat, wenn sie auch nicht Josef II., sondern Kommunismus hieß. Da Böll keine solche hat, ist es wohl verständlich, wenn seine Sehnsucht nach einer richtigen Ordnung gelegentlich den Ton des alten deutschen Liedes der organischen Gemeinschaft anstimmt. Auch in seinem letzten Roman ›Ende einer Dienstfahrt‹ gehören die beiden Tischler, die gegen den Staat rebellieren, zu den Überbleibseln dieser Gemeinschaft, die in der heutigen Gesellschaft zu Wilderern werden müssen, und erinnern zum Beispiel an die Gestalt des Imkers in Brochs ›Schuldlosen‹. Was jedoch bei Broch einer genau durchdachten Weltanschauung entsprang, ist bei Böll rein instinktmäßig. Denn die Hauptsache bleibt bei ihm immer das Negative, was Adorno und Marcuse die bestimmte Negation nennen. Seine politischen Aufsätze, die zu seinen besten Sachen gehören, sind durchwegs bestimmte Negationen: Böll geht immer vom Konkreten, von dem, was er genau kennt, vom Katholizismus, von Köln und Deutschland aus. Nicht zufällig ist sein Meisterstück dieser Art die glanzvolle Besprechung von Adenauers Erinnerungen, die das behandelte Buch gewiß überleben wird. In diesem Sinne würde es sich lohnen, ›Die Waage der Baleks‹ ein drittes Mal zu lesen. Zwar sind hier, wie wir zu zeigen versuchten, die scheinbar gradlinigen sozialen und weltanschaulichen Zusammenhänge äußerst widerspruchsvoll, um nicht zu sagen absurd, aber vielleicht bietet gerade diese unmögliche Grundlage für das, was Böll bezweckt, den geeigneten Hintergrund. Der obige Vergleich zwischen den Baleks und der heutigen Herrschaft der Monopole war nicht so aus der Luft gegriffen, wie er im ersten Augenblick aussehen konnte. Denn es kommt Böll darauf an, zu zeigen, daß wir in einer Gesellschaft leben, wo auch das Sammeln von Pilzen und Heublumen im Dienste eines Machtapparates steht, wogegen man sich auflehnen muß. Diese Gesellschaft in ihrem Wesen zu durchschauen, ist für Böll nicht so wichtig wie für Brecht, ihn interessiert vor allem die Tat, die den Bann bricht. Aber ist dies nicht gerade die Einstellung, die heute erforderlich ist? Denn wir sind mit der sogenannten Industriegesellschaft so gründlich zusammengewachsen, daß man sie nicht zu erkennen braucht, weil man sie schon in Fleisch und Blut erlebt, weil man sie selbst ist, und was zuerst nottut, ist die Abwehr gegen diesen Vorgang der Anpassung und Identifizierung. Bölls politisches Grunderlebnis war ein solches, worüber man nicht viel nachzudenken brauchte: die Kapitulation der deutschen Katholiken vor Hitler. Er teilt nach wie vor die Welt nach dieser elementaren Unterscheidung zwischen Kapitulanten und Nichtkapitulanten, und er hat recht, denn wovor man nicht kapitulieren soll, das weiß man heute in jedem konkreten Fall ganz gut.

Der Eindruck, daß die Weigerung von Bölls Helden uns alle angeht, wird dadurch bestätigt, daß diese Helden gar keine Helden sind, sondern einfache Menschen, die tief im Alltag verstrickt und voller Widersprüche sind: sie haben mit aristokratisch-ästhetisierenden Verklärungen der Outsiderfigur, wie man ihnen etwa bei Camus oder Ernst Jünger begegnet, nichts zu tun, aber sie besitzen nicht einmal das Geschick und die Schlauheit von Hebels Zündelfrieder. Böll ist Katholik: Er glaubt nicht an die Prädestinationslehre, er weiß, daß die Verblendeten und die Erleuchteten aus dem gleichen Teig geformt sind.

Die kollektive Blindheit, mit der die Menschen zwischen Blaugau und Bernau geschlagen sind, die sich nicht einmal fragen, warum die Baleks das Waagenverbot eingeführt haben, ist also unsere eigene Blindheit, ihre Unmöglichkeit ist unsere Unmöglichkeit, und die Tat des kleinen Franz Brücher, welche dieser Blindheit ein Ende setzt, ist unsere mögliche Tat. Freilich bleibt auch nach der dritten Lektüre der Leser im ungewissen darüber, ob es letzten Endes um den Brauch oder nur um den Mißbrauch geht. Böll gibt keine deutliche Antwort, der Leser muß selbst eine kleine Anstrengung machen. Dieses letzte Gefühl der Unzufriedenheit, ja der Zweideutigkeit, ist nicht zu tilgen. Doch gerade darauf beruht wahrscheinlich Bölls großer Erfolg. Seine derbe Wahrheit wird in Tüten feilgeboten, in denen man bis zur Unlesbarkeit vergilbte Blätter aus erbaulichen altdeutschen Familien- und Dorfgeschichten zu erkennen glaubt. Das mindert ihre explosive Kraft nicht, aber macht sie dem Gaumen derer schmackhaft, die sonst fest überzeugt sind, daß die Gerechtigkeit nur am Mißbrauch leiden kann.

Da es jedoch, wie schon bemerkt, nicht auf die Erkenntnis, sondern auf die Tat ankommt, die Böll empfiehlt, ist seine große Wirkung positiv zu werten. Der Schluß der ›Waage der Baleks‹ klingt pessimistisch: »Und wer ihnen zuhören wollte, konnte die Geschichte hören von den Baleks von Bilgan, an deren Gerechtigkeit ein Zehntel fehlte. Aber es hörte ihnen fast niemand zu.« Es scheint dagegen, daß der Erzähler dieser Geschichte sehr viele Zuhörer hat, auch wenn er kein Kleist, kein Hebel, sondern ein oft stilistisch mittelmäßiger, mitunter herzlich langweilige Schriftsteller ist. Aber wer heutzutage die Schriftsteller nur nach dem Pendel literarischer Gerechtigkeit messen wollte, der würde einen unverzeihlichen Irrtum begehen. Da ist die falsche Waage die einzig richtige. Freilich nicht die der Baleks, sondern eine, die fünfeinhalb Deka weniger Dichtung übersieht um ein Pfund Mut willen.

I

Ich habe ›Und sagte kein einziges Wort‹ mehrere Male gelesen; 1953, als das Buch erschien, war ich neunzehn Jahre alt. Es redete aus einer Zeit, die ich später abschüttelte als viele andere, und ich akzeptierte das Gewissen dieser Erzählung. Genau wurde hier beschrieben, wie eine vom Krieg zerschlagene Stadt aussah, wie sie Menschen veränderte, drückte und befreite, wie das Provisorium wärmen konnte und Verzweiflungen leichtmachte. Mir erschien das alles nah: krude Träume an Steine geheftet, an Straßen, an Buden, die Zufluchten wurden. Die Not wurde nicht mehr wie bei Wolfgang Borchert in Exaltationen angeschwärzt. Übergänge werden nachgeschrieben: Leute richten sich ein, fliehen aus der Sicherheit, die herb bleibt, erlauben sich kaum Schönfärberei, und dem Fortschritt ins angedeutete Wunder wird mißtraut; der Brodem aus den Würstchenküchen signalisiert Heimkehr, Geschwätz und unsichere Suche. Das ist noch die Barackenzeit.

Es gibt, glaube ich, drei sehr unterschiedliche Apologien dieser von feuchten Holzwänden umzogenen Epoche: Arno Schmidts lethargische, in miserabler Sehnsucht aufbrechende Barackenlust in ›Brands Haide‹, die von einer redseligen Bohème heimgesuchte Ballerinabude in den ›Hundejahren‹ von Grass und die Zielpunkte Freds. Da sitzen die Fähnchen in einer schrundigen Topographie, die Böll kennt, ausspielt, verwischt.

2

1959 zog ich nach Köln. Die Bilder, die ich mir von der Stadt gemacht hatte, aus dieser Erzählung und aus ›Haus ohne Hüter‹, widersprachen einer optimistisch getönten Realität. Es waren blitzende Folien abzuziehen, dünnes Blattgold.

Die Verzweiflung von Fred und Käte, ihre aufbegehrende Liebe, wurden auf einmal historisch, da ihnen die Umgebung fehlte, da sie sich einer Zeit verschrieben hatten, die wir alle mutwillig verdrängten, eingeschleust in die Ära der Völlerei. Jürgen Becker schrieb seine ›Felder‹, las mir vor, verwies auf ein Gelände, das ebenso verdeckt war wie jenes aus ›Und sagte kein einziges Wort‹. Er wischte den Schein weg. Der Widerspruch, grau und düster, der Marcellenstraße gegen das Feuerwerk der Stadt, die Leute, die nicht in den Wohlstand gesprungen waren, das Selbstgespräch der Mauern und des Windes um den Dom. Das korrespondierte mit Bölls Köln und erneuerte ein gestörtes Einverständnis.

Ich begann die Geschichte, die dieses Buch entrückt hatte, in einer sentimentalen Retrospektive zu befragen. Es sind einzelne Punkte: Personen und Gegenden.

3

Bölls Sentimentalität. Er hat unverhohlen mit Gefühl geschrieben, hat sich mit dem Paar, das er auseinanderreißt und wieder bindet, dessen Boden er störrisch erschüttert, identifiziert. Seine Botschaft ist einfach (und Botschaft ist hier ein gerechtes Wort) – Umstände lädieren Bindungen, der Glauben rettet nichts. Es sind Sekunden der Gemeinsamkeit, derselben Erfahrungen, derselben Gestikulation, Momentaufnahmen, die sich der Wirklichkeit widersetzen und die Wirklichkeit der Liebe schaffen. Man kann das sentimental nennen, wären die Figuren nicht, mit denen Böll sich nicht brüstet, deren Charakter er nicht aufbauscht, die ungewöhnlich verhalten spielen, ein wenig schäbig wirken, unauffällig bleiben.

Fred ist Angestellter bei einer Kirchenbehörde, und die Geschichte beginnt damit, daß er sein Gehalt abholt, in ein Kuvert steckt, an seine Frau Käte schickt, in eine Bude geht, wo er am Automaten spielt. Er erzählt. Sie erzählt, wie sie das Geld bekommt, wie sie wohnt, wartet, wie sie mit den Kindern umgeht, wie der Wasserhahn tropft, wie sie jemanden singen hört: »Und sagte kein einziges Wort«. Das sind zwei Stimmen, eine Litanei. Die Stimmen sind flach; wenn sie aufbegehren, hören sie sich gepreßt an, wider ihre Natur. Schmerzlich war für mich – und dieser Eindruck hat sich nicht gegeben – ihre Gefügigkeit. Er wohnt nicht bei ihr. Die Familie geht ihm auf die Nerven. Er bewohnt die Stadt. Manchmal treffen sie sich, mühen sich, aus zwei Stimmen eine zu machen, dann ziehen sie sich zurück, irritiert von einer Umgebung, deren Teil sie sind, die erschüttert wurde und deren Wunden die ihren sind.

Die Sprache. Es sind Monologe, die sich an einigen Stellen berühren. Ein heftiger Gleichmut färbt sie, Erinnerung an den anderen, die Frau, den Mann, an belanglose, doch für die Zuneigung wichtige Details: »Immer wieder wundere ich mich über die Erregung, die mich ergreift, wenn ich Freds Stimme am Telefon höre: seine Stimme ist heiser, etwas müde und hat einen Beiklang von amtlicher Gleichgültigkeit, die ihn mir fremd erscheinen läßt und meine Erregung erhöht. So hörte ich ihn sprechen aus Odessa, aus Sebastopol, hörte ihn aus unzähligen Gasthäusern, wenn er anfing betrunken zu werden, und wie oft zitterte mein Herz, wenn ich den Hörer abnahm und im Automaten hörte, wie er den Zahlknopf drückte und die fallenden Groschen den Kontakt herstellten. Das Summen der amtlichen Stille, bevor er sprach, sein Husten, die Zärtlichkeit, die seine Stimme im Telefon ausdrücken kann.«

Böll nimmt alles zurück. Er klagt nicht ins Allgemeine, wie es in der Literatur zwischen 1945 und 1950 Stil war. Er traut der Verbindlichkeit des Privaten, statuiert keinen Fall, sondern erzählt eine Geschichte. Freds Bild konturiert sich in ihren Antworten, das ihre in den seinen. Das Selbstgespräch, das zum Zwiegespräch werden will, unaufhörlich gegen die Barriere des Gegenübers rennt, gezwungen wird, alte Realitäten auszuspielen, neue, in der Nachfrage, einzuholen, ist der Einfall, der die Sprache preßt, formt, in kleine, überschaubare Räume drängt, vor schmallippigen Gefühlsamkeiten nicht haltmacht, doch immer bescheiden bleibt.

5

Das Milieu. Die Stadt, die ich kennengelernt habe, ist anders, als Fred und Käte sie gesehen haben, anders auch, als sie mir Jürgen Becker vorführte. Bölls Stadt ist eine Stadt aus zwei Stimmen. Sie baut die Zimmer, er die Straßenfluchten. Sie empfindet die Wärme, die kalt macht; er die Kälte, der er zu entfliehen trachtet. Die Stadt ist fromm. Bölls Köln akzeptiert die Kathedrale in der Mitte. Aber die Predigt, die vielfach verstärkt aus ihr klingt, lügt eine Zuflucht vor, die Böll für Fred und Käte abstreitet. Sie sind Geschöpfe einer ehrlicheren Peripherie.

Als Kontrapunkt setzt er gegen Weichheit und summende Hingabe der Menge den Kongreß der Drogisten, dessen obszöne

Werbung die Lüge nicht aufhebt, sondern bestärkt. Die Straßen haben Namen, die sich doch nicht einprägen. Was man sieht, ist namenlos, eine riesige bebaute ruinierte Fläche, in der man umherirren kann. Es ist ein Feld.

6

Das Resümee. Heinrich Böll scheut sich nicht, die Trivialität einer Einsicht, die unter den Romantikern noch den Beiklang von mystischer Einkehr hat – »immer nach Hause« –, an den Schluß zu setzen; Fred, dessen Unruhe immer aufreibender wird, erinnern zu lassen, daß er nach Hause müsse, nachdem er unter Passanten Käte beobachtet hat. Dieses »nach Hause« ist charakteristisch für Böll. Es ist das Heim einer anstrengenden, im Gleichgültigen sich fassenden Alltäglichkeit. Es hat keine Ideologie. Es ist beweisbar und nicht aufregend. Es ist ganz ungewöhnlich.

7

Das Wiederlesen. Wie Geschichten aussehen, wenn man sie in eine andere Zeit übersetzt? Es sind jetzt fünfzehn Jahre her; Freds Unruhe war kennzeichnend für eine Zeitspanne; Kätes Warten auch. Ist das wahr? Ich bin nicht sicher, habe manchmal dem Buch mißtraut, seinem starken Gefühl, seiner aufgenötigt sanften Sprache. Böll hat sich fortgeschrieben: in das Labyrinth von ›Billard um halbzehn‹, in die ungleich härtere Polemik des ›Clowns‹, und erst in ›Ende einer Dienstfahrt‹ finde ich, als mitlesender Zeitgenosse, wieder, was ›Und sagte kein einziges Wort‹ so bemerkenswert sicher macht: die Tücke, eine Geschichte im Unglauben zu lassen, im Unglauben des Erzählens. Denn der Erzähler traut Fred und Käte nicht; er sympathisiert mit ihnen; er traut dem Spielgrund nicht.

Bölls Realismus, häufig mißverstanden, bisweilen auch muffig, eng, verengend, bindet sich an Figuren, die so getarnt sind wie wir alle. Er nennt die Umstände, die Gründe der Tarnung. Er ist ein Beobachter, der Gestalten und Gegenden treu ist.

Die Werbeslogans in dem Roman ›Und sagte kein einziges Wort‹

Heinrich Bölls Roman ›Und sagte kein einziges Wort‹ (1953) hat
manchen Leser wahrscheinlich besonders durch die herbe, fast
kunstlose Erzählweise beeindruckt, die den dargestellten Erlebnissen der beiden Hauptgestalten vollkommen angemessen ist
und die geglückte Einheit von Form und Gehalt verbürgt. Tatsächlich findet man in dieser Erzählung über den Mann namens
Bogner, der durch das achtjährige zermürbende Zusammenleben mit seiner Familie in einem dürftigen Untermieterzimmer
zerbrochen wird, kaum noch die Reste dessen, was früher als
»poetische Diktion« geschätzt wurde. In großen Abständen begegnet vielleicht einmal ein Bild, ein schlagendes Gleichnis, ohne
aber in dieser mit den Realien des trübsten Alltags gesättigten,
mit Banalitäten, Reklameslogans und Flüchen angereicherten
Sprache nennenswerte Bedeutung zu gewinnen.

Diese entschiedene Zurücknahme der »Kunst« aus der Sprache,
dieser demonstrative Verzicht auf den artistischen Aufwand
sollte aber nicht darüber hinwegtäuschen, daß gerade die Darstellung des Alltäglichen und des Banalen besondere Ansprüche
an den Künstler stellt. Zumindest seit den dadaistischen Experi-
menten ist die Banalität als literarisches Gestaltungsmittel akzeptiert und ihre Verwendung zu einer Kunst entwickelt worden,
die bis heute in ihren Möglichkeiten noch nicht erschöpft, in
ihren Wirkungen kaum zureichend beschrieben ist. In Bölls
Roman ›Und sagte kein einziges Wort‹ sind die eingeblendeten
Reklametexte vielleicht der günstigste Ansatzpunkt für die Frage
nach der künstlerischen Bedeutung und erzählerischen Funktion des Banalen in diesem Werk.

Der Roman ist durchsetzt mit eingestreuten Werbeslogans.
Bogner sieht sie auf Transparenten und in Schaufensterauslagen.
Schon im ersten Teil des Werkes werden die Transparente des
Drogistenverbandes, der gerade seine Tagung abhält, durch
Bogners ziellose Wanderungen durch die Stadt immer wieder ins
Blickfeld gerückt. Der Slogan »Was bist du ohne deinen Drogi-
sten« oder »Vertraue dich deinem Drogisten an« durchzieht leit-
motivartig das ganze Werk und erscheint in seinen letzten Partien
immer häufiger und noch dazu in typographischer Hervor-
hebung.

Man erinnert sich bei solchem Gebrauch von Reklametexten

sogleich an Döblins ›Berlin Alexanderplatz‹, wo die Technik der Montage von Plakataufschriften, Firmenschildern, amtlichen Verlautbarungen und Benutzungsanweisungen für Verkehrsmittel zu einem entscheidenden Prinzip der Erzähltechnik gemacht worden ist. Der Vergleich dieses Romans der zwanziger Jahre mit Bölls Werk ist in der Tat lohnend, nicht etwa, weil er die beruhigende Einsicht vermittelt, daß auch die Experimente der Gegenwartsliteratur schon ein gewisses Alter haben, sondern weil er wesentliche Unterschiede im Gebrauch der gleichen Mittel aufdeckt.

Franz Biberkopf, der »Held« des Döblinschen Romans, hat darin eine gewisse Ähnlichkeit mit Bogner, daß auch er ein Gestrandeter, ein Außenseiter ist. Vier Jahre hat er in der Haftanstalt Tegel zugebracht, und er muß sich – aus der Einsamkeit der Zelle entlassen – die Stadt und sein Leben in ihr zurückerobern. Das Leben der Großstadt durchflutet sein Bewußtsein. Er rekapituliert beim Marsch durch die Straßen alles, was fetzenhaft und grell auf ihn eindringt: Ausrufe, Reklamen, Warnungen und Verlautbarungen. »Unser altes ›Mokka-fix‹ ist geschlossen, an der Ecke ist ein neues Lokal heißt ›Mexiko‹, Weltsensation: der Küchenchef am Grill im Fenster, Indianerblockhaus, und um die Alexanderkaserne haben sie einen Bauzaun gemacht, wer weiß, was da los ist, da brechen sie Läden aus. Und die Elektrischen sind knüppeldick voll Menschen, die haben alle was zu tun, und der Fahrschein kostet noch immer 20 Pfennig, ein fünftel Reichsmark in bar; wenn man will, kann man auch 30 zahlen oder sich einen Fordwagen kaufen. Hochbahn fährt auch, da gibt's keine erste und zweite Klasse, bloß nur dritte, da sitzen alle schön auf Polstern, wenn sie nicht stehen, was auch vorkommt. Eigenmächtiges Aussteigen auf der Strecke bei Strafe bis 150 Mark untersagt; wird man sich schwer hüten, auszusteigen, riskiert man ja einen elektrischen Schlag. Bewunderung ein Schuh erregt, der ständig mit Ägü gepflegt. Schnelles Ein- und Aussteigen erbeten, bei Andrang in den Mittelgang treten.«

Biberkopfs Wiedereroberung Berlins ist zwar ein Kampf, aber der Wirbel der Geschäftigkeit stellt auf die Dauer keine Bedrohung, keine Gegenwelt für ihn dar, zu der er in feindlicher Spannung verharrt. Im Gegenteil, die Flut der Fakten und Wahrnehmungen, die ohne Gegenwehr sein Bewußtsein durchströmt, ordnet ihn ein in das Riesenkollektiv der Stadt, in das er wiederaufgenommen sein will.

Bogner hingegen, Bölls Hauptgestalt, steht jenen Mächten, die im Werbeslogan an ihn appellieren, in feindseliger Spannung gegenüber. Darum verfolgt Böll bei der Verwendung von Reklametexten in seinem Roman auch nicht die dokumentierende Technik Döblins, die nichts ausläßt, sondern trifft eine gezielte Auswahl. Aufgegriffen wird das, was in grotesker Dissonanz zu Bogners innerer Verfassung steht. Dieser durchgängige Kontrastbezug des Reklametextes zur Situation des Helden hat eine generelle Bedeutung, die der Erläuterung bedarf.

Bogner wird zwar erst durch das langjährige qualvolle Zusammenleben mit seiner Familie auf einem Raum und durch die verzweifelte Flucht aus diesen Verhältnissen endgültig gebrochen, aber »angeknackt« hat ihn der Krieg. »Mag sein«, sagt er, »daß ich im Krieg etwas abbekommen habe. Ich denke fast immer an den Tod, Käte, es macht mich ganz verrückt.« Es ist also, wenn auch in modifizierter Form, die von Böll so oft dargestellte Heimkehrerproblematik, die Bogner kennzeichnet. Er kann sein Leben nicht zurücklenken in die alten Bahnen. Er wird »zu früh von der Gleichgültigkeit« erfaßt, die allerdings im Grunde eine stumme Protesthaltung ist. Denn Bogner ist die Personifizierung jener Verzweiflung, die in dem Roman ›Haus ohne Hüter‹ (1954) die junge Kriegerwitwe ausrufen läßt: »Oh, ich hasse euch alle, weil ihr zulaßt, daß das Leben weitergeht. Vergessen streuen über den Mord, wie man Asche über Glatteis streut.« Darum überkommt den alle Gewalttätigkeit verabscheuenden Bogner auch unversehens das Verlangen, harmlosen Passanten ins Gesicht zu schlagen. Vor allem aber die Reklametexte repräsentieren für ihn das unfaßbare »Weitergehen« des Lebens, die hohle Geschäftigkeit der wiedererwachenden Besitzgier und die sträfliche Rückkehr der Ungewandelten zur Gemütlichkeit. In der moralischen Trümmerlandschaft dieses Romans wirken die merkantilen Heilsbotschaften der Leuchtreklamen wie höllisches Feuerwerk.

Es ist gewiß kein Zufall, daß auch Wolfgang Borchert in einer seiner Kurzgeschichten den Heimkehrertypus mit der trivialen Lebenszuversicht der Werbung konfrontiert hat. In der Erzählung ›Die lange lange Straße lang‹ begegnet die Gestalt eines zurückgekehrten jungen Offiziers, dessen Bewußtsein völlig okkupiert ist von einer einzigen Situation seines Kriegserlebens, in der siebenundfünfzig seiner Leute auf einen

Schlag durch die Salve einer Stalinorgel getötet wurden. Unausgesetzt kreist sein Denken um dieses Faktum, aber in seinen inneren Monolog mischt sich gleichzeitig die Wahrnehmung der Geschäftsreklame jener »langen Straße«, die er durchschreitet. »Aber ich muß die lange lange Straße lang. Lang. Wand Wand Tür Laterne Wand Wand Fenster Wand Wand und buntes Papier buntes bedrucktes Papier.

Sind Sie schon versichert?
Sie machen sich und Ihrer Familie
eine Weihnachtsfreude
mit einer Eintrittserklärung in die
URANIA LEBENSVERSICHERUNG

57 haben ihr Leben nicht richtig versichert. Und die 86 toten Iwans auch nicht. Und sie haben ihren Familien keine Weihnachtsfreude gemacht. Rote Augen haben sie ihren Familien gemacht. Weiter nichts, rote Augen. Warum waren sie auch nicht in der Urania Lebensversicherung?«

Es scheint mir zu den unauffälligen und darum leicht zu übersehenden Feinheiten der Erzählkunst Bölls zu gehören, daß er in seinem Roman ›Und sagte kein einziges Wort‹ nicht wie Borchert den Groteskeffekt der Reklameeinblendung nachdrücklich unterstreicht oder erläutert. Nur äußerst selten nehmen die Hauptgestalten Bölls in ihren Äußerungen überhaupt direkt Bezug auf die Werbeslogans, die sie sehen oder hören. Böll setzt den Kontrast, ohne näher auf ihn einzugehen. Er konfrontiert immer wieder die triviale Aktivität des »weitergehenden« Lebens mit der Passivität seines innerlich gelähmten Helden, doch leitet er keine manifeste Anklage aus solcher Entgegensetzung ab. Die moralische Wertung liegt allenfalls in der Technik, die Kontrastspannung ins Groteske zu überziehen. Das heißt, die Kritik des Autors kommt nicht in den Worten, sondern in der künstlerischen Form zum Ausdruck.

Besonders aufschlußreich ist in dieser Hinsicht die Handhabung der Werbetexte im elften Abschnitt des Romans. Diese Partie schildert eine der sporadischen Zusammenkünfte des Ehepaars Bogner, das nur noch in abgelegenen Parks oder billigen Hotelzimmern einige Stunden ungestörten Zusammenseins finden kann. Das Gespräch der beiden, das auf einem Rummelplatz beginnt und auf dem dürftigen Hotelzimmer fortgesetzt wird, dreht sich qualvoll um die Tatsache, daß die Bogners ein viertes Kind erwarten. Dieses Kind wird nicht nur an dem Elend der von feindseligen Nachbarn umgebenen Einzimmerwohnung partizipieren, sondern es beträchtlich vergrößern. Für Bogner wächst mit diesem Kind die moralische Schuld und die Verpflichtung zur Rückkehr, aber er kann nur zurückkehren in eine Situation, die noch schlimmer ist als die, aus der er geflohen ist. In dieses Gespräch platzt lärmend die Flugzeugreklame einer besonders einfallsreichen Firma:

»Käte brach ab, draußen ging ein heftiges Geknatter los: es knallte und krachte wie von Explosionen. Ich lief zum Fenster, riß es auf. Die Geräusche enthielten den ganzen Krieg. Brummen von Flugzeugen, Gebell von Explosionen; der Himmel war schon dunkelgrau, jetzt war er mit schneeweißen Fallschirmen bedeckt, an denen eine große rote flatternde Fahne langsam nach unten sank: ›Gummi Griss – schützt dich vor den Folgen!‹ war darauf zu lesen.«

Bogner bezeichnet diesen »Luftangriff« der findigen Firma zwar als »Reklamescherz«, aber dann heißt es im Text: »... und das Geräusch ihrer Motoren zielte in unser Herz und traf genau ...« Auch die andren intermittierenden Reklametexte gerade dieses Abschnittes zielen ins Herz. Käte Bogner sagt ihrem Mann, daß er als Trinker gilt und vor allem darum ihre Bewerbungen um eine Wohnung abgelehnt worden sind. Schon bevor das Gespräch sich diesem Punkt nähert, sieht aber Bogner beim Blick aus dem Hotelfenster eine Leuchtreklame. Sie zeigt im Innern einer großen Flasche den Umriß eines Trinkers, und unter dem Bild leuchten sukzessiv die Buchstaben auf: »Sei schlau ... mach nicht blau ... wenn du Kater hast ... nimm Doulorin.« Und dann folgt »giftgelb«, wie es im Text heißt, der leitmotivische Slogan: »Vertrau dich deinem Drogisten an.«

Diese nur knappen Hinweise mögen genügen, um zu zeigen, daß der Reklameslogan nicht nur in drastischer Weise die Realität und Banalität der modernen Wirklichkeit dokumentieren soll, sondern eine für den Gehalt des Romans entscheidende Funktion hat. Gerade durch die kontinuierliche Einblendung der Reklame wird auch dort, wo das Werk sich vorwiegend oder ausschließlich mit der Hilflosigkeit und Lethargie des vom Krieg Gebrochenen beschäftigt, immer die Kontrastsphäre der wirtschaftswunderlichen Prosperität und Vitalität präsent gehalten.

Die künstlerische Darstellungsform des Romans bildet somit unmittelbar das Nebeneinander von seelischer Verwüstung und wirtschaftlichem Aufbau ab, ohne die moralische Seite dieses Problems aufdringlich zu exponieren.

RUDOLF HARTUNG
Böll-Lektüre auf Bornholm

I

Man hat die Schleuse zwischen den beiden Hafenbecken geschlossen. Das größere, mit dem Meer noch verbundene, in dem auch die »Neptun« lag, die mich vor einigen Tagen zu der Insel Christansø hinübergebracht, ist leer; der Sturm drückt die hohen Wellen herein, das Wasser im Becken schwappt wie in einer Schüssel, die man heftig niedergestellt hat. Im kleineren ist das Wasser nur leicht gekräuselt; hier liegen die Schiffe verankert, die wegen des Sturms nicht auslaufen können: ein deutscher Frachter aus Stade, Fischerboote, auch Kähne.

Die Brandung ist durch die Scheiben nicht zu hören, aber ab und zu sehe ich, wie ein Schwall hellen Wassers fächerförmig über die Kaimauer geworfen wird. In breiten Wogen rollt das Meer gegen die granitenen Felsen: das gestern abend noch fliederfarbene, das jetzt eisengraue, das in der brechenden Woge flaschengrüne Meer.

In dem kleinen Café, in das ich mich mit meinen Büchern und meinem Schreibheft zurückgezogen habe, muß der weiche Teppich keine Schritte dämpfen; ich bin der einzige Gast an diesem Vormittag. Langsam wende ich den Blick von dem kleinen Hafen, um die letzten Seiten des Buches zu lesen, mit dessen Lektüre ich gestern nicht ohne einige Sorge begonnen habe: Wie würde sich heute, mehr als ein Jahrzehnt nach ihrem Erscheinen, die Erzählung ›Das Brot der frühen Jahre‹ darstellen?

2

»... der Erzähler Heinrich Böll zehrt sozusagen auf weite Strekken und gewiß ein wenig zu ausgiebig – wie selten erinnern wir uns alle doch an die vergangenen Entbehrungen! – von jenem ›Brot‹, das seinem hungernden Lehrling Walter Fendrich früher gefehlt hat.«

Diesen Satz aus meiner damaligen Besprechung der Erzählung würde ich heute so nicht mehr schreiben, obwohl nun die Entbehrungen der Nachkriegszeit noch weiter zurückliegen und obwohl ich mir auch bei der jetzigen Lektüre die vielen Wörter für Speisen usw. notiert habe: den Suppengeruch und das Brot, Kartoffeln und Pudding, Weißkohlköpfe und Kartoffeln mit Bratensauce usw. usw.; auch das Bekenntnis des Helden »ich bin brotsüchtig«.

Wahr im Sinne von wahrscheinlich mag Walter Fendrichs Obsession weder im Jahre 1955, als die Erzählung erschien, noch in unserer Zeit sein. Aber stärker als damals, als auch schon von den »moralischen Gründen« zu sprechen war, aus denen Heinrich Böll – und sein Geschöpf – dem Vergangenen die Treue zu halten suchen, wäre heute zu betonen, daß diese scheinbar forcierte Treue um ihrer Vergeblichkeit willen notwendig ist. Wo fast alle freudig vergessen, muß einer sich erinnern; darf Bölls Held während seines einen in der Erzählung beschriebenen Lebenstages besessen sein von dem Gedanken an das früher entbehrte Brot, wie ein anderer besessen ist von der Eifersucht auf eine Geliebte, ein dritter von der Erinnerung an eine Demütigung, die sein Leben vergiftet.

Unter diesem Gesichtspunkt würde ich die Behauptung riskieren, daß Bölls Erzählung in dem Maße, als wir uns von den Jahren der Entbehrungen entfernt und sie vergessen haben, wahrer geworden ist. Keine Rechnerei des Tages spricht mehr gegen den so hartnäckig erinnerten Hunger, kein Gedanke daran, wie schnell Menschen vergessen. Die Moralität des Erzählers ist in dem verflossenen Jahrzehnt ganz mit der Figur der Erzählung verschmolzen.

3

»... mit erstaunlicher, manchmal ermüdender Hartnäckigkeit hält Böll jeweils am einmal gewählten Thema und der Fabel fest; er verliert seine Figuren nie aus den Augen und gibt das meist kleinbürgerliche Milieu seiner Personen mit obstinater Ausführlichkeit wieder..., nichts wird unterschlagen, nie der Blick in eine größere Ferne gehoben.«

Widersprechen würde ich dieser früheren Feststellung heute nicht unbedingt. Die Stadt, in der Bölls Held lebt – doch wohl Köln? –, wird mir beim Lesen nicht recht spürbar; nicht dies: daß an dem einen Tag, an dem Walter Fendrich Hedwig von der Bahn abholt, zu ihrem Zimmer fährt, lange auf der Straße auf sie wartet, seine frühere Fast-Verlobte trifft, zu Hedwig zurückkehrt, mit ihr durch die Straßen fährt und die beiden zuletzt in seinem Zimmer nicht bleiben dürfen – daß an diesem Tag in derselben Stadt noch Tausende leben, lieben, arbeiten, warten; daß an diesem Tag auch *das* wirklich ist, wovon nicht erzählt wird.

Möglich, daß Moralisten hermetische Geschichten bevorzugen, unter Verzicht auf tausend Möglichkeiten an ein paar Figuren, an ein Geschehen sich binden. Aufgegeben ist ihnen das Begrenzte, nicht das – utopische – Ganze, nicht die »größere Ferne«.

Bedenklich aber finde ich es heute, nach dieser zweiten Lektüre der Erzählung am Hafen von Allinge, ob eine solche Bindung an das Hier und Jetzt einem Autor vorzuwerfen ist. Die tiefe Fragwürdigkeit von Figur und Fabel, von der wir lange Zeit so überzeugt waren, ist selber fragwürdig geworden.

Erzählen ist erzählen *von etwas*. Demgegenüber ist Anordnung von Sätzen, Wörtern, Sprachpartikeln etwas Abgeleitetes, ja Parasitäres: Leben von den Zinsen jenes Kapitals, das die Erzähler *von etwas* angehäuft haben.

4

Wie im Leben, so bleibt auch in der Kunst der Schmerz darüber, daß man nicht alle Wege zugleich gehen kann; daß man auf zahllose andere Wege verzichten muß, um den einen zu gehen. Und daß man, je weiter man den einen geht, sich desto weiter von den anderen entfernt. (Der Schmerz über diesen Verzicht, die brennende Erinnerung an »den anderen Weg« macht ein Gedicht von Robert Frost schön.)

Vorzubringen aber ist vielleicht, daß der Erzähler Heinrich Böll im ›Brot der frühen Jahre‹ manchmal mit zu kleinen Schritten geht. Bei der Lektüre kreuzte ich wieder jenen Satz an, den ich dann zu meiner Überraschung auch in der alten Rezension zitiert entdeckte: »Ich trank an meinem Kaffee, stand auf, ging in den Laden und ließ mir von der jungen

Frau drei Brötchen geben; sie gab mir einen Teller, und ich schüttelte den Kopf, als sie mir ein Messer geben wollte. Ich legte die Brötchen auf den Teller, ging in das Zimmer zurück...«

Diese kleinen erzählerischen Schritte, von denen keiner ausgelassen werden darf, erinnern an Hemingway: jeder Schritt ist bedeutsam; Zeit und Raum, in die das Geschehen gestellt ist, werden nachdrücklich zu Bewußtsein gebracht. (Wie sonst sollte Großes beeindrucken, wenn zuvor nicht und immer wieder sichergestellt ist, daß das Große – die Begegnung mit dem Mädchen, ihr Erschrecken – hier und jetzt sich ereignet?)

Bei Böll ist jedoch diese minuziöse Darstellung nicht nur erzählerische Methode, sondern ebensosehr auch ein moralischer Akt. Wie das Vergangene erinnert wird, so muß die Gegenwart Schritt für Schritt durchwandert werden. Auch das Geringfügige ist nicht nur Bagatelle oder vielmehr: auch die Bagatelle hat Bedeutung und so etwas wie erzählerische und moralische Würde.

5

Aufgegeben ist solchem Erzählen trotzdem die Erinnerung daran, daß das einzelne nicht etwas völlig Isoliertes ist, sondern mit dem Ganzen in irgendeiner Verbindung steht. Das Glück, das solche Erinnerung mit sich bringt, dürfte sich dieser Sprengung der Grenzen verdanken. So wenn es in der Erzählung von einer Frau hinter der Theke eines Konditorei-Cafés heißt: »Klein ist sie und hüpft wie ein Vögelchen, und die beiden weißen Haarsträhnen, die an beiden Schläfen nach hinten laufen, erinnern mich immer an gewisse Marzipanstreifen an gewissen Pralinen...«

Zu bewundern ist hier mehr als nur die Anschaulichkeit, die durch den Vergleich gewonnen wird. Vermittelt wird überdies die Erkenntnis, daß die genaue Betrachtung eines einzelnen Objekts den Blick auch freigibt auf anderes; daß in der Wirklichkeit analoge Strukturen und Konstellationen entdeckt werden können. Eine Einsicht, die den Schmerz der Trennung aufhebt: Der Erzähler scheint zwei Wege gleichzeitig zu gehen oder auf dem einen Wege etwas zu finden, was nur auf einem anderen dem Auge sich darbieten könnte. Solchermaßen wird eine Freiheit verwirklicht, die an einer schönen Stelle des Textes von Heinrich Böll als Freiheit des Loslassens erkannt wird:

»... und ich gab meinen Haß gegen ihn preis wie ein Kind einen Luftballon, den es einen ganzen Sommersonntagnachmittag lang krampfhaft festgehalten hat – dann plötzlich losläßt, um ihn in den Abendhimmel steigen zu sehen, wo er kleiner wird, kleiner, bis er nicht mehr sichtbar ist.«

6

Ein Tag und noch einer sind vergangen, seitdem ich diese Notizen in dem kleinen Café am Hafen von Allinge begonnen habe. Unter einem jetzt aufgehellten Himmel sendet die Ostsee noch immer ihre Gischtfahnen über die Kaimauer. Noch immer liegen die Schiffe in dem stillen Hafenbecken und warten auf ein Nachlassen des Nordoststurms. Ein überschaubarer Bestand, eine kleine Welt.

Durch die Scheiben meines Cafés blicke ich auf sie, wie der Held der Böllschen Erzählung durch die Windschutzscheibe auf das Mädchen schaut, das er eben vom Bahnhof abgeholt hat und von dem er begreift, daß es schön ist.

Curt Hohoff
Die roten Fliesen im ›Tal der donnernden Hufe‹

Das Thema ist die Liebe, rot und weiß, sinnlich und keusch. Zu Anfang der Erzählung ›Im Tal der donnernden Hufe‹ starrt ein vierzehnjähriger Junge auf die roten und weißen Fußbodenfliesen des Seitenschiffs einer Kirche. Er steht vor dem Beichtstuhl, wo der Katholik, ist er ehrlich, die schwierigsten Aufgaben löst, und Böll – o ja, ehrlich ist er immer. Der Fußboden schwimmt vor den Augen des Knaben wie ein Kiesweg aus roten und weißen Splittern: »Rot stach, Weiß stach, wie ein schmutziges Netz lagen die Fugen unklar darüber.« Das Beichtkind kann sich nicht entschließen. Eine junge Frau flüstert ihm zu, es sei an der Reihe, und etwas später sagt ein Mädchen zu ihm: »Sie sind an der Reihe.« Der Junge tritt nicht ein, was soll er dort sagen? Denn eine Fesselung der Seele empfindet er in der brennenden Begierde nach dem andern Geschlecht. Das Klappern der Absätze eines

Frauenschuhs, der Anblick weiblicher Formen überwältigen ihn wie ein Fetisch.

Damit ist das Motiv der Erzählung angeschlagen; die roten und weißen Fliesen fixieren es symbolisch. Weiß ist die Farbe der Reinheit und Keuschheit, Rot die Farbe der Liebe und Leidenschaft. Der geistliche Tod und das himmlische Jerusalem sind katachretisch verschlungen. Der Titel der Erzählung weist auf eine knabenhafte Variation des theologisch-moralischen Themas hin: das Tal der donnernden Hufe ist der indianische Himmel im Karl-May-Stil. Wie kommt man dorthin? Durch den Tod. Die Romantik der Knaben spielt mit ihm. Die Konstellation der Geschichte überträgt ein altes deutsches Modell in die Adenauer-Zeit.

Das Thema »Liebe« in der Form von sexueller Gier wurde seit den fünfziger Jahren auf eine meistens banale und ordinäre Weise an die Öffentlichkeit herangebracht und dadurch erledigt. Bei Böll ist es anders, denn er nimmt die Lust als Gegenstand der Beichte, als Sünde. Zugleich ahnt der Junge, daß Sünde und Seligkeit auf geheimnisvolle Weise einander durchdringen, sich verschlingen. Innerhalb des rheinischen Katholizismus ist die Verstrickung von »Liebe« mit »Sünde« ein puritanisch-spätes, bürgerliches, mit der Wahrheit schief zusammengeklebtes Thema. Aus diesem Systemzwang von Denken und Fühlen will sich der Junge befreien. Komplexe Wirklichkeiten – Liebe, Lust, Ehe, Sakrament und schließlich die »Greifbarkeit« Gottes – streiten in ihm und spiegeln die Auseinandersetzung des Verfassers mit seiner Herkunft.

Die moderne, vital-heidnische Auffassung der Liebe korrespondiere mit der christlich-sakralen, könnte man meinen. Dann träfen sich das Hohe Paar der antiken und modernen Liebe, wo Königstöchter mit einem Gott in sternenhafter Entrückung eins werden, mit dem biblischen Modell die Beziehung der Geschlechter in Adam und Eva, wo die Beziehung der Liebe mysterienhaft durch »Sünde« gestört wird. Bei Böll gibt es kein hohes und ideales Paar, denn die Welt ist Lüge, entweiht durch gräßliche Konventionen, Albernheiten und Pervertierungen. Der Sport der Schwestern ist lächerliche Jagd nach Diplomen, der Bacchus der Weinfeste ist ein fetter Spießer mit Weinlaub um die Glatze. Die geistigen Mächte erscheinen im Zustand der Entartung. Das Christentum ist ein Ritus der Kleinbürger, der Kommunismus Diskussionsstoff enttäuschter Intellektueller.

Die Liebesvorstellungen dieser beiden Mächte sind in ihren idealen Formen – als freie Liebe hier, als sakramentale Verbindung dort – unauffindbar geworden. Die Prinzipien geraten in den jugendlichen Liebenden durcheinander, nähern und entfernen sich für Paul und die Mirzowa in ihrem Gespräch über die Wirklichkeit und Sichtbarkeit Gottes (hat Gott Füße? – Sie sind doch durchbohrt worden ...). Unter dem Grundmuster wird die Wahrheit vermutet, aber sie bleibt unklar. Daran ist nicht zuletzt die soziale Stufenleiter schuld. Paul, die Mirzowa und der Freund Griff leben in einer Welt, wo überlieferte Ansichten das Empfinden verkrüppeln und der Zwang moralischer Konventionen die Fülle in Mangel verkehrt.

In dies Weltsystem kratzt Böll mit knirschendem Griffel seine Geschichte aus den fünfziger Jahren. Die illustrierten Zeitungen, Filme, Unterhaltungsromane, populäre und exklusive Wissenschaften begannen sich intensiv mit dem Thema der Sexualität zu befassen. Sogar die katholische Theologie besann sich auf das Wesen der Ehe und der körperlichen Liebe in einer Art, die vor einem Menschenalter im christlichen Bereich noch undenkbar erschienen wäre: Die Ehe sei nicht nur ein Instrument zur »Vermehrung der Kinder Gottes«, sondern körperliches Zeichen der Vereinigung, und diese selbst, als Sakrament, sei im Vollzug ein Wert für sich. Daher Bölls Engagement in diesen Dingen. Seine reifen Mannesjahre waren die Jahre der Entwicklung zu neuer Unbefangenheit.

Wenn das Mädchen Mirzowa dem Jungen ihre Brust zeigt, entwickelt sich ein Dialog:

»Er blickte genau hin, berührte sie nicht, schüttelte nur den Kopf, und ein Lachen stieg in ihm auf.

›Was ist‹, fragte sie, ›darf ich auch lachen?‹

›Lach nur‹, sagte er, und sie lachte.

›Es ist sehr schön‹, sagte er, und er schämte sich wieder, weil er ›es‹ gesagt hatte, nicht ›sie‹, aber er konnte dieses ›sie‹ nicht aussprechen.

›Mach es wieder zu‹, sagte sie ...«

Der Dialog schließt damit, daß Paul sagt: »Ich bin froh, daß es so schön ist.« Er meint die weiblichen Merkmale. Obgleich die Szene ungewöhnlich ist, sind die Abwesenheit aller bösen Lust und die keusche Scham des Jungen überzeugend. Die Brüste des Mädchens sind schön, und im gleichen Atemzug denkt er, mit vierzehn Jahren könne man noch keine Frau haben.

Die Beichtszene des Anfangs, der Krampf der sexuellen

Begierde angesichts jener Frau und jenes Mädchens, des weiblichen Typus, löst sich in dieser Szene. Damit ist die Geschichte schon zu Ende, die Mirzowa wird ihren Zug besteigen und nach Wien zu ihrem Vater reisen. Er ist Russe, Kommunist, fern der christlichen Moral, kein Wein-, sondern ein Schnapstrinker, was sehr wichtig ist, da Böll den Typus des weinfrohen Rheinländers diskreditiert.

Die junge Mirzowa ist alles andere als das, was die Fama verdorbener Phantasie ihr nachsagt. Es gibt eine Welt, wo sich die »Sünde« in Luft aufgelöst hat, jedenfalls das Muster *dieser* Sünden, die ja keine eigentlichen Sünden sind und auf falscher Auslegung der Lehre, auf falscher Autorität von Müttern, Lehrern und Geistlichen beruhen. Das ist ein Dollpunkt des Autors, über den nichts mehr gesagt zu werden braucht.

Bölls Vorstellungen über die Liebe lösen sich in der christlichen Ehe. Alles, was vorher liegt und geschieht, fesselt ihn als Hinweis auf die sakramentale Wirklichkeit. Ihn interessiert deshalb nicht die Sexualität vor und neben der Ehe, die in der zeitgenössischen Literatur zum Thema eins geworden ist, wohl aber fesselt ihn die geheimnisvolle Verschlingung der Sinne und des Geistes in der Liebe und warum und wieso fast jeder Mensch nur auf einem gewundenen langen Weg, unter Entsetzen und Befleckungen, in den »Stand« der Ehe kommt, wo sich die Schwierigkeiten, wenn man es nur versteht, auflösen und das Paradies verspürt wird.

Wie verhält sich der Jugendliche, der das ahnt, aber nicht weiß, gegenüber den Tabus, welche eine entartete Welt vor ihm aufgebaut hat?

Die Erzählung antwortet nicht auf die Frage der abstrakten Theorie über Liebe und Ehe, antibürgerliche und antiklerikale Affekte, soziologische und theologische Spekulationen. Sie ist ein episches Netz mit Stellenwerten für die Figuren von Junge, Mädchen, Freund, Schwestern, Eltern und ein paar Nachbarn. Kaum daß sie Namen haben, oder sie haben unwirkliche, erfundene Namen wie Griff und Kuffang. Das Mädchen trägt nach russischer Sitte den Namen des Vaters mit weiblicher Endung. Daß sie väterlicherseits aus der Fremde kommt und in die Fremde zurückgeht, wirkt etwas gezwungen, denn gerade ihren Typus findet man im Rheinland häufig. Aber sie soll vom Bürgertum als fremd und deshalb verdächtig empfunden werden. Diese rheinische Öffentlichkeit kann sich Freiheit nur als etwas Böses vorstellen. Die Mutter sagt beim Abschied zu dem Mädchen: »Tu's nie, was sie von dir denken, tu's nie.« Das Versprechen, wiederzukommen und auf immer bei dem Jungen zu bleiben, ist Kreditierung einer ungewissen Zukunft. Paul ist jedoch am Ziel, denn er sagt am Schluß zu dem Polizisten: »Ich wohne in Jerusalem.«

Der Traumwelt der Knaben steht die kölnisch-rheinische des Autors gegenüber. Hier spielt das Motiv des Tötens seine Rolle. Die Jungen spielen mit der Idee, sich zu erschießen. Der Vater besitzt als Andenken aus dem Krieg eine Pistole. Sie wird jede Woche auseinandergenommen und gereinigt. Der Junge schaut zu:

»Hier wurde der Kult eines Instruments zelebriert, das auf eine so offenbare und erschreckende Weise seinem Geschlecht glich; der Same des Todes wurde aus dem Magazin nachgeschoben. Auch das kontrollierte der Vater: ob die Federn der Magazine noch funktionierten. Sie funktionierten noch...«

Man braucht nicht Psychoanalytiker zu sein, um Bölls Meinung zu bestimmen. Die Pistolenszene ist das Negativ Jerusalems, die Hölle des Krieges, wo dämonische Lust im Spiel ist. Das Motiv wird ergänzt durch das mit Tirpitz, den die Geschichte einst rehabilitieren werde, und durch die Schüsse auf das »Waffenbier«-Schild – eine der sprechenden Erfindungen des Autors. Schließlich mischen sich bei Paul die Motive; er will der »Bruder, der den Tod der Sünde vorzog«, sein, Bruder jener Schwestern, welche Sportdiplome unter dem Kruzifix in ihrem Zimmer hängen haben.

Der zeitkritische Ansatz der Geschichte liegt auf der Hand. Die Zeit der wahren Liebe ist ebenso vorbei wie die der religiösen Bindung. Die Existenz ist entweiht.

Im ›Brot der frühen Jahre‹ steht die heimliche Liebe zu einem Mädchen aus verbotener Sphäre wie ein Licht über der Gemeinheit der Kriegswelt. In der fast genialen Erzählung von der ›Waage der Baleks‹ stimmt die Gemeinde nach der Messe das Lied »Gerechtigkeit der Erden, o Herr, hat dich getötet« an. In dem Hörspiel von ›Mönch und Räuber‹ ist der Räuber der gute Mensch. Im ›Irischen Tagebuch‹ wird der Glaube des armen irischen Volkes dem reich gewordenen und ungläubigen deutschen Volk als Spiegel vorgehalten.

Die Beispiele ließen sich mehren: Kirche und Vaterland, die Begriffe von gestern, werden als Idole entlarvt. Vor allem das Bürgertum nimmt Böll aufs Korn, das herabgekommene, wo die Überlieferungen nur noch Konventionen sind und der Mammonismus an die Stelle des Christentums getreten ist.

Für die Erzählung vom ›Tal der donnernden Hufe‹, die 1957 entstanden ist, gab es 1950 einen Vorläufer in der Kurzgeschichte: ›Das Abenteuer‹. Fink, Vertreter einer Firma für Fertighäuser, hat die Ehe einer »hübschen kleinen Bürgerin mit feistem Hals« gebrochen und beichtet die Sünde. Den Heiligen in der Kirche sind die Gipsköpfe abgeschlagen, das Gewölbe ist teilweise eingestürzt, das Mauerwerk aus gelblichem Backstein tritt nackt zutage. Alles an dieser Kirche ist schäbig. Der Beichtstuhl und die Fliesen des Fußbodens sind symbolisiert wie in der späteren Geschichte. Die roten und weißen Fliesen finden sich genauso wie der Vergleich der Sünde mit einem tödlichen Schuß:

»Er wußte, daß der Pfeil auf dem Bogen schon zitterte, der Schuß losgehen und ihn unfehlbar in jenes Schwarze treffen würde, für das ihm kein anderes Wort als Seele einfiel.«

Fink ist enttäuscht, daß der Priester sachliche Fragen stellt und verlangt, er solle den Umgang mit der Frau meiden. Das geht schlecht, die Dame hat nämlich ein Fertighaus bei Fink bestellt. Im weiteren Verlauf kommt heraus, daß das Geschäft Fink zum Lügen zwingt, weil die Qualität der angepriesenen Fertighäuser die Käufer zu enttäuschen pflegt.

In dieser frühen Erzählung war Böll die Reduzierung des »Falls« auf das Mittelmaß und die Banalität besonders gut geglückt. Die Geschichte wirkt wie eine Transposition aus der Welt Leskows oder Dostojewskis in die rheinische Gegenwart von 1950. Dieser Fink erhält zwar die Lossprechung, aber das Abenteuer und die Wirklichkeit treten auseinander. Das Abenteuer vergoldet sich ihm als »schön und sündhaft«, während die Spielregel, der er gefolgt war – die Gelegenheit wahrzunehmen, wo sie sich bot –, ihn mit schnöder Indifferenz zum Sünder machte. Das erotische Abenteuer ist keins mehr. Das zeigt auch die Wirkung seines Geständnisses: der Priester sieht den Ehebruch als Bagatellfall an und absolviert ihn. Fink ist betroffen und verletzt, denn er hat gemeint, sein Vergehen sei mehr als ein Routinefall für den Beichtvater. Wie schwer fällt Fink die Einsicht, daß Schuld durch ein Sakrament getilgt werden kann!

Der Knabe Paul geht also nicht zur Beichte. Er ist nicht reif dafür, und es macht den Reiz des anarchistischen Eigensinns aus, daß er durch die Mirzowa, eine Ungläubige, wie sie sich nennt, eine geistliche Belehrung empfängt. Es handelt sich um das Zeichen, die Sichtbarkeit der Gnade, die Wirkung eines Sakraments. Er empfängt die Belehrung, daß Gott nicht ein Abstraktum ist, sondern in der Person Christi konkret und sichtbar, verletzbar und leidend war: Gott »hat Füße«, denn sie sind ja, sagt das Mädchen, am Kreuz durchbohrt worden. Von solcher Greifbarkeit Gottes leitet sich die (katholische) Lehre von den Sakramenten her. Das Sakrament der Buße tilgt die Schuld der Sünde, und das Sakrament der Ehe, das die Gatten sich in Vereinigung spenden, nimmt die Sexualität unter die Heilmittel des Menschen auf.

Aber weiß man das noch? Was wissen die Gläubigen, was halten sie davon? Bürgertum und Klerus haben, nach Böll, zu wenig getan, um den Blick offenzuhalten. Die bürgerliche Moral ist Lüge, die kirchliche Kunst ist Kitsch geworden, und die Verwaltung der Sakramente unterliegt einem beamtlichen Schema.

Wenn man Böll von seinen amerikanischen Vorbildern isoliert, kommen ganz andere Typen zum Vorschein als die Figuren einer banalen Welt. Sie sind der modernen Zivilisation nicht gewachsen, flüchten aus kirchlichen und politischen Ideologien. Alte und neue Motive kreuzen, schneiden und brechen einander. Niemand kann der Jugend einen Weg zeigen. Konventionen und Tabus, welche früher ein solidarisches Verhalten der Gesellschaft erzwangen, werden nicht mehr gehalten. Ödheit regiert die Herzen dieser Welt.

Bölls gewaltiger Erfolg beim großen Publikum in Ost und West hängt mit der Wahrheit dieses Menschenbildes zusammen, und es spiegelt das innere Recht, aus dieser Ordnung auszubrechen, auf sie zu verzichten, nein zu sagen.

Man wirft die Marmeladegläser gegen die Wand. Man möchte sich erschießen; aber das ist der falsche Weg ins Tal der donnernden Hufe, die Mirzowa zeigt Paul den richtigen. Er führt über die Schönheit des Körpers in das Paradies der Ehe. Schönheit und Lust sind, nach alter christlicher Lehre, Sakramentalien, Mittel zum Heil der Welt. Der Junge begreift das oder ahnt es und verschießt seine Munition gegen die negativen Idole der Zeit.

Wolfdietrich Rasch
Zum Stil des ›Irischen Tagebuchs‹

In der ersten seiner Frankfurter Vorlesungen sagt Heinrich Böll: »Es wird – ich werde darauf noch zu sprechen kommen – viel zuviel Inhaltsanalyse betrieben... Worte sammeln, Syntax studieren, analysieren, Rhythmen ergründen – es würde sich herausstellen, welchen Rhythmus, welche Syntax, welchen Wortschatz das Humane und Soziale in unserem Land hat.« Vielleicht enthält diese Bemerkung den Wunsch Bölls, daß man solche Formanalyse auf seine eigenen Texte anwenden möchte. Das wäre ein sehr berechtigter Wunsch, eine legitime Forderung.

Das erzählerische Werk Bölls wurde in den fünfziger Jahren bekanntlich sehr intensiv und in großer Breite rezipiert. Es bildet seiner Wirkung nach eine dominierende Komponente in der literarischen Landschaft der Nachkriegszeit. Dieser Erfolg Bölls steht jedoch heute, nach zwei Jahrzehnten Nachkriegsliteratur, der Geltung, ja dem rechten Verständnis seines Werkes in gewissem Maße entgegen. Es ist zu bekannt, zu geläufig, es ist fast schon historisch geworden. Weil allzu bekannt, ist es im Grunde unerkannt. Es ist wie das Bild, das man, weil es einem sehr wichtig war, an die Wand des Wohnzimmers hängte und dann nach Jahren dort kaum noch sieht. Man muß es von seinem festen Platz wegnehmen, in anderes Licht stellen, von nahem betrachten, seine Malweise untersuchen: dann kann es sich wieder, auf neue Weise, mitteilen.

Um mit Bölls Prosa so zu verfahren, wird man gut tun, ein ganz kleines Stück als Beispiel zu wählen. Etwa das – reichlich 6 Seiten umfassende – Anfangskapitel des ›Irischen Tagebuchs‹ von 1957. Es ist, wenn auch als »Tagebuch« bezeichnet, durchaus ein erzählerisches Werk. Da hier aber Erfahrenes, nicht Erfundenes erzählt wird, läßt sich daran besonders deutlich zeigen, »daß ein Stück erzählender Prosa ein anderes Interpretationsinstrumentarium erfordert als der Leitartikel eines Massenblättchens«. Böll fordert »eine wenn auch noch so bescheidene ästhetische Empfänglichkeit« vom Leser literarischer Prosa*.

Das Kapitel ist mit »Ankunft I« überschrieben, obwohl darin die wirkliche Ankunft auf irischem Boden noch gar nicht berichtet wird. Sie geht erst im folgenden Kapitel, »Ankunft II«, vor sich. Die Überschrift bereitet die Pointe des Eingangssatzes vor: Schon an Bord des Schiffes hatte der Reisende »eine Grenze überschritten«, war er eigentlich bereits in Irland. Dies ist das Stichwort für das ganze Anfangskapitel, das das Irische auf dem Schiff zum Thema hat. Es ist eng verklammert mit »Ankunft II«, dessen Anfangssatz das variierte Zitat eines Satzes aus »Ankunft I« ist. Dort heißt es: »Eine Tasse Tee so um Mitternacht,

---

* Frankfurter Vorlesungen, Köln 1966, S. 21, 14. Für das ›Irische Tagebuch‹ benütze ich die Ausgabe von 1957.

wenn man fröstelnd im Westwind steht, während der Dampfer sich langsam in die offene See schiebt ...« Dieser Satz wiederholt sich, nur daß es jetzt »bei Sonnenaufgang« heißt, statt »um Mitternacht«, und daß der Nebensatz lautet: »... während die Insel der Heiligen sich noch im Morgendunst vor der Sonne verbarg«; es wiederholt sich, leicht variiert, noch vieles andere aus »Ankunft I«, fast jedes der Grundmotive. Daß Irland Priester »exportiert«, wie die junge Irin in »Ankunft I« respektlos sagt, wird wiederum erwähnt, aber diesmal sind die missionierenden Priester »vor mehr als tausend Jahren« gemeint. Einzelheiten wie die Sicherheitsnadeln, die grüngrauen Reisedecken tauchen wieder auf, aber auch die Armut in Irland, die Frömmigkeit und ihr Gegenspiel, das Lob des Tees, der Andrang zu den Kinos. Zu diesen schon bekannten Motiven treten neue, Eindrücke von Dublin.

Im 3. Kapitel wirkt das gleiche Prinzip weiter: wieder erscheint die Armut, als neues Motiv tritt der Schmutz in den Slums hinzu. Wieder, wie in »Ankunft I«, wird von der Trinkfreude, dem Whiskyverbrauch berichtet, und es heißt: »Gott wird heftig geliebt und gewiß ebenso heftig gehaßt.« Wer den Text als bloßen Reisebericht, auf Informationen hin liest, könnte einwenden, daß in diesem Satz (und in sehr vielen anderen) nichts Neues mitgeteilt, sondern bereits mehrfach Gesagtes wiederholt wird. Aber der Informationswert ist sekundär. Eine adäquate Interpretation des Böllschen Textes muß erkennen, daß variierende Wiederholung ein formales Grundprinzip ausmacht. Die Kapitel sind strukturiert durch Variationsreihen, in denen das gleiche Motiv abgewandelt, erweitert, mit neuen Motiven kombiniert wird.

Ein Vergleich kann diese Struktur, wenn man die notwendige Vereinfachung in Kauf nimmt, vielleicht verdeutlichen. Man denke sich das erste Glied einer Kette, das drei verschiedenfarbige Steine trägt, je einen roten, grünen, gelben. Das nächste Kettenglied hat wieder einen roten und einen grünen Stein, aber in anderer Farbnuance, und der dritte Stein ist nicht gelb, sondern blau. Auf dem folgenden Kettenglied sind ein grüner, ein blauer und ein brauner Stein kombiniert usw. Jeder farbige Stein entspricht einem Motiv des Erzählberichts, einem Zug am Phänomen Irland. Damit wäre, freilich sehr schematisch und simplifiziert, das Grundprinzip kenntlich gemacht, das Böll natürlich viel differenzierter handhabt.

Aber dieses Variations- und Kombinationsspiel ist nicht

formalistisch, es hat seinen spezifischen Ausdruckswert, seinen guten Sinn. Es sorgt dafür, daß kein Zug des irischen Wesens isoliert gesehen wird, es sagt mittelbar, daß in solcher Isolierung keine der irischen Eigenschaften verständlich wäre. Trinklust und Frömmigkeit gehören hier zusammen, auch Kinoleidenschaft und Teekonsum, beide auch mit den Zweifeln an der Kirche.

Böll hat irische Eigenschaften nicht analysierend dargelegt, sondern erzählerisch konkretisiert und an ganz verschiedenen kleinen Begebenheiten vergegenwärtigt. Indem er sie zu variierenden Motivketten ordnet, macht schließlich jedes einzelne Glied die ganze Kette bewußt, und so entsteht eine geistige Präsenz des Irischen in seiner Totalität. Es ist allerdings eine Totalität, die aus der Perspektive dieses Erzählers wahrgenommen und insofern bewußt begrenzt ist.

Ich mußte über das Anfangskapital hinausgreifen, um die strukturbildende Funktion des Variationsprinzips kenntlich zu machen. Es läßt sich jedoch, in etwas anderer Weise, auch innerhalb des Eingangskapitels beobachten. Zunächst: Auch auf diesen 6 Seiten kommen viele Motive mehrfach vor: das »kehlige Keltisch«, die Sicherheitsnadeln, der Tee. Doch außerhalb der Reihe spezifischer Irland-Motive begegnet das Variationsprinzip.

Man könnte fragen, ob dieser Anfang des Buches, der Beobachtungen, Mitteilungen, Bemerkungen und Beschreibungen mischt, wirklich »erzählerisch« sei, ob dazu nicht ausführlicher und genauer die Reise selbst, die Fahrt des Schiffes berichtet werden müßte. Böll sagt nur, daß er »an Bord des Dampfers ging«, und gibt dann 2 Seiten Beobachtungen und Mitteilungen. Seite 3 heißt es dann: ». . . während der Dampfer sich langsam in die offene See schiebt . . .« Das Schiff hat also abgelegt. Dieser Vorgang wird nicht beschrieben, bleibt ausgespart, wird aber auf einer anderen Ebene, nämlich der des Vergleichs, doch noch erwähnt. Denn es heißt wenige Zeilen später von den Nonnen auf dem Schiff, die sich zum Schlafen auf Deck einrichten: Sie »zogen ihre langen Rosenkränze ein, wie Taue eingezogen werden, wenn ein Boot abfährt . . .« Die Nonnen ahmen mit ihren Rosenkränzen sozusagen das Einziehen der Taue nach. Dieser Vorgang wird nur in seiner Variation gegeben, die aber eine vergleichende Anspielung auf ihn selbst enthält. Das Ablegen fehlt also nicht.

Aber auch die schlingernde Fahrt des Schiffes wird, so sehr das Beobachten der irischen Reisenden im Vordergrund steht, doch immer wieder gegenwärtig gemacht. Zum erstenmal geschieht das mittels der schon erwähnten Rosenkränze: »... eine hatte vergessen, ihren Rosenkranz einzuziehen, die dicken Perlen rollten mit der Bewegung des Schiffes hin und her ...« 12 Zeilen später, als auch die große Familie sich zum Schlafen niedergelassen hat, heißt es: »Stille, nur die Kofferschlösser klirrten leise im Rhythmus des fahrenden Schiffes.« Das Motiv wiederholt sich dann, beinahe wie ein Kehrreim, noch zweimal. Nach dem Gespräch der jungen Irin mit dem Priester (dem zentralen Stück dieses Kapitels) heißt es: »... der Kopf des Priesters bewegte sich wie im ständigen Kopfschütteln hin und her; vielleicht war es auch nur der Rhythmus des fahrenden Schiffs, der den Kopf bewegte.« Gleich darauf schaukeln auch die für die zivilisatorische Schlichtheit Irlands so charakteristischen Sicherheitsnadeln am Revers des Priesters: »... vier, die an einer fünften, quergesteckten, hin und her schaukelten unter den leisen Stößen des Dampfers ...«

Nur um die Schiffsbewegung als Moment der Reisesituation zu vergegenwärtigen, wäre diese Häufung nicht nötig. Sie hat noch andere Funktionen. Die Gegenstände auf dem Schiff werden als schaukelnd und schwankend gegeben, um anzuzeigen, daß der Irlandfahrer sich noch auf schwankendem Boden befindet; noch nicht auf der Insel selbst, sondern in einem Grenzbereich, der keine ganz festen Gegebenheiten bietet und nur vorläufige Feststellungen zuläßt.

Außerdem bilden die schaukelnden Gegenstände eine Reihe, wie sie – und das ist ein zweites Stilprinzip neben der Variation – für das ›Irische Tagebuch‹ charakteristisch ist: eine Reihe heterogener Dinge, in der sich das Sakrale mit dem Profanen, das Würdige mit dem Trivialen mischt. Verschiedenwertiges erscheint auf einer Ebene: Rosenkranzperlen, Kofferschlösser, der Kopf des Priesters, Sicherheitsnadeln.

Die Reihenbildung dieser Art wird im Text wiederholt und variiert. Da ist, im 3. Abschnitt, die Reihe der irischen »Rekorde«: Teetrinken und Priesternachwuchs, Kinobesuch und geringste Selbstmordziffer. Mit kritischer Ironie bildet dann die aufsässige junge Irin eine solche Reihe, wenn sie nennt, »was aus Irland exportiert wird: Kinder und Priester, Nonnen und Biskuits, Whisky und Pferde, Bier und Hunde ...« Der Priester nimmt Anstoß an dieser respektlosen Reihung und mahnt: »... Sie sollten diese Dinge nicht in einem Atem nennen.« Das Mädchen aber wiederholt trotzig einen Teil ihrer Aufzählung, die »Priester und Whisky, Nonnen und Biskuits« vermischt, und sie deutet selbst das Stilistikum dieser Reihung als Ausdruck ihres Unglaubens. Skepsis und Protest werden nicht bloß beteuert, sie setzen sich in sprachliche Formen um.

Der Priester macht sich selbst das Reihungsprinzip zunutze, wenn er seinerseits aufzählt, was andere Länder exportieren. Er zieht den Wert der Hygiene, der Autos in Frage, wenn er sie mit Selbstmordgedanken und Atomkanonen vermischt. Er will die Erzeugnisse der Industrieländer abwerten. Die wachsame junge Irin freilich bricht ein Stück aus dieser Reihe heraus, die Autos, die gerade bei den Priestern beliebt sind, wenn sie sich eines leisten können: »... ich habe selbst einen Bruder, der Priester ist, und zwei Vettern: sie sind die einzigen in der ganzen Verwandtschaft, die ein Auto haben.«

Der Autor sowohl wie das Mädchen und der Priester verwenden das gleiche sprachliche Mittel. Böll läßt sie reden, wie ein Erzähler seine erfundenen Figuren reden läßt. Was sie wirklich auf dem Schiff sagten, ob sie Ähnliches sagten wie in Bölls Text, ob sie überhaupt auf dem Schiff waren, ist sekundär, letztlich gleichgültig. Das ›Irische Tagebuch‹, völlig erzählerisch durchgeformt, schaltet durch seine Form die Frage nach der Faktizität aus. Seine Glaubwürdigkeit beruht nicht auf nachweisbaren Fakten (die es auch enthält), vielmehr verwandelt Böll eine in persönlichen Beobachtungen und Begegnungen erfahrene Wirklichkeit in ein sprachliches Kunstwerk, das Eigentümlichkeit und Menschlichkeit, Reiz und Not dieses Insellandes anschaulich macht. Reiz und Not, beides wird schon im Eingangskapitel verknüpft, das die wichtigsten Themen anschlägt.

Der Reisende, der schon bei der Einschiffung »eine Grenze überschritten hatte«, meint zunächst die Grenze Englands: »... aber hier auf dem Dampfer war England zu Ende«. Doch Böll macht, ohne es zu sagen, gleich darauf deutlich, daß diese englische Grenze gegen Irland das übrige Westeuropa einschließt. Es heißt: »... hier schon nahm Europas soziale Ordnung andere Formen an: Armut war nicht nur ›keine Schande‹ mehr, sondern weder Ehre noch Schande: sie war – als Moment gesellschaftlichen Selbstbewußtseins – so belanglos wie Reichtum ...« Es ist klar, daß mit der andersartigen sozialen Ordnung nicht nur auf England, sondern besonders auf die Bundesrepublik angespielt wird, auf eine Gesellschaft, »die ihren Rang durch Verbrauch bestimmt oder gezwungen wird, ihn dadurch zu bestimmen«*.

* Frankfurter Vorlesungen, S. 17.

Ein von solchem Zwang freies Land, in dem Komfort nicht Prestige bedeutet – die Sicherheitsnadeln, der Säugling im Waschkorb usw. sind seine Symptome –, ein solches Land bietet die Chance des Humanen, die sich schon auf dem Schiff zeigt: der Priester verbringt die Nacht auf dem Deck (statt in der Kabine) neben der Kellnerin aus London, und er zieht den deutschen Reisenden am Mantel, damit er sich neben ihn setze an den windgeschützten Platz. Die Großmutter schützt zwei Enkelkinder mit dem Umhängetuch.

Auch in der Art, wie die rebellische, ungläubige Irin unbefangen mit dem Priester spricht, ist das Humane wirksam, menschliche nachbarliche Nähe, Vertrauen trotz Gegensätzen. Aber gerade bei diesem Gespräch verschränkt Böll den positiven Aspekt des Insellandes mit dem negativen. Er knüpft in das Humane das Inhumane der irischen Welt, die »ihr Kostbarstes exportierte: ihre Kinder«. Irland ist nicht nur, wie es zunächst scheinen könnte, als Land gesellschaftlicher und zivilisatorischer Unschuld schlechthin glücklich, sondern es zahlt dafür einen hohen Preis, es kann, wenig industrialisiert, seine Kinder nicht ernähren. »Nein, Father, nein nein . . ., es ist zu bitter, an Irland zu denken.« Der Mythos Irland wird aufgelöst, sowohl der touristische wie jeglicher romantische Mythos. Das Mädchen sagt: ». . . ich glaube auch nicht an Kathleen ni Houlihan, an dieses Märchenirland . . .«

Die Negation des Mythos erschließt den wirklichen Reiz, zugleich mit der wirklichen Not Irlands. Die Wortwahl Bölls ist antimythisch, sie ist genau, vermeidet aber jedes »gewählte«, prätentiöse Wort, nimmt die einfachen Worte des täglichen Umgangs: ». . . ich schnappte aus geflüsterten Gesprächen Brocken auf«; ». . . die Eltern verkrochen sich stumm zwischen zwei Koffern«.

Irlands Not und Reiz wird, ich sagte es schon, nicht analysierend verdeutlicht, sondern erzählerisch präsent gemacht. Es entsteht ein sprachliches Gewebe, in dem alles dicht bei dicht ist, wie auf dem Heimkehrerschiff; in dessen Fäden sich an die Farbe die Gegenfarbe knüpft. Die strukturbildenden Variationsketten, die erkennbar wurden, die Reihungen heterogener Gegenstände dienen den gleichen Absichten wie der Satzbau. »Syntax studieren« hat Böll empfohlen – sie ist hier in der Tat bemerkenswert.

Eins ihrer Kennzeichen ist die äußerste Seltenheit der Punkte. Sie sind als Zeichen, die durch Trennen gliedern, auf ein Mindestmaß reduziert. Im ersten Abschnitt (28 Zeilen) steht *ein* Punkt, im 2. Abschnitt (8 Zeilen) keiner, im 3. Abschnitt (19 Zeilen) einer, ebenso im 4. Abschnitt (33 Zeilen) nur ein einziger Punkt. Jedesmal steht der Punkt erst gegen Ende des Abschnitts, der überlange Anfangssatz wiederholt sich als Formmoment in drei Abschnitten. Aber diese Sätze sind nicht kompliziert hypotaktisch gebaut, sondern überwiegend parataktisch und leicht übersehbar. Die Teilsätze werden durch das milde, nur halb trennende Semikolon gegliedert und auffällig häufig durch den Doppelpunkt, der auf verschiedene Weise verbindet.

Die Variationsketten bewirken, daß alles Mitgeteilte ineinandergehängt erscheint, und das bewirkt auch die Satzkonstruktion. Auf die Abwertung des Punktes wird sogar im Text angespielt. Anlaß gibt jene Sicherheitsnadel, die hauptsächlich als Indiz für zivilisatorische Bescheidenheit, aber auch als optischer Index für das Schaukeln des Schiffes verwendet wird. Es heißt von ihr: »... wo der Knopf wie ein Punkt gewirkt hatte, vom Schneider gesetzt, war sie wie ein Komma eingehängt worden«; die Kommata und vor allem die Doppelpunkte handhabt Böll tatsächlich wie improvisierende Klammern, die eines mit dem anderen verbinden. Das kennzeichnet die Syntax eines Schriftstellers, der sich selbst als human, sozial, gebunden versteht und in dieser Gesinnung die Wirklichkeit aufnimmt.

Beobachtungen dieser Art kann der Leser der so bekannten Bücher Bölls machen, und er sollte sie machen, um dem genauen Sinn und dem stilistischen Wert dieser Prosa gerecht zu werden, die sich einfach gibt, unaufdringlich, die auf blankpolierte Oberflächen verzichtet, die aber in Wahrheit höchst kunstvoll ist. »Eine Regel sollte gelten: je engagierter sich ein Autor glaubt, desto besser sollte er schreiben*.«

Dieter E. Zimmer
›Doktor Murkes gesammeltes Schweigen‹

Das ist allerdings klar: Irgendwie richtet sich ›Doktor Murkes gesammeltes Schweigen‹ satirisch gegen das Rundfunkwesen. So steht es in Ruth J. Kilchenmanns Buch über die Kurzgeschichte: »Rundfunkkultur ... (wird) aufs Korn genommen

* Frankfurter Vorlesungen, S. 99.

und kritisch beleuchtet.« So schreibt Wilhelm Johannes Schwarz in seinem Buch über Böll: »... ist es der moderne Rundfunk mit seinem aufgebauschten Kulturbetrieb, den er mit mildem Humor verspottet.«

So gewiß das ist, so vage ist es auch. Die Geschichte vom Funkredakteur Dr. Murke und seiner Sammlung stummer Tonbandschnipsel aber verdient und verträgt, meine ich, sehr wohl einen näheren Blick. Nicht »Kulturbetrieb«, nicht »Rundfunkkultur« im allgemeinen ist hier der Gegenstand von Bölls Satire; die ist, scheint mir, erheblich genauer gemeint.

Ich will nicht etwa auf die Feststellung hinaus, Böll habe eigentlich den WDR Köln und speziell Herrn Theunissen gemeint. Wo Böll seine Beobachtungen gemacht hat, ist ziemlich gleichgültig angesichts einer Geschichte, deren eines Kennzeichen es ist, daß sie überall in den Massenmedien spielen könnte und daß schon viele Kulturredakteure oder -lektoren sich oder die Kollegen in einer ihrer Personen wiedererkannt haben.

Was Böll im ›Doktor Murke‹ erzählt, ist die Geschichte eines mehrfachen Tausches. Den feierlichen Rundfunkschwätzer Bur-Malottke reut es, in seinen Vorträgen so eindeutig Gott beim Namen genannt zu haben. Er zieht – die Zeiten haben sich gewandelt – jetzt die unverbindlichere Wendung »jenes höhere Wesen, das wir verehren« vor, unverbindlich vor allem dank dem distanzierenden, sich entwindenden Demonstrativpronomen. (Nebenbei gelingt es ihm so, nicht gegen das zweite Gebot zu verstoßen: Du sollst den Namen jenes höheren Wesens, das wir verehren, nicht unnütz aussprechen, denn jenes höhere Wesen läßt denjenigen nicht ungestraft, der seinen Namen unnütz ausspricht. Bur-Malottke hat sich so auch noch bei Gott rückversichert.)

Jedenfalls läßt er »Gott« aus den fertigen Tonaufnahmen herausschneiden und dafür die Formel von jenem höheren Wesen einkleben. Das vielfach überflüssig gewordene »Gott« aber findet in einer anderen Sendung prompt Verwendung: Auf die Fragen eines Atheisten, auf die als Antwort bis dahin eigentlich nur Schweigen vorgesehen war, antwortet nun Bur-Malottkes »Gott«. Was übrigbleibt, ist das reine Schweigen. Das nimmt Murke mit nach Hause.

Böll erzählt also die Geschichte einer zweifachen Anpassung, eines zweifachen Verrats. Den Christen, als den sich Bur-Malottke bis dahin aufspielte, geniert das eindeutige Bekenntnis, wie ihn auch frühere eindeutige Aussagen über die Nazi-Ära genieren (und man kann sich leicht vorstellen, wie er jetzt dar- über spricht, etwa: »jene schwere und schicksalsreiche Zeit der Prüfung, die ein Verblendeter unserem Volke auferlegte ...«). Der Atheist seinerseits gibt seinen antwortlosen, radikalen Zwei- fel preis (und wir erfahren, daß der Autor jenes Hörspiels den Regisseur ausdrücklich ermächtigte, das Schweigen durch »Gott« zu ersetzen, wenn es ihm nötig schiene: anscheinend ist ihm das alles egal).

Die Grenzen zwischen Gläubigem und Atheisten, in einer früheren Zeit noch scharf markiert, verwischen sich. Keiner ist mehr ganz, der er zu sein behauptete. Keiner will mehr auf seine Worte festgelegt sein. Keiner wünscht mehr das Risiko, sich durch irgendeine Entschiedenheit zu exponieren. Keinem ist mehr zu trauen, keinem ist es mehr ernst. Alles trifft sich in einer unverläßlichen, pompös geschwätzigen und schmierigen Lau- heit. Sie vor allem ist das Ziel dieser Satire.

Erst in zweiter Linie ist es das besondere Milieu, in dem sich dieser opportunistische Verrat abspielt und das ihm förderlich ist: das Funkhaus also. Was hat Böll gegen Funkhäuser? Nie- mandem, so stellt sich heraus, ist an den Vorträgen oder an der Person Bur-Malottkes irgend gelegen. Auch seine Freundschaft mit dem Intendaten des Hauses ist nur eine hierarchische Täu- schung. Vom Techniker bis zum Intendanten hat man lediglich Verachtung für diesen Virtuosen auf der »Wurlitzer-Orgel des Geistes« (Adorno), der den »Jargon der Eigentlichkeit« so profitabel beherrscht. Das Unheimliche daran ist nur, daß nie- mand sie zeigt, daß niemand die natürliche Konsequenz zieht und auf Bur-Malottkes weitere Mitarbeit verzichtet.

Der Apparat nämlich ist größer als die, die ihn in Betrieb hal- ten. Er ist auf die unermüdlichen Wortemacher vom Schlage Bur-Malottkes angewiesen. Die privaten Gefühle und Meinun- gen der einzelnen sind ohne Belang. Niemand ist haftbar zu machen. Keiner hat gewollt, was sie alle tun. »Entfremdung«: Sie wird dort besonders grotesk, wo man vorgibt, sozusagen mit an die Brust gepreßter Hand zu sprechen, wo man ständig auf die höheren Werte pocht, wo man die Epoche zu durchschauen behauptet, in der »Abteilung Kulturwort«.

Daher Murkes »existentielle Turnübungen« jeden Morgen: er jagt sich im Paternoster die Angst ein, die, wie er fühlt, der Betrieb ihm einjagen müßte und die er doch in der Selbst- verständlichkeit, mit der er sich abspielt, tatsächlich nicht mehr einzujagen vermag.

Der die härtesten Worte über diesen Betrieb sagt, ist der Dichter Wanderburn mit seinem »vom Stigma des Ruhmes« gekerbten Gesicht. »Ich warne Sie vor dem Funk, vor diesem Scheißkasten – vor diesem geleckten, geschniegelten, aalglatten Scheißkasten. Er warne Sie. Er macht uns alle kaputt.«

So freimütig spricht er: in der Kantine – von der Kasse kommend, »wo er sich viel Geld als Honorar für eine leichte Bearbeitung des Buches Hiob geholt hatte«. Man denkt erst: ein Unkorrumpierter. Dann: jemand, der sich verkauft hat und der sein übles Gewissen mit einer Dosis besonders kräftiger Worte zu kurieren gedenkt.

Aber Böll führt uns Wanderburn noch einmal vor – als einen, vor dem man kein leidlich interessantes Buch liegen lassen darf, weil er nicht davon abzuhalten ist, es zu mehrstündigen Sendungen zu verarbeiten. Der Fall Wanderburn also ist komplizierter. Er ist nicht der, als der er immerhin in der Kantine noch auftrat: der redliche Geist, der sich zu seinem Kummer hat kaufen lassen. Er ist geradezu rundfunkgeil, seine kräftigen Worte sollen nur von seinem geheimeren Laster ablenken, indem sie es auf eine andere Ebene transponieren (nebenbei tragen sie ihm den Ruf rücksichtslosen Scharfblicks ein). Der kräftigste Kritiker des Apparats entpuppt sich als ihm in besonderem Maße verfallen. Auch seine Reden sind opportunistische Lügen.

In Dr. Murkes Stimmungen und Überlegungen erhält der Leser wenig Einblick; auch ist er meistens stumm: Er zeichnet sich in doppeltem Sinn durch gesammeltes Schweigen aus. Er ist zweifellos ein guter Redakteur, aber einer mit Vorbehalten, und die machen ihn nicht geheuer.

Doktor Murke – das ist der Typ des kleinen Diversanten, der Heinrich Böll schon immer lieb war: von dem Wehrmachtssoldaten in ›Der Zug war pünktlich‹, der sich von der Truppe zwar nicht entfernte, aber immerhin das Gewehr zu Hause vergaß, bis zu dem Bundeswehrsoldaten im ›Ende einer Dienstfahrt‹, der ein Armeefahrzeug zu einem Happening gebraucht. Sie machen mit, weil sie keine andere Wahl haben; aber wo die Mitwirkung ganz zu verweigern ihnen nicht freisteht, verweigern sie wenigstens ihre Approbation. Sie sind Störfaktoren, wo etwas zu gut und unbezweifelt funktioniert.

Murke tut, was Bur-Malottke und der Intendant von ihm verlangen; aber er tut es mit übertriebener Zuvorkommenheit, er läßt Bur-Malottke die Formel seines Verrats so oft wiederholen (Satire durch Multiplikation!), daß dieser sich seiner

Charakterlosigkeit vielleicht sogar für einen Moment bewußt wird; in einem viel zu geschmackvoll eingerichteten Haus heftet er kitschige religiöse Bilder an die Türen; und wo unablässig und unbarmherzig Worte und Klänge produziert werden, sammelt er das Gegenteil – Schweigen.

Es ist eine ganz ins Private zurückgenommene Rebellion. Sie verändert nichts, sie hat auch keine Absicht, zu verändern, sie entwirft keine Gegenbilder. Ihr Gehalt ist der Widerspruch. Ein fast stummes, aber hartnäckiges Nein; aber es hält einen großen Argwohn wach.

GÜNTER KUNERT
›Stadt der alten Gesichter‹

In einem der Böllschen Sammelbände, nüchtern ›Erzählungen, Hörspiele, Aufsätze‹ betitelt, findet der mehr oder weniger geneigte Leser viereinhalb Seiten, auf die er unvorbereitet ist und deren gewaltsame Sanftheit ihn zwingt, um sich zu schauen, beinahe mit dem einstmals berühmten »deutschen Blick«, und sich zu vergewissern, ob er eigentlich zu Hause sei oder daheim oder sonstwo.

Diese ›Stadt der alten Gesichter‹ überschriebene Meditation, dieses verkappte Gedicht, das an die umfänglichen Poeme Carl Sandburgs erinnert, die befaßt sind mit Unvergänglichkeit bewohnter Stätten, mit der hastigen Vergänglichkeit ihrer Bewohner und der daraus resultierenden Bitternis dieses unwandelbaren Antagonismus, hebt ganz harmlos an:

»Köln ist für mich die Stadt der alten Gesichter, Gesichter von Menschen, die mir nie vorgestellt wurden und deren Namen ich auf dem Grabstein nicht wiedererkennen würde...«

Zu Hause sei man, heißt es, in den Zügen geliebter Menschen, Verwandter, Bekannter, hingegen Heimat, wörtlich ausgespart, nur durch »Köln« anwesend, existiere in den Gesichtern der Unbekannten, und auch das nur so lange, wie sie einem unbekannt blieben. Der Aufsatz gipfelt und schließt in und mit dem Satz, der Code und Chiffre des Codes zugleich ist: »... es ist die Stadt der Unbekannten, die ich kenne.«

Dialektik wird deutlich, stört auf, erzeugt Unbehagen, mehr

als das: Schrecken sogar, wird sich der Leser des Gedankens wirklich bewußt, auf den für die Dauer von viereinhalb Seiten Böll insistiert: daß man in einer Behausung wohnt, die von Gesichtern gebildet wird. Ihr Spiegelcharakter ist nur metaphorisch, nur oberflächlich. Gelebt wird mit ihnen, in ihnen, ja: von ihnen.

Die Stadt selber: nicht mehr als aufgehäuftes Gestein.

Zwischen Seite 404 und Seite 408 wird mit Freundlichkeit, aber unbeirrbar, mit Leichtigkeit, fast Leichtfertigkeit, aber bedrohlich das öffentliche Geheimnis ausgesprochen, nach dessen Kenntnisnahme der Leser (vorausgesetzt er verdient diese Bezeichnung) etwas von seiner lange geübten, schwer errungenen Lebensbalance einbüßt.

Dann wird er, den alltäglich Fratzen und Masken aus Massenmedien sintflutartig überspülen, dem Larven kurzfristigen Zweckkontaktes die Welt verstellen, in den Gesichtern um sich die Heimat suchen, die ihm eingetrichtert und ausgetrieben worden ist.

Ob er sie entdeckt, ob nicht; was er zu hoffen hat, was zu erwarten, was zu befürchten, rufen ihm lauter als lärmende Autos und Raketen, verständlicher als die fortwährend überquellenden öffentlichen Mäuler die »stummen« Gesichter zu, die »alten Gesichter«, deren eindeutige Signale alle Ideologien durchbrechen.

Wer sie zu sehen vermag (und nach dem furiosen Geflüster dieser viereinhalb Seiten sollte man im Besitz dieses unschätzbaren Vermögens sein), der wird die unauffällige Maxime des Aufsatzes (Seite 407 – dritte Zeile von oben) nicht mißverstehen, die da besagt: »Sehen und schweigen, hören und wissen.«

Denn sie gilt nur so lange, wie sich ungezählte winzige Wahrheiten summieren, damit einmal die eine große Wahrheit aus ihnen entspringt: eine wie diese viereinhalb Seiten lange.

Iring Fetscher
Menschlichkeit und Humor: ›Ansichten eines Clowns‹

Humor gedeiht bekanntlich hierzulande kaum. Was als solcher vielfach passiert, liegt zwischen Zote und mokantem Spott über fremde Schwächen. Natürlich ist es schwer, als Deutscher Humor zu haben, aber die Humorlosigkeit ist weniger die Folge als eine der Ursachen der »deutschen Katastrophe«. Humor heißt Sinn für Proportionen haben – vor allem für die eignen –, Wissen um die eigne Kleinheit, Kümmerlichkeit, Bedürftigkeit. Aus diesem Grunde gedieh er noch besser, als es auch äußerlich den meisten Deutschen ärmlich und dürftig ging. Damals begann Böll zu schreiben.

Er begann aus und mit Sympathie für die Schwarzhändler und Schwarzbehandelten, für die hungernden Heimkehrer und die trauernd Daheimgebliebenen, die noch keine Zeit hatten, sich selbst zu bewundern, und froh waren, »davongekommen« zu sein. Der Schwarzhändler *wußte*, daß er kein »Großkaufmann« war, und in diesem Wissen steckt sein mehr oder minder manifester Humor; der Generaldirektor oder »selbständige Unternehmer«, zu dem er sich inzwischen mauserte, hat mit seiner zwielichtigen Vergangenheit meist auch seinen Humor verloren und seit langem begonnen, sich für großartig zu halten und seinen Beitrag zum »Wirtschaftswunder« für eine »historische Tat«.

Heinrich Böll schilt die Deutschen nicht für diese Entwicklung, sondern beklagt sie nur. Er beklagt sie, weil er spürt, daß sie dabei nicht nur »Schaden an ihrer Seele« nahmen, sondern auch unglücklich geworden sind. Die Menschlichkeit Bölls zeigt sich darin, daß er für die Glücksmöglichkeiten der Menschen eintritt, für die der konkreten Menschen im Detail, nicht der Menschheit im allgemeinen.

Das Gegenteil des Humors ist das komische Sichernstnehmen und die Proportionen verkennen, das so viele »gute Fachleute« auf ihrem Gebiet auszeichnet. Heute sind sie fast alle auf irgendeinem Gebiet Fachleute, und der Humor des Dichters zeigt sich darin, daß er diese Fachgebiete auf das nivelliert, was sie eigentlich sind: begrenzte Belanglosigkeiten. Auch unter Schriftstellern ist jene humorlose Fachsimpelei verbreitet, die Belange des eignen Handwerks als Selbstzweck und höchstes Gut verabsolutiert und vergißt, daß der Nur-Künstler ebenso unmenschlich wird wie der Nur-Briefmarkensammler oder Nur-Klosettpapierfabrikant. Böll hat deshalb mit Recht daran erinnert, daß »totale Kunst« ebenso zu Fanatismus führen muß wie totale Politik und jeder »Künstler, der irgendeine andere Verbindung anerkennt – wären es auch geringere als Christ oder Sozialist, etwa: Vater, Franzose oder nur: Nichtraucher, irgendeine –, nicht dem Fanatismus huldigen kann, dessen Ergebnis das ist, was Ernst Kreuder das Modell der Verzweiflung nennt« (›Über den Roman‹, 1960).

In diesem Satz selbst hat Böll ein bescheidenes Beispiel seines Humors gegeben – oder richtiger des ironischen Moments innerhalb seines Humors. Die Einbeziehung des »Nichtrauchers« unter die »Verbindungen«, die ein Künstler neben seiner Kunst anerkennen kann, soll die hohen Worte und Werte – Christ – Sozialist – Franzose – Vater – relativieren und einer falschen, gefährlichen Würde entkleiden.

Heinrich Böll freilich erkennt mehrere dieser Verbindungen an, vor allem aber die mit den leidenden Mitmenschen: mit den Kindern, Frauen, Invaliden, Arbeitslosen – aber auch mit den entpersönlichten Angestellten und Verbrauchern der »Wohlstandsgesellschaft«. So groß und überzeugend wirkt diese menschliche Verbundenheit, daß sie auch Leser anspricht, die unter ganz anderen sozialen und ökonomischen Verhältnissen leben, weil sie den engagierenden Analogieschluß auf ihre eigne Lage unwillkürlich ziehen können.

Ich glaube, daß ich Bölls ethische Wertungen gut nachvollziehen kann, weil sie die meiner eignen Generation sind. Einer Generation, die den Krieg bewußt mitgemacht hat und die unheimlich verlogene und erfolgreiche Propaganda eines Staates, der vor kaum mehr als 20 Jahren noch mit allgemeinem Stolz »der deutsche« genannt wurde.

Nach so viel Lüge und freiwilliger wie erzwungener Verstellung glaubten wir ein Zeitalter der Ehrlichkeit und Aufrichtigkeit erwarten zu dürfen. Nach so viel hohen Phrasen einer Epoche der kleinen Worte und der wirksamen Handlungen. Nach so viel Gerede von historischer Größe eine Periode der Bescheidenheit, nach so viel heroischer Brutalität ein klein wenig vorsichtige Güte. Es kam anders, und daß es anders kam, empfinden wir auch als unsere Schuld.

An die Stelle der Abkehr und Umkehr trat eine bequeme »Bewältigung« der Vergangenheit im großen, mit feierlichen Reden, mit stellvertretenden »Heiligen« und die Wiederaufnahme der Geschäfte »as usual«. An die Stelle der alten Verlogenheiten wurden neue gesetzt, die einstweilen harmloser sein mögen, aber doch kaum erträglicher sind: die Verlogenheit, daß unser Staat zugleich die Rechtsnachfolge von Nazi-Deutschland in Anspruch nimmt und doch nicht für den verlorenen Krieg bezahlen will (jedenfalls nicht an die Polen), die Unehrlichkeit der Behauptung, die Wiedervereinigung sei das »vornehmste Ziel« bundesdeutscher Außenpolitik, während doch ganz offensichtlich die Westintegration und die Wiederherstellung der ökonomischen Verhältnisse sehr viel vordringlicher angestrebt wurden. Die Doppelzüngigkeit, die uns zugleich den 20. Juli feiern und den Henkern des Dritten Reiches hohe Pensionen zahlen läßt...

Die Liste könnte beliebig verlängert werden. Wahrscheinlich war das, was wir erwartet haben, einfach unerreichbar. Es hätte einen plötzlichen, radikalen und vollständigen Sinneswandel wenigstens bei der Mehrheit der »führenden Deutschen« vorausgesetzt, aber diese waren gerade »führend« und blieben es, weil sie zu solchem Wandel unfähig waren.

Böll hat die Kategorie Menschen, die in unserer Gesellschaft durchschnittlich auf fast allen Gebieten zu Ansehen und Macht aufsteigen, als die charakterisiert, »die vom Sakrament des Büffels gekostet haben«. Es ist das Recht des Dichters, mit einem solchen Bild sich zu begnügen, der Sozialwissenschaftler freilich sollte weiterfragen und herauszubekommen suchen, in welchen Gesellschaften dieses »Sakrament« gespendet wird und warum auf seine Entgegennahme eine so hohe und gefährliche Prämie gesetzt ist. Wir haben sehr viel reflektiertere und »intellektuellere« Dichter im zeitgenössischen Deutschland, aber ich wüßte nicht, bei wem ich mehr Aufschluß über diese Frage finden könnte.

Der Zorn ist die notwendige Kehrseite der Liebe. Wer die Menschen liebt, kann nicht umhin, diejenigen mit seinem Zorn zu verfolgen, die ihnen Übles antun – bewußt oder unbewußt. Bölls Zorn ist freilich gemildert durch Ironie und Humor. Er kann die Mächtigen und Reichen, Angesehenen und Einflußreichen nicht gar so ernst nehmen, wie sie selbst und ein von ihnen geführtes Publikum es tun.

Radikale Autoren mögen das als mangelnde Konsequenz rügen, weil sie glauben, es sei nötig, die Exponenten von Macht und Gewalt zu dämonisieren, und es sei verkehrt, sie als Menschen »wie du und ich« hinzustellen. Aber auch ein Dichter, dem niemand mangelnde Radikalität vorwerfen wird, Bert Brecht, hat darauf hingewiesen, daß die Gemeinheiten der Großen sich von denen der Kleinen nur durch die Skrupellosigkeit und die Dimension unterscheiden. Es ist nichts »Geheimnisvolles«, »Andersartiges« an unseren »Großen«, vollends nicht, seit das »Gesicht der herrschenden Klasse« sich in das der emporgekommenen Mediokrität verwandelt hat.

Der Zorn Bölls auf die »Eliten« ist begreiflich, weil sie nicht gehalten haben, was sich die meisten Deutschen nach der totalen Niederlage von ihnen erhofften. Ich sage Eliten und denke an die Politiker wie an die Priester, an die sozialistischen Revolutionäre wie an die bürgerlichen Demokraten. Sie alle haben nicht ohne Geschick die »Lage gemeistert«, aber es kann kaum geleugnet werden, daß sie jedes größeren Konzepts ermangelten und daß es ihnen weder um eine »Erneuerung« noch um eine »Wandlung« der Deutschen in einer sich wandelnden Welt ging. Insgeheim oder offen war Restauration ihre Losung – nicht Reform. Lange Zeit klangen freilich ihre Worte anders, und man konnte glauben, daß es auch ihnen um eine Wiedergeburt gehe oder zumindest um eine »Einkehr«. Aber schließlich zeigte es sich, daß diese Reden und Bekundungen nur »Mittel« einer Politik waren, die auf ganz anderes abzielte, das von vielen unüberlegt als selbstverständlich gebilligt wurde.

Die ›Ansichten eines Clowns‹ (1963) spiegeln diese Entwicklung im Bewußtsein eines sensiblen Knaben, der 1945 erst 11 Jahre alt ist und mitten im restaurierten Nachkriegsdeutschland die Schule verläßt. Hans Schnier, der Sohn eines rheinischen Industriellen und einer ehrgeizigen Mutter, die im »Dritten Reich« so gut wie im Nachkriegsdeutschland gesellschaftlichen Rummel macht und ihre Kinder zur Anpassung an die jeweils bestehenden Verhältnisse erzieht, Hans Schnier also bricht aus der etablierten Gesellschaft aus. Er wünscht weder in den Apparat des väterlichen Großbetriebs noch in den der herrschenden Kulturorganisation eingegliedert zu werden. Vorzeitig verläßt er die Schule und wählt sich eine »Frau«. Als pantomimischer Clown beginnt er eine erfolgversprechende Laufbahn, die schließlich dadurch beendet wird, daß Marie, die fünf Jahre mit ihm gelebt hat, ihn verläßt, um »diesen Katholiken Züpfner« zu heiraten. Das – juristisch gesprochen – »eheähnliche Verhältnis«, das staatlicher und kirchlicher Sanktion entbehrte, war dem jungen Mädchen unter dem Einfluß kultivierter Katholiken als untragbar hingestellt worden. Der beinahe krankhaft »monogam veranlagte« Hans Schnier bricht über diesem Verrat seelisch zusammen und kann nur unter Alkohol noch das Leben ertragen. Soweit die banal klingende Geschichte. Sie bedarf der Deutung.

Der Bruch in der Entwicklung des Knaben wird durch den frühen Tod seiner Schwester Henriette bewirkt, die von der »heroischen Mutter« zum Volkssturmeinsatz zur »Verteidigung der heiligen deutschen Erde« (von der so viel den Schniers gehört) geschickt wird. Menschen, die eben noch von den »jüdischen Yankees« gesprochen hatten, sind heute mit den Amerikanern auf »du und du«, gewinnen deren Freundschaft und Vertrauen. Nach einem grotesken Schema werden Nazis und Antinazis verurteilt und »eingestuft«. Der zufällig nicht in die Partei Aufgenommene gilt als »mutiger Charakter«, der nominelle Nazi, der mehr als einmal Mut in der Verteidigung Verfolgter bewiesen hat, wird verurteilt. Ein Schwein, das einmal (vielleicht bloß aus Berechnung) einem Bekannten aus der Klemme half, erhält den unverdienten Lorbeerkranz des Widerstandskämpfers umgehängt.

Wer das alles sieht und es so genau sieht, wie nur Knabenaugen sehen können, dem scheint nichts anderes übrigzubleiben, als auszubrechen. Auszubrechen aus der gutbürgerlichen Gesellschaft, in der »man« Abitur macht und einen »anständigen Beruf« lernt, in der »man« nach erfolgreich abgeschlossener Berufsausbildung eine Vernunftheirat eingeht und schließlich – vollends wenn man Schnier heißt – eine gute Karriere macht. Hans Schnier geht zu einem Mädchen, das die Tochter eines ehemaligen Kommunisten ist, der im Dritten Reich verfolgt war und jetzt auch von seinen ehemaligen Genossen abgelehnt wird. Er macht kein Abitur und er lernt keinen »anständigen Beruf«, er läßt sich nicht einmal von seinem Vater eine »gründliche Ausbildung« als »Mime« bezahlen. Sein Ausbruch aus der Gesellschaft hat etwas von jenem Anarchischen und Unreflektierten, das uns erst unlängst an deutschen Studenten zu Unrecht überrascht hat. Aber es erscheint als durchaus konsequent, wenn man alternative Möglichkeiten durchgeht, die dem jungen Menschen sich geboten haben mögen.

Seine »Berufswahl« war gar nicht reflektiert, sie war eine Art Befreiung, eine Abreaktion, wie es das Schreiben für den Dichter oder das Malen für den Maler ist. Schnier hatte gesehen, und er mußte es übersteigert, verdeutlichend wiedergeben, indem er pantomimische Karikaturen des Gesehenen vorführte: Aufsichtsratssitzung, Bahnhof, Kirchentagsdiskussion, der Minister (Adenauer und Erhard zu imitieren »war auf eine deprimierende Art einfach«). Das Talent des karikierenden Imitators beginnt sich seit dem Tode der Schwester zu entfalten. Schnier wächst in den »Beruf des Clowns« hinein, weil es die einzige Art und Weise ist, in der er mit seiner Umwelt fertigwerden, mit ihr abrechnen kann. Die Tätigkeit eines Clowns ist der Melancholie benachbart, vielleicht weil sie mit dem Bewußtsein der Vergeblichkeit ausgeübt wird, mit der Trauer darüber, wie wenig sich menschliche Fehler durch Kritik beseitigen lassen.

Mehr als andere Menschen bedarf daher der Clown des Halts, des Halts an einem Glauben und an einem Menschen. Beides geht Hans Schnier verloren, noch ehe er es recht gefunden hat.

Halt am Glauben vermag der protestantisch Aufgewachsene, unter Katholiken verkehrende Hans Schnier nicht zu finden, weil die Eitelkeit der brillierenden Kulturkatholiken ihn ebenso abstößt wie das »Gewissensgefummel« der Protestanten. Allein die Formeln der Liturgie oder die gestammelten Worte eines jungen Vikars, der als Armer unter Armen lebt, scheinen ihn anzusprechen. Aber Marie Derkum gibt ihm Halt, ein Mädchen, dessen Bild im Roman vage und diffus bleibt, weil es für allzuviel steht, was Böll nicht ausdrücken mochte oder konnte.

Das »eheähnliche Verhältnis« mit Marie ist nicht nur eine Trotzhandlung gegen bürgerliche Konvention, sondern zugleich eine Flucht ins kleinbürgerliche Behagen, die gründlich miß-lingt. Überall unter Verhältnissen, die die Menschlichkeit des Menschen bedrohen oder gefährden, finden wir jene Flucht in die kleinste intimste »Lebensgemeinschaft«, in der Ehrlichkeit, Güte, Verbundenheit noch Realitäten sein können, aber sehr oft sind solche überforderten Gemeinschaften zum Scheitern verurteilt. Sie sollen zu viel ersetzen, was den Individuen fehlt.

Hinzu kommt, daß für Böll viele Frauen zugleich für das stehen, was er als Kern des Christentums begreifen dürfte: Güte, Barmherzigkeit, Menschenliebe. Ein Mensch, der dieser doppel-ten Erwartung gerecht würde, wäre gar zu unwirklich. Eine Marie Derkum, die bei dem Clown Hans Schnier bliebe und den erfolgreichen Berufs-Katholiken Züpfner (der noch dazu selbst nach Hans Schniers Auffassung ehrlich ist) *nicht* heiratete, wäre nicht nur aus stilistischen Gründen unerträglich, sie wäre auch unglaubhaft.

Aber vielleicht ist das Scheitern Hans Schniers auch noch tiefer begründet. Gegen Ende seines Monologs erzählt er von einer Nummer, »der General« betitelt, die ein großer Erfolg war und auf die er verzichtete, weil eine kleine, sehr alte Frau, die Witwe eines Generals, ihm erzählt hatte, ihr Mann habe in seinem letzten Brief aus dem Felde sie gebeten, keine Pension anzunehmen. Was allgemein über den *Typus General* in der Nummer ausgesagt war, hatte sich damit – wenigstens für diesen einzigen Fall – als falsch erwiesen. Hans Schnier fühlte sich außerstande, sie weiter vorzuführen.

Seine Menschlichkeit zeigt sich vor allem darin, daß er es ab-lehnt, Individuen unter Allgemeinbegriffe zu subsumieren. Die Menschen verdienen als Individuen ernst genommen und geliebt zu werden. Man hat eine Kunsttheorie aufgestellt, die den Dich-ter dazu verpflichtet, Typen zu zeichnen, aber diese Theorie

vergißt, daß große Kunst immer lebendige Individuen dargestellt hat, die nur auch Typisches an sich hatten. Menschen leben
nicht als »allgemeine«, sondern nur als einzelne, und große
Dichtung führt lebendige Menschen vor.

Mit der Ablehnung der Herrschaft des Abstraktums und des
Allgemeinen hängt auch Bölls Kritik am Kapitalismus wie am
schematischen Sozialismus zusammen. Im Gespräch mit seinem
durchaus sympathischen, ja menschlichen Vater reflektiert der
Clown über dessen anderes Gesicht:

»Was machte diesen liebenswürdigen Mann, meinen Vater, so
hart und stark, warum redete er da am Fernsehschirm von gesellschaftlichen Verpflichtungen, von Staatsbewußtsein, von
Deutschland, sogar von Christentum, an das er doch nach eig-
nem Geständnis gar nicht glaubte, und zwar so, daß man gezwungen war, ihm zu glauben? *Es konnte doch nur das Geld sein,*
nicht das konkrete, mit dem man Milch kauft und Taxi fährt,
sich eine Geliebte hält und ins Kino geht – *nur das abstrakte*«
(S. 209).

Das ist zwar immer noch nur die subjektive, psychische Seite
dessen, was doch auch eine objektive, institutionelle hat, verdeutlicht aber wenigstens das »Sakrament des Büffels« für die
Geldmenschen. Kritisch bleibt Böll hier – ohne es zu wollen –
auf dem Niveau der liberalen Selbstkritik des Kapitalismus
stehen, wie sie zum Beispiel noch Alexander Rüstow geliefert
hat, der marktbeherrschende Konzentrationen auf die »Megalo-
manie« einzelner Unternehmer zurückführte.

Fast schon konkreter ist die Kritik an den DDR-Funktionären,
die den Clown in Erfurt entrüstet zurückweisen, weil er vorschlägt, Verhältnisse *ihres* Landes pantomimisch zu karikieren
und die Vorführung seiner Nummer »Aufsichtsrat« in einem
Staat, der keine Aufsichtsräte kennt, als sinnlos ablehnt. Hier
wird der »bürokratische Sozialismus« verurteilt, unter dem ver-
wandte Phänomene wie im Kapitalismus reproduziert werden
und der schematisch die Kunst als Mittel des »Aufbaus« und der
Kritik nur an der »Gegenseite« verpflichten möchte.

Die Stärke Bölls und auch seines Romans vom Clown Hans
Schnier liegt nicht in der Analyse, sondern in der Darstellung.
Wie alle seine Bücher, so zeugt auch dieses zugleich von Menschlichkeit und von Humor. Böll sieht die Situation seiner Zeitgenossen nicht minder kritisch und düster wie viele andere Schriftsteller, aber er scheut sich vor der billigen Pose der Verzweiflung,
und er schämt sich nicht, den Menschen auch ein wenig Trost

zu spenden, indem er ihnen Gestalten vorführt, die Sympathie zu wecken vermögen.

Vielleicht ist er von allen zeitgenössischen deutschen Dichtern der bescheidenste und der uneitelste. Gerade weil es ihm nie darauf ankommt, ein Publikum zu gewinnen oder zu halten, Eindruck zu machen oder bewundert zu werden, hat er eine größere »Lesergemeinde« gefunden als alle anderen. Böll fragt sich nie, »wie wird sich diese Geschichte verkaufen lassen«, und er hat weder vor den Bienpensants noch vor den Progressisten Angst. Das macht seine Aussagen glaubhaft und überzeugend und schafft ihm auch unter Menschen Sympathien, die weder für die eitlen Radschlägereien der einen noch für die nichtigen Künsteleien der andren Verständnis haben.

Auf eine stille und bescheidene Weise rückt Böll durch seine Schriften die Proportionen zurecht: Er gibt den eitlen Stolz und die gespreizte Geziertheit der Kultur-Katholiken wie die Scharlatanerie geschwollener Kultur-Redner dem Gelächter preis, das sie verdienen, und er lehrt, ein wenig jedenfalls, die Gedrückten und Leidenden, aufrechter zu gehen und Zorn zu entwickeln auf jene, denen sie ihre Gedrücktheit und ihre Leiden verdanken.

Heinrich Böll hat neulich in einem Fernsehinterview erklärt, daß er nur für sich selbst schreibe. Vielleicht ist das wahr, aber wenn es wahr ist, dann erklärt sich das Geheimnis seiner großen Leserzahl daraus, daß Heinrich Böll sich als ein Individuum begreift, das durch nichts andres sich von seiner Umwelt unterscheidet als durch die Gabe, auszudrücken, was es gesehen hat. Darin liegt keine ironische Überheblichkeit, sondern die Bescheidenheit dessen, der mit Verständnis und Humor sich selbst und die anderen erkennt.

Albrecht Goes
Die Zahnpastatube in ›Ansichten eines Clowns‹

Das Allgemeine ist das Immergleiche; was zählt, ist das Detail. Ich vergegenwärtige mir, zwischen Schlaf und Wachen und ohne das Buch bei der Hand zu haben, Bölls ›Ansichten eines Clowns‹, und sogleich habe ich lauter Details vor mir: den Vater Schnier, den ästhetischen Kohlenbaron, der den Frühstückstoast drei- oder viermal in die Küche zurückschickt, bis die richtige Bräune erreicht ist, den Refrain vom armen Papst Johannes oder das mysteriöse I.R.9, an dem die Küchen-Anna bei Schniers die Welt mißt, und bis an das Ende der Tage wird kein ›Clown‹-Leser je noch Cognac in den Eisschrank stellen.

Wie sehr ihm, dem Autor Heinrich Böll, an den Details gelegen ist, verrät er durch den Satz: »Meiner bescheidenen Erfahrung nach haben Katholiken nicht den geringsten Sinn für Details.« Ich lasse, wenn ich den Satz bedenke, die Konfessionsfrage beiseite, ich bin da nicht zuständig und ohnehin kein Freund von solchen Pauschalurteilen, aber in noch größerer Verallgemeinerung würde ich der Behauptung zustimmen, es sei überhaupt selten, daß jemand den Sinn für Details hat. Böll jedenfalls hat ihn durchaus, und wo er ihn im Grimmigen und im Grotesken spielen läßt, in den Übertreibungen des Übermuts, da hat er, ganz zu Recht, einige seiner großen »Treffer« erzielt.

Im ›Clown‹ gibt es ein unscheinbares Detail, das ich sehr liebe und von dem ich meine, man sollte ihm den Rang eines Statussymbols zuerkennen. Es ist die Zahnpastatube der Marie Derkum. Hier – da das Buch nicht für jedermann sogleich greifbar sein wird – die beiden Fundorte.

Im siebenten Kapitel, in dem die Nacht der ersten Liebesbegegnung zwischen Hans Schnier und der Abiturientin Marie Derkum erzählt wird, heißt es: »An diesem Morgen in ihrem Zimmer wäre ich am liebsten liegen geblieben und wünschte, sie würde nie mit Anziehen fertig. Sie wusch sich gründlich Hals, Arme und Brust und putzte sich eifrig die Zähne. Ich selbst habe mich immer möglichst vor dem Waschen am Morgen gedrückt, und Zähneputzen ist mir noch immer ein Greuel. Ich ziehe die Badewanne vor, aber ich sah Marie immer gern dabei zu, sie war so sauber und alles so selbstverständlich, sogar die kleine Bewegung, mit der sie den Deckel auf die Zahnpastatube schraubte.«

Und dann im achten Kapitel, nach der Katastrophe: Marie hat ihren Clown verlassen und Heribert Züpfner geheiratet; noch weiß das der in seine Bonner Wohnung Zurückgekehrte nicht, noch ist es Vermutung nur: »Die Vorstellung, daß Züpfner Marie beim Ankleiden zuschauen könnte oder zusehen darf, wie sie den Deckel auf die Zahnpastatube schraubt, machte mich ganz elend. Mein Bein schmerzte, und es kamen mir Zweifel, ob ich auf der Dreißig-fünfzig-Mark-Ebene noch eine Chance zum Tingeln gehabt hätte. Mich quälte auch die Vorstellung, daß Züpfner überhaupt nichts daran lag, Marie beim Zuschrauben der Zahnpastatuben zuzuschauen ...«, und dann folgt der eingangs erwähnte Satz vom Sinn für das Detail.

Warum ist das so gut? Es ist ja nicht mehr als ein winziges Teleskop, aber es erlaubt einen Blick in große Bezirke, in weite Landschaften. In die Landschaft der Liebe zuerst, in den Bereich der ruhigen, völligen Vertrautheit, und in die andere Landschaft zugleich, die in Hamlets schwarzem Katalog aufgeführt ist, dort bei der Aufzählung jener sieben Qualen, die einen Menschen veranlassen könnten, »sich selbst in Ruhstand zu versetzen / Mit einer Nadel bloß« – und sie heißt: »Verschmähter Liebe Pein.«

Ich denke an zwei Werke vom obersten Rang, die für immer gesagt haben, was hier zu sagen ist. Shakespeares ›Othello‹, das Weltgedicht, das ja auch nur ein unbedeutendes Requisit, ein Taschentuch, braucht, ein Zaubertuch, um eine Summa der Qual zu entfalten, und die fünfzehn Zeilen Mörikes ›Ein Stündlein wohl vor Tag‹, ein Fast-Volkslied und ein Weltgedicht doch zugleich mit seinem »Flieg ab, flieg ab von deinem Baum, / Ach, Lieb und Treu sind nur ein Traum –«.

Aber das Phänomen, alt wie die Welt und neu wie jeder neue Tag, will immer neue Inkarnationen, und eine, die im Ernst mitzählt, wenn gewertet und gewogen wird, ist Bölls Zahnpastatube im ›Clown‹.

Man muß das sehen – nein: man sieht das. Man sieht Marie Derkum. Man sieht die Anfänge, das Schreibwarengeschäft des Vaters, sieht, wie sie mitten in jener ersten Nacht aufstehen mußte, um das Bettuch zu waschen; sie weiß, was Armut ist, sie hat das Sparen gelernt. Nun drückt sie die Paste auf die Zahnbürste, einen Zentimeter, anderthalb, und dann verschließt sie die Tube, um die Paste vor dem Vertrocknen zu schützen; säuberlich tut sie, was sie tut, genau, gewissenhaft.

Sie ist ja kühn, sie zieht mit ihrem Hans von Hotel zu Hotel. »Mein Mann ist ein Künstler«, sagt sie, und sie erträgt es, daß eine mißtrauische Wirtin entgegnet: »So – und Ihr Mann ist er auch? Da wird sich das Standesamt aber gefreut haben ...« Sie will adrett für den Geliebten sein, bereit für seine Zärtlichkeit. Aber dann gewinnen es die Sommerwild und Fredebeul: sie schreibt ihren Zettel »Ich muß den Weg gehen, den ich gehen muß« – und geht. Und für Hans Schnier, den Clown, ist die Welt ohne Marie nicht mehr die Welt; er verheddert sich bei seinen Auftritten, er lacht, taumelt, trinkt ... »Berufliches Pech« heißt es die Mutter am Telefon, und sie weiß nicht, daß es mit nichts anderem zu tun hat als mit – der Zahnpastatube auf dem Waschtischkonsol der Marie, die nun Marie Züpfner heißt.

Warum ist das so gut, noch einmal? Weil es so ein banales Fast-Nichts zu sein scheint. Jeder von uns hat ein paar Autoren parat (ich sage nicht: junge Autoren – Kunstverstand ist keine Sache des Lebensalters), die, um die Situation ein wenig erotisch aufzuladen, oder sagt man: anzuheizen?, wenigstens eine Tampaxpackung ins Spiel gebracht hätten oder eine Tube Patentex in eine Nachttischschublade schmuggeln wollten; aber die ganze Geschichte der Liebesdichtung, vom Gipfel des ›Dekamerone‹ abwärts, lehrt: das Direkte ist das Schwächere, die robuste Genauigkeit löscht die Phantasie aus, der mechanische Vollzug langweilt; die Andeutung aber – sie hält mehr, als die Ausführung je versprechen könnte.

Man sieht Marie. Und man sieht den Clown. Wie heißt der Spruch? »Eifersucht ist eine Leidenschaft, die mit Eifer sucht, was Leiden schafft.« Nun, er braucht ja nicht groß zu suchen, der Clown, er ist mitten im Gestrüpp, und er ist ja geübt genug darin, mit den Möglichkeiten als mit Wirklichkeiten zu leben: daß Marie mit Züpfner Menschärgeredichnicht spielt oder »die Sache« tut oder die angerauchte Zigarette des anderen aus dem Aschenbecher nimmt und zu Ende raucht – eines ist wie das andere.

Wer Heinrich Böll kennt als einen, der nicht aufgibt, ehe er nicht an die Grenzen der Phänomene gekommen ist, der sieht ihn dann auch diesen Grenzbereichen gegenüber. Gibt es den Bezirk, in dem das nicht mehr gilt, was jetzt so sehr gilt: »Verschmähter Liebe Pein?« Ja, es gibt das trübselige ganz Unten, den graugelben Gallert der Promiskuität, bei der das Hinsehen nicht lohnt, und es gibt das berühmte ganz Oben, also etwa den Brief der Maria Rubens, geschrieben in Siegen an ihren in Verstrickung und Gefängnis geratenen Mann Jan Rubens, einen Brief, der nun freilich jedes Hinhorchens wert ist:

». . . Ich habe nie gedacht, Ihr hättet geglaubt, ich würde Euch irgendwelche Schwierigkeiten machen wegen dieser Sache. Wirklich, ich mache keine. Wie könnte ich das Herz haben, böse zu sein mit Euch in solchem Verderben, da ich doch mein Leben hingeben würde, Euch zu retten, wenn es möglich wäre. Seid also gewiß, daß ich Euch vollständig vergeben habe. Geschrieben am 1. April zwischen Mitternacht und ein Uhr. Unterzeichnet nicht länger ›Euer unwürdiger Mann‹, denn ich habe Euch alles vergeben. Eure getreue Frau Maria Rubens.«

Dorthin – darin weiß ich mich mit dem Dichter einig – dorthin könnte es gehen, ohne alle Verkümmerung, und man müßte wohl früh vor Tag aufstehen, um dorthin zu kommen.

Aber auch das zwischen jenem Unten und diesem Oben gelegene Land ist aller Aufmerksamkeit wert. Wer, wie Heinrich Böll, zu gebotener Stunde den Streit nicht scheut, die Strenge nicht mißachtet und der Wahrheitsfrage nicht ausweicht, der darf einem elementaren Lebensgefühl, wie es hier geschieht, Ausdruck verleihen: unredselig-sparsam, scheu und wohlbewacht – und gerade darum inständig und genau.

Ich habe Lust, das, was einem dabei zuteil wird, eine Herausforderung zu nennen, im genauen Verstand dieses Wortes: ein Mensch sagt »Liebe« und »Liebesqual« und fordert damit den anderen, das Schalentier Mensch, heraus, so, daß es mit ihm weiter geht, ins Weit-Offene hinaus.

Wilhelm Emrich
Selbstkritisches Erzählen: ›Entfernung von der Truppe‹

›Entfernung von der Truppe‹, von Heinrich Böll eine »Erzählung« genannt, scheint durch Form und Inhalt das Erzählen selbst außer Kraft zu setzen. Der Ich-Erzähler fingiert, sein »Erzählwerk« (S. 7) »nicht als fertige Niederschrift anzulegen« (S. 20), sondern nur als notdürftigsten »Rohbau« (S. 24) nach Art von Malvorlagen für Kinder, in denen nur wenige Punkte und Striche enthalten sind, die das zeichnende oder malende Kind (der Leser) dann selbst beliebig verbinden, verlängern, weiter ausführen, kolorieren und nach eigener Phantasie und mit »künstlerischer Freiheit« (S. 20) zu Figuren und Bildern ausformen kann, die in gar keiner Weise bereits in der gegebenen dürftigen Vorlage enthalten oder auch nur angedeutet sind.

Aus einer möglicherweise als »Priester« punktweise angelegten Figur könne das zeichnende Kind beziehungsweise der phantasiebegabte Leser dieses Erzählwerks »auch einen Cäsaren, Chiromanten oder Clown erstellen« (S. 21). Oder er könne auch, wenn ihm Phantasie mangele, »notfalls sich ein Lexikon schnappen« (S. 21) und sich daraus die Figuren, Ideen oder historischen und aktuellen Erscheinungen und Vorstellungen holen, mit

denen er den Rohbau ausfüllen und zu einem fertigen Gesamtwerk ausbauen und ausstaffieren könne.

Der Ich-Erzähler weigert sich, selbst seine Geschichte zu
erzählen. Er will sein eigenes »Porträt verwischen« (S. 23), ja
er hofft »zuversichtlich« von seinen »Erklärungen zur eigenen
Person«, daß »sie mißverstanden werden und Mißtrauen erwek-
ken« (S. 7), und fordert daher den Leser auf, selbst beliebige
Porträts zu zeichnen, aus dem Ich-Erzähler also zu machen,
was ihm beliebt. Auf solche Weise hofft der Autor seinen Lesern
entrinnen zu können.

Das Thema des »Erzählwerks«, die ›Entfernung von der
Truppe‹, erscheint auch formal als Entfernung von allen Trup-
pen, aus denen sich die Leserschaft zusammensetzt. Der Autor
räumt das Feld des Erzählens und überläßt es den Truppen seiner
Leser, nicht nur den »regulären« Truppen der Parteien, Kirchen,
Weltanschauungen, sondern auch den »irregulären« Truppen der
Nonkonformisten, Anarchisten, Individualisten usw. (S. 139).
Die Positionen werden verkehrt. Der Leser soll erzählen.

Der Erzähler will nur hohnvoll grinsend zuhören, verschweigt
oder destruiert sein Erzähltes, lockt und verfolgt den Leser, ihn
entlarvend, in dessen eigene Erzähl- und Vorstellungswelten,
indem er ihm Vorschläge unterbreitet, wie und mit welchen
Techniken er den Rohbau kolorieren, ausstaffieren, vervoll-
ständigen könne; er liefert selber am Schluß eine Parodie der
heute üblichen oder möglichen literaturwissenschaftlichen »In-
terpretationen« (S. 139 ff.) des soeben von ihm Erzählten unter
dem Anschein, »Moral«, Form und Bedeutung des Werkes endgültig und eindeutig zu enthüllen (S. 38, 138), und endet sein
ganzes »Erzählwerk« mit der ironischen, alles sowohl verdek-
kenden als auch aufdeckenden Feststellung und Frage an den
Leser: »Der Erzähler verbirgt etwas. Was?« (S. 141.)

Es wäre verfehlt, in dieser ›Entfernung von der Truppe‹ eine
»Krise« des Erzählers Heinrich Böll oder ein Symptom für die
viel berufene »Ausweglosigkeit« der modernen Literatur sehen
zu wollen und an diese »Sicht« weit ausholende kulturpessimisti-
sche Betrachtungen zu knüpfen, gipfeld etwa in den bekannten
»soziophilosophischen« Beschwörungsformeln: Dem modernen Schriftsteller bleibe in der alles manipulierenden und »ver-
dinglichenden« Industriegesellschaft nichts anderes mehr übrig,
als sich von »allem« zu distanzieren, seine eigene Erzählkunst zu
destruieren, da auch die »Kategorien«, auf denen alles Erzählen,
ja die Sprache selbst beruhen, sich zersetzt haben, unglaubwürdig

wurden, dem alles verwertenden und entwertenden Warenhandel der modernen Bewußtseinsindustrie verfielen, so daß sich der Erzähler vor seinen Lesern schützen müsse, indem er das Entscheidende, das er zu sagen oder zu zeigen habe, »verbirgt«, dem öffentlichen Bewußtsein entzieht, ins undurchdringliche Geheimnis hüllt, das wortlos wurde, nicht mehr erzählend geöffnet werden kann und darf, sondern nur noch als Frage am Schluß dem Leser aufgebürdet wird.

Blickt man genauer in das Gewebe dieser ›Entfernung von der Truppe‹, so ergibt sich, daß hier keine Erzählkrise, sondern ein Konzentrat traditioneller Erzählmöglichkeiten vorliegt, ein Konzentrat jedoch, das auf eine charakteristisch »heutige« Weise auf unsere Zeitsituation reagiert, ihrer Herr zu werden versucht.

Das fingierte Spiel mit dem Leser, der aufgefordert wird, mitzuwirken am Erzählen, die Vorgabe, nur dürftige Materialien und Figuren zu besitzen, die nach Belieben erweitert, ausgebaut, verwandelt, motiviert, gedeutet werden können, die parodistische Mitgabe und Wiederzurücknahme verschiedenster Selbstdeutungen und Interpretationsmöglichkeiten des Erzählten, die Skepsis gegenüber dem, was erzählt und was nicht erzählt werden kann, der Zweifel an den Möglichkeiten der Sprache und an den Erzähltechniken, die Relativierung der Erzählperspektiven und ihrer Inhalte, all das entspricht nicht nur altbekannten Gepflogenheiten bedeutender Romane der Weltliteratur von Laurence Sterne über Jean Paul bis zur Gegenwart, sondern ist angelegt im Kernproblem alles Erzählens, in der Spannung zwischen Fiktion und Wirklichkeit.

Selbst der Fiktion des sogenannten »realistischen« Romans des 19. Jahrhunderts, in Form eines einheitlichen, ungebrochenen Erzählens die »wahre« Wirklichkeit menschlichen Lebens zu spiegeln, lag die gesellschaftskritische Intention zugrunde, die von einer normierten Gesellschaft produzierten falschen Wirklichkeitsvorstellungen zu revidieren, Konventionen zu entlarven, desillusionistisch die gesellschaftlichen Lügen zu zerstören. Die dichterische Fiktion eines geschlossenen Erzähl- und Wirklichkeitszusammenhangs gab vor, nicht Fiktion, sondern die Wahrheit der Wirklichkeit zu vermitteln. Was dagegen im tatsächlichen gesellschaftlichen Bewußtsein des Lesers als Wahrheit und Wirklichkeit galt, wurde als Lüge, als Schein und Fiktion kritisiert. Das Erzählte der dichterischen Fiktion erschien als Wahrheit, die Wirklichkeitsvorstellungen der Leser dagegen wurden als Lügen proklamiert, die mit Hilfe einer desillusionierenden »realistischen« Erzählform zerstört werden sollten, im Bestreben, den Leser zu verwandeln, ihm Einsichten in das »wahre« Gefüge seiner eigenen Wirklichkeit zu geben.

Nichts anderes intendiert noch Heinrich Böll, allerdings durch eine humoristisch-parodistische Umkehrung der Positionen. Durch die Fiktion, der Leser habe die Freiheit, das kümmerlich oder unvollständig Erzählte zu ergänzen oder zu berichtigen, wird zugleich dem Leser bedeutet, daß alles, was er hier zusetze, Lug und Trug sei, ja, daß der Erzähler selbst bestimmte fürchterliche »Kriegs- und Nachkriegselemente« seiner Lebensgeschichte nur »stilisiert bieten« könne: ». . . entweder in Jugendstil, Spitzweg- oder Makart-Manier. Sie werden jedenfalls in Epochen der Kunstgeschichte zurücktransportiert, die sie postkartenreif machen« (S. 97). Alles, was überhaupt erzählt werden kann, wird zur Lüge, und ebendies wird dem Leser provozierend bedeutet, um ihn zu einer Wahrheit zu wecken, die allerdings nicht mehr sprachlich formuliert werden kann, sondern die der Leser selber auffinden muß.

Analog dazu bestand die Fiktion des sogenannten »humoristischen« Romans seit Laurence Sterne und Jean Paul darin, jede Fiktion zu zerstören. Weder die Fiktion eines geschlossenen Erzählzusammenhangs, die – wie im realistischen Roman – Wahrheit fingiert, noch die Fiktion einer empirischen Leserrealität, die ins fiktive Werk eingelassen wird, um es mit größerer »Wahrheit« zu füllen, wird ernst genommen, sondern »humoristisch« entwertet, als problematisch oder gar »nichtig« entlarvt. Nur im kontrastierenden Zusammenspiel aller denkbaren perspektivischen Sichten und Vorstellungsinhalte kann so etwas wie Wahrheit hervorgebracht werden, eine Wahrheit jedoch, die nirgends erscheinen kann, sondern nur im unmeßbaren Abstand zwischen dem »Unendlichen« und dem »Endlichen« zu ahnen ist (Jean Paul) oder in der skeptischen Gewißheit besteht, daß alles menschliche Erkenntnis- und Sprachvermögen sie niemals erreicht (Laurence Sterne).

Heinrich Bölls ›Entfernung von der Truppe‹ benutzt jedoch das Spiel mit dem Leser auf andere Weise als der traditionelle humoristische Roman. Es geht nicht darum, durch ein ins Unabsehbare verlaufendes kontrastierendes Zusammenspiel aller perspektivischen Möglichkeiten die Relativität jeder einzelnen Position ins Bewußtsein zu bringen, die Wahrheit in einen unendlichen Fluchtpunkt zu verlegen. Vielmehr reduziert sich die Kritik aller möglichen einseitigen Perspektiven auf die bloße

Benennung konkreter Bewußtseinsbestände der gegenwärtigen Gesellschaft, die in Wahrheit abstrakte Klischees sind, eben weil sie in ihrer unreflektierten, nur benannten Konkretheit verharren, zu bloßen Wortfetischismen herabsanken.

In Reih und Glied und beliebig vertauschbar marschieren die »Truppen« der heutigen Gesellschaft mit ihren »Losungen« und »Leitbildern« auf: Parteien, Kirchen, Verbände, Organisationen militärischer, politischer, wirtschaftlicher, bürokratischer Art, gestützt auf Grundsätze, die keine mehr sind, weil sie auf keinem tragfähigen, voll ausreflektierten und zum Bewußtsein gebrachten Grund mehr sich aufbauen. Der Ich-Erzähler will sich von allen diesen Truppen »entfernen«, weigert sich, in ihren »Dienst« genommen zu werden. Seine Dienstuntauglichkeit ist seine einzige Chance, Mensch zu werden und zu bleiben (S. 9, 116).

Daraus ergibt sich jedoch eine Erzählsituation, die sich von der des vergangenen humoristischen Romans gründlich unterscheidet. Der Erzähler dringt nicht mehr durch unabsehbare differenzierende Beschreibungen, Analysen und mimetische Wiedergaben in die Fülle aller möglichen oder denkbaren Perspektiven und Bewußtseinsinhalte ein, um sie von innen her – aus ihren eigenen Voraussetzungen heraus – skeptisch der Einseitigkeit und Relativität zu überführen, ihre Fixierungen aufzusprengen und das Bewußtsein einer sich ins Unendliche verlagernden Wahrheit und »geheimen Totalität« zu wecken, die allein Menschlichkeit, vollbewußte Mündigkeit ermöglicht, sondern er reagiert nur noch auf krud und fixiert Vorhandenes, das er summierend aufzählend benennt, wie die Stichwörter von »Lexika-Artikeln« aneinanderreiht, nicht mehr aktiv analytisch von innen her aufsprengt, sie nicht mehr in ihrer vollen Genesis, Reichweite und Bedeutung ins Bewußtsein hebt. Die Welt wird zum Panoptikum von Stichwörtern und erstarrten »Verhaltensmustern« (um ein modernes sozialpsychologisches und zoologisches Schlagwort zu gebrauchen), die, bar jedes geistigen Sinns, sowohl beschworen als auch abgewehrt werden.

Nicht nur die negativen Figuren, die den »Truppen« angehören (Militärs, SA-Männer, Pfarrer, Geschäftstüchtige usw.) verfallen einem derartigen Schrumpfungsprozeß, sondern auch die »positiven« Helden, die mit dem Ich-Erzähler abseits zu stehen vorgeben, werden ihm unterworfen, erstarren zu abstrakten Verhaltensmustern: Der »Engel« (Engelbert) wird – wörtlich – zum »Heiligen« stilisiert (S. 64), seine Schwester, die er dem Ich-Erzähler zuführt, mit blanker »Unschuld« bekleidet

(leitmotivisch), und seine Mutter, deren »Programm« lautet:
»Von der Truppe entfernt studieren« (S. 130), wird zur ewigen
Urmutter, die immer das Richtige tut und die wahren Einsichten
hat. Aber worin besteht ihr einsichtiges Tun?

»Die Kinder meines verstorbenen Schwagers Anton, der ein
›erklärter Atheist und vollkommen linker Bruder war‹, zwei
junge Mädchen zwischen achtzehn und einundzwanzig, schleppt
sie in die Küche ab, betet mit ihnen Rosenkranz und sagt ihnen
das Glaubensbekenntnis vor; die Kinder meines überlebenden
Schwagers Johann (ein Junge, ein Mädchen, zehn beziehungsweise zwölf), die in starrer Kirchengläubigkeit erzogen werden,
›impft sie mit Renitenz und Aufruhr‹. (Alles, was in Anführungs-
strichen steht, sind wörtliche Zitate von ihr.)«

Sie reagiert also auf das Klischeedenken der Gesellschaft wie
eine Marionette in Form einer abstrakten, nicht einer »bestimmten« Negation. Statt eine eigene mündige Position zu entwik-
keln, treibt sie jeweils das eine Klischeedenken mit dem anderen
gegensätzlichen Klischeedenken aus. Eine bestimmte, kritisch
überlegene Position wird nicht mehr sichtbar. Das Klischee tritt
seine unumschränkte Herrschaft an und setzt sich auch in denjenigen fest, die sich von ihm zu »entfernen« glauben, das heißt
auch im Erzähler selbst, der ohnmächtig nur noch krud Vorhandenes zu registrieren vermag und dessen kritische »Entfernung
von der Truppe« – gerade durch die scheinbar »totale« Negation
aller Truppen – nur deren Herrschaft reproduziert.

Das selbstkritische Erzählen Heinrich Bölls, das parodistisch
alles verlogene Erzählen an den Pranger stellen wollte, um auf
»etwas«, ganz andres aufmerksam zu machen, das der Erzähler
»verbirgt«, richtet die Kritik nicht gegen dieses verborgene
Etwas in ihm selbst, sträubt sich, die eigene kritische Position
erzählerisch und damit auch geistig zu artikulieren.

Das ist das Débâcle Heinrich Bölls, und nicht nur das seinige:
Eine literarische Praxis, die – bewußt oder unbewußt – das
unendliche Fragen und die Frage nach der Unendlichkeit des
Geistes abgeschafft hat und die Vorstellung von der autonomen,
unbedingten Produktivität des poetischen Geistes als längst
überholten bourgeoisen »Idealismus« denunziert, die hypno-
tisiert auf das Engagement durch die »Zeitereignisse« starrt
und zugleich blinden Sturm läuft gegen »alles«, was in der
Zeit geschieht und gedacht wird, kann nur noch zwischen
vorgegebenen Bewußtseinsskeletten wie ein »Clown« jonglie-
ren, sie gegeneinander ausspielen im witzigen, scheinsatirischen

Arrangement, das im Endeffekt ein Nichts ergibt unter der Vorgabe, ein mystisches »Etwas« zu sein.

Die intendierte Satire des Erzählers richtet sich unfreiwillig gegen ihn selbst, da er selber nicht ernsthaft – so ernsthaft wie etwa zum Beispiel auch und gerade der sogenannte »humoristische« Roman unserer Urväter – in die satirisierten Phänomene eindrang und notwendigerweise auch nicht mehr eindringen konnte, da nur ein mündiges Bewußtsein, das sich selbst als eine permanent zu kritisierende und fragende Instanz begreift, auch die abgestorbenen Relikte des menschlichen Geistes und Ungeistes in den Blick bringen und zur Selbstenthüllung zwingen kann.

RUDOLF WALTER LEONHARDT
Kongruenz im Inkongruenten: ›Entfernung von der Truppe‹ und ›Ende einer Dienstfahrt‹

Bölls Erzählungen ›Entfernung von der Truppe‹ (1964) und ›Ende einer Dienstfahrt‹ (1966) deuten mit ihren Titeln in die gleiche Richtung: Resignation, Abschiednehmen, Schluß damit. Und sie bedienen sich dafür zweier Bilder aus militärischem Bereich, die freilich auch eine konkrete, sachbezogene Bedeutung haben: Es geht ja in der Tat das eine Mal um jenen 22. September 1938, an dem sich Wilhelm Schmölder von der Truppe entfernte, das andere Mal um das Ende einer Dienstfahrt des Gefreiten Georg Gruhl.

Hätten wir die Titel als eine wirkungsvolle Kurzfassung der Inhalte zu verstehen, als Schlagzeilen gewissermaßen, dann rückte das diese beiden Erzählungen in die Nähe der Satire ›Doktor Murkes gesammeltes Schweigen‹, deren Titel in ähnlicher Weise präzis den Hauptinhalt angibt (während die exakte Einhaltung des Fahrplans oder Fähmels Vormittagsbeschäftigung doch eher Nebenaspekte von Böll-Romanen bezeichnen).

Karl Korn meinte (in der ›Frankfurter Allgemeinen Zeitung‹ vom 10. September 1966): »Alles, was Heinrich Böll geschrieben hat, ist, metaphorisch gesprochen, ›Entfernung von der Truppe‹ ...«. Er beginnt mit diesem Satz die Besprechung des Buches ›Ende einer Dienstfahrt‹!

Wir wollen dieses Aperçu nicht auf seinen Wahrheitsgehalt hin abklopfen. Es soll uns nur als Indiz dafür dienen, wie sehr sich der Leser gedrängt fühlt, die Titel der beiden bisher letzten erzählenden Böll-Werke nicht nur als kurz und schlagend formulierte Inhaltsangaben zu lesen, sondern ihnen eine allgemeinere Bedeutung beizulegen.

Nur einem Trick ist es ja zuzuschreiben, daß der Titel ›Entfernung von der Truppe‹ nicht auch, statt des Dienstfahrtendes, über dem (bisher) letzten Buch stehen könnte, einem Trick, der vom Autor an die Bundeswehrführung delegiert wird: Daß der Gefreite Gruhl eine Dienstfahrt auf so dramatische Weise beendete (soweit ein Happening der Gattung Drama zugezählt werden darf), wäre zweifellos im disziplinar- wie im strafrechtlichen Sinne als »Entfernung von der Truppe« zu verurteilen gewesen, hätte nicht eine Schreibstube im letzten Moment noch festgestellt, dem Gruhl sei zu Unrecht ein Sonderurlaub vom Urlaubskontingent abgestrichen worden.

Die Titel eines Meisters in der komplizierten Kunst des Vereinfachens haben es in sich. Wenn die beiden jüngsten Erzählungen von Heinrich Böll manchem, dessen Gedächtnis eher Gefühlseindrücke als differenzierte Informationen speichert, schon drei Jahre nach dem ersten, ein Jahr nach dem zweiten Buch ineinander übergehen wollen, so werden Verwischung und Verwirrung durch nichts so sehr gefördert wie durch ihre Titel.

Denn auf den zweiten Blick, genauer besehen, kann man sich zwei verschiedenartigere Erzählungen des gleichen Autors kaum vorstellen.

Wenn er beide Male sein Buch eine »Erzählung« nennt, so wird dadurch nur die unverbindliche Vieldeutigkeit dieser Prosaform illustriert.

Alle Prosa, die quantitativ über den Aphorismus oder allenfalls die Anekdote hinausgeht, widersetzt sich eingehender Analyse, da die Möglichkeit, Anmerkungen zu jedem Wort und jeder Fügung des Textes zu machen, ja praktisch nicht besteht. Die Kritik müßte mindestens doppelt solang sein wie der Text, dem sie gilt. Weil sie das nicht kann, ist alle Romankritik Stückwerk, muß sie doch arbeiten mit mehr oder minder willkürlich Ausgewähltem, das sie dann in den Rang des Exemplarischen erhebt. Kein Wunder, daß gerade Romanciers sich von den Kritikern mißverstanden fühlen.

Es gibt in jedem Prosawerk Schlüsselsätze. Die meisten aber helfen dem Kritiker wenig – denn für den Autor ist jeder Satz ein Schlüsselsatz: sonst hätte er ihn nicht geschrieben. (Was alles in der Literatur aus technischen Gründen wie denen des »Umbruchs« oder der Übersetzung geschrieben – oder gestrichen – werden konnte, ist ein anderes Thema.)

Doch gibt es zwei Schlüsselsätze, gegen deren Hervorhebung kein Erzähler, und fühlte er sich noch so sehr mißverstanden, etwas einwenden könnte: den ersten und den letzten Satz der Erzählung. Was kann nicht alles deutlich werden, wenn man von einem Vierhundert-Seiten-Roman nur die zwei Sätze liest: »Es gab etliche gute Heringsjahre hintereinander, und fremdes Volk strömte in diesen neuen Ort« – und: »Dann steht ein neues Gerücht auf über einen Heringsschwarm im Eids-Fjord.« Belesenen genügt das, Autor und Roman zu identifizieren.

In Bölls Erzählungen reichen Anfangs- und Schlußsätze aus für den Nachweis, daß ›Entfernung von der Truppe‹ und ›Ende einer Dienstfahrt‹ so verschieden voneinander sind wie (dem gleichen Autor) nur möglich.

›Entfernung‹ beginnt: »Bevor ich zum eigentlichen Thema dieses Erzählwerks (Werk hier im Sinn von Uhrwerk zu verstehen) komme, zur Familie Bechtold, in die ich am 22. September 1938, nachmittags gegen fünf Uhr im Alter von einundzwanzig Jahren eintrat, möchte ich zu meiner Person einige Erklärungen abgeben, von denen ich zuversichtlich hoffe, daß sie mißverstanden werden und Mißtrauen erwecken.«

›Ende‹ beginnt: »Vor dem Amtsgericht in Birglar fand im Frühherbst des vorigen Jahres eine Verhandlung statt, über deren Verlauf die Öffentlichkeit sehr wenig erfuhr.«

›Entfernung‹ endet: »Der Erzähler verbirgt etwas. Was?«

›Ende‹ endet: »Den häuslichen Ledergeruch fürchtete er längst schon nicht mehr, er begehrte fast danach.«

Diese Sätze geben entscheidende Formprinzipien preis: Der Ich-Erzählung des Autors, der sich mit seiner Hauptfigur identifiziert und sich immer wieder versucht fühlt, den Leser persönlich anzureden, steht gegenüber ein epischer Bericht, wobei der Autor sich entweder streng die beschränkte Perspektive einer seiner Figuren zu eigen machen oder lässiger bald von der einen, bald von der anderen oder schließlich, ganz Schöpfer, von jeder seiner Kreaturen alles wissen kann.

Es gibt großartige Romane eines Ich-Erzählers, der sich dauernd an sein Publikum wendet – zuerst und noch immer vor allem Laurence Sternes ›Tristram Shandy‹.

Der Autor Heinrich Böll allerdings wendet sich in ›Entfernung‹ offenbar nur an einen kleinen Teil seines Publikums: an seine Kritiker und Interpreten.

»Ich schweife nicht ab, sondern zurück«, erklärt er ihnen (S. 16). Manche Kunst-Ausstellungen findet er »so peinlich wie manche Erwachsenenerklärungen zur Literatur« (S. 23). Die Methode, patriotische Gefühle singend zu erlernen, erläutert er »als Vorschuß auf die fällige Interpretation« (S. 49). Und wenn er einer Kirche einen Heiligen zuschanzt, dann nicht ohne den Vermerk: »Es geschieht – wie alles in diesem Erzählwerk – ohne Absicht« (S. 64).

Manchen ist die Auseinandersetzung Heinrich Bölls mit seinen Kritikern als der eigentliche Sinn dieser Entfernungs-Erzählung erschienen. Und in der Tat gibt die große Klammer zu denken. Auf Seite 38 heißt es: »Ich verspreche hiermit feierlich, daß ich am Schluß dieses Erzählwerks ein umfassendes Geständnis ablegen, eine fix und fertige Moral liefern werde, auch eine Interpretation, die allen Interpreten vom Obertertianer bis zum Meisterinterpreten im Oberseminar Seufzen und Nachdenken ersparen wird.«

Des Nachdenkens fühlte ich mich enthoben, nicht des Seufzens.

Unnötig, zu sagen, daß es zwar drei Nachträge gibt, die »1. Umfassendes Geständnis« (S. 135), »2. Moral« (S. 138) und »3. Interpretation« heißen, daß dort jedoch weder etwas gestanden noch eine Moral gezeigt wird. Und in der Interpretation wird behauptet, »daß der Erzähler sich zutreffenderweise als Neurotiker bezeichnet, sich zutreffenderweise auch als romantisch und resigniert deklariert« (S. 140).

Wenn ein Farmer in den Südstaaten gesteht, »ich verspeise jeden Morgen einen Neger zum Frühstück«, dann ist das die gleiche Stilfigur: gereizte Hyperbeln wollen eine Distanz schaffen zwischen Erzählung und Wirklichkeit.

Der Erzähler Heinrich Böll hat gute Gründe, um diese Distanz zu kämpfen. Ihm ist, wir können ihm das nachfühlen, schon lange nicht mehr wohl bei all den Schulaufsätzen und Seminararbeiten über Heinrich Böll. Er ist es nachgerade leid, daß seinen Figuren so oft autobiographische Bezüge angedichtet werden. »Ein Buch«, so möchte er uns wie der Ovid dem Augustus klarmachen, »gibt keinen Aufschluß über die Seele des Autors.«

Daß Heinrich Böll so besonders gerne mit den Produkten seiner Einbildungskraft identifiziert wird, ist gewiß kein Zufall.

Einen Anlaß (unter anderen) dazu geben die Wirklichkeits-Partikel, die im Rohzustand in seinen Erzählungen zu finden sind – auch in ›Entfernung‹.

Da ist nicht nur immer wieder von der SA und ihrer häßlichen Uniform, von »NS- und anderen Organisationen« und von (Perspektivenwechsel) »Nutznießern des Systems« die Rede, da wird der »Ausfüllung des Antrags auf Lohnsteuerjahresausgleich« gedacht und erwogen, was geschieht, »wenn ich die Reparaturrechnungen dem Finanzamt aufbrumme«. Da taucht außer dem General de Gaulle einigermaßen unvermittelt auch der Kölner Germanist Ernst Bertram auf, und »eine standesamtliche Heiratsurkunde mit Hakenkreuz und Hoheitsadlern« wird geschildert, »in der ich als ›Student der Philologie, zur Zeit Arbeitsmann‹, bezeichnet werde«.

Da erfahren Nicht-Kölner, daß da ein »Café Reichard ... zwischen dem jetzigen Funkhaus und der jetzigen Domherren-siedlung, nicht weit vom Verkehrsamt« liegt, und fragen sich, warum sie nicht auch erfahren dürfen, wo Bechtolds wohnen, sondern statt dessen (S. 54) gesagt bekommen: »Dem nach Wirklichkeit forschenden Interpreten schlage ich vor, mit drei Minuten Radius einen Halbkreis westlich Severinstraße um die Haltestelle Perlengraben zu schlagen, sich eine der Straßen aus-zusuchen, die in seinem Halbkreis hängenbleibt...«

Der nach unverstellter Wirklichkeit forschende Interpret kommt fünfzehn Seiten lang (Seiten 98–112) voll auf seine Kosten. Da entfernt sich der Erzähler von der Literatur und montiert, wie aus einem Zettelkasten, Nachrichten über alles Mögliche, was sich am 22. September 1938 zugetragen hat.

Wir kennen diese Art der Montage aus Alexander Kluges ›Lebensläufen‹ und ›Schlachtbeschreibung‹. Kluge findet sie bei Böll (im ›Spiegel‹ 40/64) denn auch »weniger gelungen«. Er verweist auf die ›Totenkapelle‹ als den Kern des Werkes; der Erzähler selber rückt diese Kurzlebensläufe von drei Bechtolds freilich eher an den Rand: »... will ich eine Pflicht nachholen ... eine oder zwei Seiten ... für die Verstorbenen dieses Erzähl-werks ...« (S. 71).

Er seinerseits versichert: »Es geht um ... die Liebe und die Unschuld« (S. 61). Und dürfte man seinen Versicherungen glau-ben, dann wäre das Werk mißlungen – oder, im Sinne des Anfangssatzes, die Uhr kaputt; denn auf Seite 115 heißt es: »Wer vermag Unschuld zu schildern? Ich nicht. Wer vermag der Liebe Glück und Wonnen zu schildern? Ich nicht.« Meint er das? Gewiß nicht, oder doch nicht so platterdings. Mir der möglichen Willkür dieser Wahl wohl bewußt – für mich sind das Schlüsselsätze, charakteristisch für den Ich-Erzähler der ›Entfernung von der Truppe‹: Er will nicht beim Wort genommen werden. Das ist eine Eulenspiegel-Art des Erzählens, und bei ernsteren Themen riskant.

In die 135 Mini-Seiten der Erzählung ›Entfernung von der Truppe‹ ist so viel hineingepackt, daß die gescholtenen Interpreten sie als politische Geschichte des 22. September 1938 lesen konnten oder als Liebesgeschichte, daß sie ihnen auf den Bericht von der Vernichtung einer Familie durch die Nazis (also eine Art Anhang zu ›Billard um halbzehn‹) oder auf eine Satire gegen die Literaturkritik (also eine Nachbarschaft zu ›Doktor Murkes gesammeltes Schweigen‹) hinauslief.

Von allen Formkriterien her anders ist ›Ende einer Dienstfahrt‹: Kein Stenogramm-Entwurf zu einem Roman, wo dreißig Jahre auf 115 Oktavseiten zusammengedrängt werden, sondern eine Erzählung in epischer Breite, wo 245 Seiten von dem Bericht über einen einzigen Tag eingenommen werden; nicht das intervenierende Präsens herrscht vor, sondern das distanzierende Imperfekt; episch ist auch die Erzählhaltung des Berichterstatters, altmodisch allwissend, selber an den Ereignissen nicht beteiligt, ohne jede Gereiztheit im Ton, ohne forcierte Ironie.

Die Wirklichkeit ist so präsent wie immer bei Böll; aber sie ist nicht, wie in ›Entfernung‹, im Rohzustand übernommen worden: Wer will, kann sich ausrechnen, daß die Geschichte im September 1965 spielt, und darf in der »nahegelegenen Großstadt« wieder einmal Köln vermuten.

Ein einziges nichtintegriertes Wirklichkeitsfragment fällt auf; und ich erwähne es nur, weil es so bezeichnend ist, daß es als Ausnahme auffällt, beinahe als ein Lapsus wirkt, wenn (S. 214) davon die Rede ist, die Bundeswehr habe »einige Minuten lang Düsenjägermotoren an einem Kunstwerk ... mitwirken lassen«. Freilich muß der Erzähler wohl nicht damit rechnen, daß er dadurch für viele Leser Boris Blachers »elektronische« Oper ›Zwischenfälle bei einer Notlandung‹ ins Spiel bringt.

Hätte Böll jemals die Absicht gehabt, aus Ärger über seine Interpreten seine Interpreten zu ärgern (wie beispielsweise Helmut M. Braem vermutet in der ›Stuttgarter Zeitung‹ vom 3. 10. 1964), so wäre ihm das nicht mit ›Entfernung von der

Truppe‹ gelungen – einer Erzählung, über die sich sehr lange und gar nicht einmal völlig nutzlose Abhandlungen verfassen ließen.

Beim ›Ende einer Dienstfahrt‹ hingegen kann sich der Interpret so recht von Herzen überflüssig vorkommen und, statt zu interpretieren, zu analysieren, auch zu kritisieren, wie es seines Amtes wäre, etwa darüber nachsinnen, ob ihm nicht eine andere Art von Erzählung lieber wäre.

Denn in ihrer Art ist diese Erzählung vom ›Ende einer Dienstfahrt‹ makellos und verlangt nach keinerlei Deutung oder Interpretation. Gerichtsverhandlung in einer Kleinstadt: Bei einem so bewährten Schema und einem so erfahrenen Erzähler kann nichts passieren. Die geschlossene, durch den Verhandlungs-Ritus stilisierte und dabei (am besten auf dem Wege über die Zeugen) dennoch durchlässige Welt des Gerichtssaales gibt jedem Stoff Form. Ein gut geführter Prozeß ist ein Kunstwerk, er bedarf nur der Konzentration, nicht der Veränderung, um im Sinne der Forderung des Horaz unterhaltsam und lehrreich zu sein. Theater, Film und Fernsehen machen davon ausgiebig Gebrauch.

Böll habe es sich einfach gemacht, meint da wohl, wer nicht, wie Böll selber, die Schwierigkeiten des scheinbar Einfachen kennt.

In einer ›Einführung‹ (1966) – abgedruckt in dem Band ›Aufsätze, Kritiken, Reden‹ (1967, Seiten 264 ff.) – schildert Böll die komplizierte Entstehungsgeschichte dieser scheinbar so einfachen Erzählung: Wie sie zunächst geschrieben wurde als 15 seitige Kurzgeschichte über Dienstfahrten, die unternommen werden, »um den Kilometerzähler auf den Stand zu bringen, der das Fahrzeug für die fällige Inspektion vorführbereit« macht. Wie daraus eine zweite Version von 40 Seiten wurde, »eine mißglückte Novelle«. Dritte Fassung: 70 Seiten »ein mißglückter Kurzroman«. Beim viertenmal entstand »ein halbwegs brauchbarer Torso«. Die fünfte Version wurde dann zu lang; zusammengestrichen und überarbeitet, ergab sie die sechste. Das scheinbar Einfache zeichnet sich dadurch aus, daß man ihm nichts mehr anmerkt von all dem Kampf und Krampf, die vorausgegangen sind. Bleiben wir im Bereich der reinen Formen, dann ist fraglos erwiesen, daß die beiden jüngsten Erzählungen Heinrich Bölls nicht kongruent, ja, nirgendwo einander auch nur ähnlich sind.

Diese vermutlich nicht weltbewegende Erkenntnis scheint mir interessant: da sie auf dem schwankenden Boden der

Literaturkritik völlig feststeht; da sie Bölls eigenen Absichten entspricht; da sie so unglaubhaft wirkt.

Böll hat wiederholt geäußert, daß er die gleiche Form nicht gern zweimal verwende, daß er die Routine, »die Masche« scheue (und deswegen, zum Beispiel, lange Zeit keine Kurzgeschichten geschrieben hat), daß er nach Beendigung eines Werkes von dem Wunsch erfüllt sei, »etwas ganz anderes« zu machen. Und an den beiden jüngsten Erzählungen konnte nachgewiesen werden, daß ihm das gelungen ist.

Bleibt zu fragen, warum dennoch ein derart die Form in Frage stellendes Werk wie ›Entfernung von der Truppe‹ und ein so formvollendetes wie ›Ende einer Dienstfahrt‹ im gleichen Atemzug genannt werden auch von Lesern, die zu differenzieren verstehen.

Zunächst drängten sich die Ähnlichkeiten auf: in den offenbar Resignation ausdrückenden Titeln, in manchen Motiven und Metaphern aus dem militärischen oder antimilitärischen Bereich, vielleicht auch in einzelnen Figuren. Bei näherem Hinschauen sieht man die großen Unterschiede in der Erzählperspektive, in der Erzählerhaltung, im Ablauf der Handlung, kurz: in der Komposition.

Aber sobald man das alles vergessen, die Notizen weggelegt hat, fangen die Konturen allmählich wieder an, sich zu verwischen. Allem eigenen Besserwissen zum Trotz verbinden sich die Bechtolds mit den Gruhls, und zu ihnen stößt auch noch Hans Schnier, obwohl wiederum nachweisbar wäre, daß die ›Ansichten eines Clowns‹ ihre eigene, sowohl der ›Entfernung‹ wie dem ›Ende‹ unvergleichbare Form haben.

Zunächst und scheinbar wäre das damit zu erklären, daß schließlich alle großen Schriftsteller, von Grimmelshausen bis Thomas Mann, sich ihre eigene Welt des unverwechselbaren Stils geschaffen haben, die sie zwar in den Großformen willkürlich wechseln können – aber ob Kleist die Erzählung ›Michael Kohlhaas‹ schreibt oder das Drama ›Prinz Friedrich von Homburg‹, es bleibt Kleists Stil. So umschließt auch Bölls Stil den Telegramm-Roman wie die Langgeschichte. Beide haben außerdem teil an einem imaginären Gebilde, das man »Bölls Welt« nennen könnte: jener Welt also, in der es, nach den gängigen Klischees, rheinisch zugeht und kleinbürgerlich und katholisch und so gar nicht kosmopolitisch.

In Wirklichkeit ist Bölls Welt komplizierter. Immerhin: So wie für Jane Austen eine Person der Handlung eigentlich nicht vollständig ist, ehe nicht auch ihr Einkommen bekanntgemacht wurde, so kann man sich bei Böll schwer eine Figur vorstellen, über deren Konfession der Leser im unklaren bliebe.

Bölls Stil und Bölls Welt, welchen Grad von konkreter Existenz man solchen Abstraktionen auch zumessen mag, erklären jedoch nicht, verdecken eher eine eigenartige Zäsur innerhalb dieses Stiles, innerhalb dieser Welt, eine Zäsur, die, chronologisch gesehen, zwischen die Jahre 1959 (›Billard um halbzehn‹) und 1963 (›Ansichten eines Clowns‹) fällt.

Sie ist weniger deutlich an den Werken, deutlicher an der kritischen Reaktion auf diese Werke abzulesen. Rezensionen und persönlichere Äußerungen intelligenter Leser bestehen darauf, daß, zum ersten Male in den ›Ansichten‹ sich abzeichnend, in der Welt Bölls etwas passiert sei, das »Krise« genannt wird oder »Abstieg« oder »Verfall« – oder Reife und Vollendung.

Es ist kurios, zu beobachten, wie klar sich in der Böll-Rezeption drei Gruppen abzeichnen: Die einen sehen keinen Bruch zwischen ›Billard um halbzehn‹ und den ›Ansichten eines Clowns‹, sondern eine Entwicklung vom Guten zum Besseren. Als ihr Exponent mag Joachim Kaiser genannt werden.

Andere hielten früher gar nicht viel von Böll, aber seit den ›Ansichten eines Clowns‹ sind sie bekehrt. Der prominenteste unter ihnen ist wohl Günther Blöcker.

Und das hat der dritten Gruppe gerade noch gefehlt. Sie besteht aus Leuten, die viel von Böll hielten, die noch heute viel von Böll halten; aber seit dem Clowns-Buch geraten sie von einer Verzweiflung in die nächste und fragen jeden, ob sie nicht schlimm sei, diese Krise, in der Böll sich befinde. Mit der hier gebotenen Vorsicht nenne ich Marcel Reich-Ranicki als den wichtigsten Repräsentanten dieser Gruppe.

Die Enttäuschten vermissen in Bölls Büchern aus den letzten fünf Jahren erstens die Härte und zweitens die Verbindlichkeit des gesellschaftspolitischen Engagements.

Die Schnier, Schmölder, Gruhl, sind sie nicht alle Außenseiter und Sonderlinge? Geht nicht mit ihnen etwas zu Ende, ohne daß ein neuer Anfang, ein Weg in die Zukunft gezeigt würde? Sind nicht der Schmerz des Hans Schnier wie die Heiterkeit des alten oder des jungen Gruhl gesellschaftspolitisch irrelevant?

Das ist alles nicht zu leugnen. Manche freilich meinen, in der Konfrontierung des Humanen als dem Außenseiter der Gesellschaft mit einer inhumanen Welt der fiskalischen oder militärischen oder staatlich-bürokratischen Ordnung habe Böll ein seinen Lebenserfahrungen, seinem Milieu und seinem schriftstellerischen Temperament angemessenes Thema gefunden.

Im Rahmen dieses großen Themas gehören die Erzählungen ›Entfernung von der Truppe‹ und ›Ende einer Dienstfahrt‹ zusammen: jene ein in der Form nicht recht überzeugender Versuch, diese ein formal und dadurch ganz und gar gelungenes Werk.

V

MARTIN WALSER
Böll und fünfzig

Einerseits ist das seine Sache, andererseits: Böll und fünfzig, wer
hätte das, da denkt man doch unwillkürlich an sich selbst,
überhaupt diese Generation, überleg mal, anno 47, und jetzt?

Na ja, wir haben ziemlich was dazugelernt, also Festschrift
wäre da jetzt durchaus drin, gebunden in was du willst, aber bei
Böll? Das ist doch nicht wie bei dem und jenem Goetheabguß
oder Thomas-Mann-Darsteller, er hat zwar jetzt auch nicht mehr
zu klagen (so war das damals sicher nicht gemeint), aber er ist
doch noch immer Heinrich Böll, der hat doch keine Konsequenzen gezogen aus einem Aufstieg...

Wenn Böll, Richter und Andersch abends von der Restauration sprachen wie die Tierärzte vom Rotlauf, unsereinen gruselte,
keine Ahnung von Restauration, erst jetzt, jetzt allmählich be-
greif ich, aber jetzt hört man das Wort nicht mehr, wozu auch,
die Generation hat Stühle besetzt, Karten drucken lassen, atmet
im Smoking, B. laden wir lieber nicht ein, wenn du willst, ruf ich
den Innensenator an, die Kehrwoche ist nun an uns, was willst
du da machen, wir können ja beim BDI-Empfang ein wenig
gröhlen, weißt du noch, was wir von Frank Thieß hielten und
vom Säle füllenden Bergengruen?

Das war wohl verfrüht, das kalte Büfett steht ins Haus, mein
Gott haben wir damals gelacht über den Sekretär der Akademie,
wie hieß der noch, du kommst doch auch zu Springer, man muß
deshalb noch lange nicht dafür sein, das ist wohl klar, sag doch,
was gibst du gerade heraus, ich sag ja nichts, ich meine bloß,
haben wir damals gelacht, ich komm jetzt nicht auf den Namen,
in den fünfziger Jahren, der überall drinsaß, du meinst, neinnein,
viel schlimmer, aber bitte, jemand muß es ja machen, und jetzt
sind eben wir dran...

... tatsächlich, viel ist verflogen, einfach abgeblieben, unterwegs, Verantwortung modelliert hübsche Gesichter, denk bloß
ans Ausland, den Fernsehzuschauer, man wird einfach älter, die
Verantwortung, verstehst du, die Reife, eine Hand gibt die

andere, es ist nicht mehr so leicht, wenn du ernst genommen wirst, das kann ich dir sagen, plötzlich hast du ein Ressort, mußt in Amerika und bei Schnabel, es ist eben alles anders gekommen, unser Erfolg war ja überhaupt nicht vorauszusehen, damit konnte man doch nicht rechnen, aber bitte, geändert hat noch keiner was – denk an Goethe –, aber immer wieder gesagt, Rat und Tat, aktiv, ernst, vernünftig, man braucht dich, da mußt du einfach groß beigeben, verstehst du, und manchmal erschrecken wir die doch noch ganz schön, immer wieder mal so ab und zu, ja-ja, das stimmt, das hab ich gelesen, aber Böll, zum Beispiel, ist, man könnte sagen, er macht nicht mehr so mit wie früher, ist dir das auch schon aufgefallen...

... Böll und fünfzig, düster, was? weil man doch oft überhaupt nichts hört von ihm, nie sagt er was, und dann plötzlich ein Vortrag, da sagt er wieder zuviel, also wirklich, für mich fürcht ich nichts, aber für Böll, der kann sich überhaupt nicht beherrschen, offenbar, jetzt, wenn ich hör, er trete wieder mal auf, dann fang ich schon an, mich zu fürchten, weil er doch häufig Sachen sagt, die überhaupt nicht hierhergehören, über Bonn oder Bischöfe, ehrlich, wenn ich weiß, sonst einer tritt auf, da bin ich viel ruhiger, ich bin richtig froh, wenn ich höre, Böll ist für eine Zeit wieder in Irland, ich vermute fast, er ist düster geworden, komisch nicht? und hatte doch diesen Humor, den hatte er doch, sarkastisch auch, ja-ja, auch satirisch, er war nun mal gegen Postkarten, gegen Travertin, kann man sagen, gegen Drogisten, das war doch sehr gut, wie er noch gegen Frau Franke war und für Bogners, aber jetzt, jetzt kommt er mir manchmal ganz ganz entsetzt vor, wirklich komisch, daß man sich auf einen so verlassen kann.

Hermann Kesten
Eine epische Figur

Heinrich Böll, ein scharfäugiger Zeitgenosse, ein deutscher Autor, ist mir zuweilen fremd, mit gewissen Thesen und Argumenten, mit seinen Konflikten und seinem Glauben, mit manchen Figuren und Fabeln, und doch gefiel mir der Autor Böll, schon auf der ersten Seite, die ich von ihm kurz nach dem Krieg las.

Er fiel mir auf, wie wenige unter den neuen deutschen Kriegs- und Nachkriegserzählern. Mich zog seine naive Aufrichtigkeit an, diese Originalität eines leidensfähigen mitleidenden jungen Mannes, der von sich und den moralischen Enttäuschungen sowie der Fühllosigkeit seiner Zeitgenossen wie zu sich selber spricht, wenn er dem Leser Geschichten erzählt, die lauten, als hätte er sie eben von seinen Lesern erfahren.

Schon von der ersten Seite an fühlte ich eine entschiedene Sympathie für den mir unbekannten Autor, ja eine naive Sympathie, die der literarischen Person, dem Autor, noch mehr als seinem Werk galt. Und diese spontane Sympathie weckte jedes neue Buch, oder manches Hörspiel, mit dieser Sympathie aufs erste Wort hin las ich viele seiner Artikel und Geschichten.

So mag einem ein guter Mensch gefallen, bei der ersten Begegnung, lange bevor man mit Gründen sagen kann, warum gerade dieser Mann ein guter Mann sei.

Vielleicht empfinden viele Leser Bölls diese jähe Sympathie, haben diesen hurtigen Eindruck, als spreche ein aufrichtiger Freund zu ihnen.

Bücher erfüllen hundert intellektuelle Aufgaben, wecken hundert Emotionen, sind ein Zeitvertreib oder eine Erleuchtung, töten oder wecken zum neuen Leben. Ein Segen der Literatur ist die Toleranz, die sie schaffen kann. Sie macht Autoren aus vielen Jahrtausenden und Zonen zu unsern intimen Freunden, zuweilen so differente Autoren, daß viele weder einander noch manche ihrer Leser tolerieren könnten. Zum Glück haben wir einen Welt-Appetit, eine weltumfassende Liebesfähigkeit, und zahlreiche widersprüchliche Sympathien, die wir mit unsern wahren oder vorgeblichen intellektuellen und emotionellen Prinzipien nicht immer vereinbaren können.

Mich reizt mehr als etwa die Elemente von Bölls Diktion, mehr als der einzelne Satz, mehr als sein Sprachvorrat seine Sprechweise, ein gewisses geschwindes Schlendern seiner Prosa, eine humoristische Manier, quasi unvermutet Impressionen zu improvisieren, aber dem Einfall zu folgen, ohne sich an ihn zu verlieren, und manche heftigen Emotionen so auszusprechen, daß sie wie Argumente klingen. Vor allem gefallen mir bei Böll die Abbreviaturen seines Witzes, die düstern Humore eines Zivilisationskritikers, die überraschenden Nebenwege eines sentimentalischen Moralisten, eines gar nicht leisen und doch diskreten, ja taktvollen Sittenpredigers, dessen sozialkritische Phantasie die deutschgemütliche Wirklichkeit zur Parodie macht.

Böll steht in einer steten Opposition, zu sich und zu seiner Gesellschaft, an der er hängt, wie er auch Vertrauen zu sich hat. Darum will er weder ein Revolutionär sein noch eine Revolution machen. Dazu hat er zuviel Gemüt, zuviel Heimatliebe. Er steht mitten in Köln, sozusagen mitten im Rhein, mitten im bürgerlichen Familienleben, mitten in der zweideutigen Gesellschaft der Bundesrepublik Deutschland, mitten in der katholischen Kirche und im Christentum, mitten in seiner rheinisch-katholischen Provinz, also mitten in seiner Welt.

Er will nicht mal ein Reformator werden. Er will nur alle, und sich, zur ursprünglichen Unschuld, an die er glaubt, zur Sittenreinheit, ohne Prüderie, zur Gerechtigkeit, die er liebt, vielleicht zur wahren Frömmigkeit seiner Kindheit, von der er immer noch träumt, zurückführen. Er träumt von einem Purismus, ohne politisch oder moralisch oder literarisch ein System gründen zu wollen, zumindest kein neues System. Er hat ein waches Gewissen, ein stets responsives Gefühl, die lebendige Vorstellung einer besseren Welt und einen wohlwollenden Humor mit Schärfen.

Ist er ein Volksschriftsteller, will sagen, ein Volkserzieher? Er sagt, in seinem Auswahlband ›Erzählungen, Hörspiele, Aufsätze‹: »Ein Künstler ist immer bis zu einem gewissen Grad unschuldig – und schuldig, er ist wie ein Kind...«

Auf die Frage, ob die moralische Qualität ein notwendiger Bestandteil eines literarischen Kunstwerkes sei, antwortete Böll, und druckt dieses ›Interview mit Studenten‹ »statt eines Vorwortes« zu eben diesem Sammelband ›Erzählungen, Hörspiele, Aufsätze‹: »... ich fürchte, meine Antwort muß ein eindeutiges Nein sein.«

Im selben Interview sagt Böll, der Autor »muß wissen, was er schreibt, muß es selbst verantworten«.

Das ist die schärfste moralische Forderung an einen Autor, an dessen Kunstwerk aber Böll keine moralische Forderung stellt. Mit Recht fährt Böll fort: »Es gibt keine allgemeinverbindlichen, objektiven Kriterien der künstlerischen Qualität. Woran will man sich also halten?«

Woran soll man sich also halten? Ist der Autor Böll ein Moralist, der von anderen Autoren wie von sich Moral, aber von der Kunst keine Moral fordert?

1959 schreibt Böll im Aufsatz ›Kunst und Religion‹: »Solange das Geheimnis der Kunst nicht entziffert ist, bleibt dem Christen nur ein Instrument: sein Gewissen; aber er hat ein Gewissen als Christ und eins als Künstler, und diese beiden Gewissen sind nicht immer in Übereinstimmung.«

Ist solch ein doppeltes Gewissen nicht einer der Grundkonflikte der meisten Figuren von Böll? Doch fährt Böll fort: »... man kann nicht halbwahr sein ... So bleibt das Dilemma, Christ zu sein und zugleich Künstler und doch nicht christlicher Künstler.«

Hier sagt also ein Gläubiger, ein entschlossener Orthodoxer der ganzen Wahrheit, jedem Relativismus ab und stellt sich gegen Lessing, der vorzog, die Wahrheit zu suchen, als sie zu haben, gegen Plato, der glaubt, wir kämen nur zur halben Wahrheit, gegen Kant und gegen die »Aufklärung«?

Oder will Böll nicht aufgeben, was er ist, und doch nicht sein, was er ist? Um die Problematik von Künstlern zu zeigen, die so sehr Christen sind wie Böll, wählt er das Dilemma von Künstlern zum Beispiel, die unter kommunistischen Diktaturen schreiben oder malen.

Wieder bewundere ich die radikale Aufrichtigkeit von Heinrich Böll, der seine Konflikte, mit denen er nicht fertig wird, mit derselben unbedingten Aufrichtigkeit offen ausstellt, mit der er die Konflikte seiner Figuren beschreibt, mit denen diese nicht fertig werden.

Böll ist selber eine epische Figur, wie von ihm erdacht und beschrieben. Er trägt die Tracht seiner Figuren, erleidet ihre Konflikte und lebt ihr Schicksal. Er beschreibt seine Zeitgenossen in der Bundesrepublik Deutschland und hadert mit ihnen wie mit sich. Er will ihr Gewissen wecken. Ihr soziales, politisches, moralisches Unrecht sollen sie einsehen. Er spricht ihre Sprache in einem Maß, als schrieben seine Figuren für ihn ihre Geschichten.

So geht er immer im Zentrum seiner Zeit, ein melancholischer Humorist, ein ungeduldiger Sittenschilderer, ein traditioneller Erzähler und Moralist, ein witziger Weltfreund, der seine Provinz, und unsere kleine deutsche Welt, der damit eine ganze Welt beschreibt.

GUSTAV KORLÉN
Böll in Schweden

Das Interesse für deutschsprachige Literatur war in Schweden 1945 auf den Nullpunkt gesunken. Ähnlich wie in vielen anderen Ländern war man damals auch in Schweden geneigt, zwischen

den Nationalsozialisten und den Deutschen ein Gleichheits-
zeichen zu setzen.

Auf diesem Hintergrund scheint es um so bemerkenswerter
zu sein, daß die Schwedische Akademie den Nobelpreis für 1946
an Hermann Hesse verlieh; denn diese Preisverleihung mußte
verstanden werden als ein bewußter Akt und ein Versuch, sich
derartigen generalisierenden Tendenzen und der simplifizieren-
den Haltung zu widersetzen. Ähnliches gilt für die – wenige
Jahre später erfolgte – Ernennung Thomas Manns zum Ehren-
doktor der Universität Lund.

Wenn es darüber hinaus ein Interesse an deutschsprachiger
Literatur überhaupt gab, dann konzentrierte es sich – will man
von der auch für Schweden wichtigen Entdeckung Kafkas absehen – auf die Werke jener deutschen Schriftsteller, die zwischen
1933 und 1945 im Exil gewesen waren.

Über diejenigen, die in der Zeit des Dritten Reiches in Deutschland gewirkt hatten, wußte man wenig oder nichts: Der Umstand, daß Erich Kästner in der damaligen schwedischen Presse
in Nachrufen betrauert wurde, mag als kurioses Symptom ange-
führt werden. Noch 1949 war die Unwissenheit erstaunlich groß:
»Was auf literarischem Gebiet im besetzten Deutschland geschieht« – schrieb damals der Kritiker und spätere Böll-Über-
setzer Per-Erik Wahlund in der Zeitschrift ›Bonniers Litterära
Magasin‹ –, »was möglicherweise von phrasenfreier Bewältigung der Vergangenheit und von der Empfänglichkeit für Im-
pulse aus dem Ausland zeugt, ist, von uns aus gesehen, in dichten
Nebel gehüllt.«

Diese bedauerliche Situation veränderte sich allmählich im
Laufe der fünfziger Jahre, wobei das Jahr 1952 deutlich als
Zäsur erscheint. In diesem Jahr taucht auch zum erstenmal in der
schwedischen Presse – sowohl in Artikeln als auch in Interviews,
beispielsweise mit Hans Werner Richter – der Name Heinrich
Böll auf.

Die erste Publikation eines Buches von Böll in schwedischer
Sprache erfolgte 1954: Es handelte sich um einen Roman mit
dem Titel ›Leidender Eros‹. Hinter diesem offenbar mehr auf
einen Verkaufserfolg abzielenden denn auf literarische Treue
bedachten Titel verbirgt sich der Roman ›Und sagte kein einziges
Wort‹.

Und schon Mitte und erst recht Ende der fünfziger Jahre gilt
Böll für viele Schweden als der repräsentative westdeutsche
Schriftsteller. Er ist auch der erste deutsche Nachkriegsautor,

der 1956 auf Einladung der schwedisch-deutschen Gesellschaft in Stockholm aus eigenen Werken liest, und zwar sogleich – es handelte sich um eine Lesung der Geschichte ›Doktor Murkes gesammeltes Schweigen‹ – mit durchschlagendem Erfolg.

Nicht weniger aufschlußreich sind die rasch steigenden Auflageziffern. Während Bölls erste Bücher in schwedischer Übersetzung in einer Auflage von zwei- bis dreitausend Exemplaren erschienen, erreichte eine 1960 edierte Sammlung seiner Satiren eine Auflage von insgesamt 20000 Exemplaren. Von einer 1967 in einer schwedischen Buchgemeinschaft publizierten Neuauflage der ›Ansichten eines Clowns‹ wurden sogleich 54000 Exemplare gedruckt. Das sind – zumindest für schwedische Verhältnisse – verblüffend hohe Zahlen, die kein anderer deutscher Nachkriegsautor zu erreichen vermochte – auch nicht Günter Grass, dessen ›Blechtrommel‹ (schwedische Auflage 20000 Exemplare) freilich von der hiesigen Kritik besonders beachtet wurde.

Nicht unwichtig scheint mir ferner die Tatsache, daß Böll seit Jahren im Deutschunterricht an schwedischen Schulen eine außerordentlich große Rolle spielt, wobei aus verständlichen Gründen besonders seine Kurzgeschichten und Satiren beliebt sind.

Schließlich fällt die große Zahl der Besprechungen der Bücher Bölls in der schwedischen Presse auf, nicht zuletzt in den Provinzblättern. Allein über die Erzählung ›Das Brot der frühen Jahre‹, die nicht gerade zu den gewichtigen Werken Bölls gehört, veröffentlichte die schwedische Presse über dreißig Rezensionen.

Natürlich empfiehlt es sich, derartige literarsoziologische Feststellungen und statistische Angaben mit Vorsicht zu betrachten, zumal wenn es um Schweden geht, ein Land, das in starkem Maße von angelsächsischer Geistigkeit und Unterhaltungsliteratur geprägt ist. Dennoch: Bölls Breitenwirkung in Schweden ist eine unverkennbare Tatsache.

Es versteht sich, daß Bölls Werk in Schweden sehr unterschiedlich beurteilt wurde. Die Skala reicht von vorbehaltloser Bewunderung bis zum betonten Skeptizismus eines Stig Jonasson. Aber auch dieser von mir sonst sehr geschätzte Kritiker ließ sich schließlich bekehren – durch den Roman ›Ansichten eines Clowns‹, über den er schrieb: »Ich habe die angebliche Größe Bölls nicht entdecken können, daher freue ich mich, jetzt sagen zu können, daß er seinen Ruhm beinahe eingeholt hat.«

Worauf vor allem ist das schwedische Interesse für Bölls Werk zurückzuführen? 1954 schrieb Bengt Homquist in ›Stockholms-Tidningen‹: »Die modernen deutschen Romane, nicht zuletzt die religiösen, sind in der Regel wortreich und abstrakt und strotzen von dunklen und hochtrabenden Erwägungen.« Diese Äußerung scheint mir besonders charakteristisch für das traditionelle, distanzierte und kritische Verhältnis der Schweden zur deutschen Sprache zu sein.

Aber gerade dieses Verhältnis zur deutschen Sprache macht verständlich, daß der Stil von Böll – wie übrigens auch derjenige von Wolfgang Borchert – geradezu mit Erleichterung zur Kenntnis genommen wurde. Gewiß, die These von der Kahlschlagsprache der ersten Nachkriegsjahre mag übertrieben sein. Doch war die an angelsächsischen Vorbildern geschulte, unpathetische und entmythologisierte Sprache Bölls mit seinem konsequenten Bekenntnis zur Trümmerliteratur etwas ganz Neues – und dieses Neue hat man in Schweden als besonders sympathisch empfunden.

Und mit dieser sprachlichen Sauberkeit und Klarheit – ein Werturteil, das freilich Schwächen der Metaphorik nicht ausschließt – hängt auch die Glaubwürdigkeit der Gesellschaftskritik in Bölls Werk zusammen. In Schweden, wo das Erbe der deutschen Aufklärung im Kästnerschen Sinne hoch im Kurs steht und wo, beispielsweise, angesichts einer alten Tradition der Arbeiterdichtung eine Verteidigung der Waschküchen nicht erforderlich wäre, wurde und wird ein Moralist und Realist wie Böll mit Teilnahme und Herzlichkeit betrachtet. Dabei hat die schwedische Presse gelegentlich – und wohl nicht unnötig – betont, daß sich die gesellschaftskritischen Satiren Bölls keineswegs nur auf bundesrepublikanische Verhältnisse beziehen.

Allerdings spielt bei der Beurteilung Bölls in Schweden das Generationsproblem eine nicht unwichtige Rolle. Die Kritikerin Gunnel Vallquist, die aus ihrer katholischen Sicht eine besondere Affinität zu Böll hat, meinte vor einigen Jahren: »Vielleicht ist Böll ein zeitgenössischer Erzähler im begrenzten und begrenzenden Sinne dieses Wortes. Sollte dies in der Tat zutreffen, so würde es nicht nur etwas über Bölls Begrenzung aussagen, sondern zugleich auch über seine eminente Bedeutung – in erster Linie wohl für seine eigene Generation, die zwischen den Kriegen aufwuchs und während jener Jahre heranreifte, in denen germanische Barbarei die europäische Kultur zu überwältigen drohte.«

Sehr möglich, daß auch in Schweden vom Werk Heinrich Bölls vor allem seine eigene Generation angesprochen wird. Möglich auch, daß Bölls Erfolg in Schweden weniger auf seine literatische Kunst zurückzuführen ist als in erster Linie auf seine menschliche Botschaft. In einer enthumanisierten Welt, die von geistloser Bürokratie und technokratischer Perfektion beherrscht wird, erscheinen vielen schwedischen Lesern die Bücher Bölls, dessen humane Sicht und unbestechliche Haltung wir bewundern, als befreiende Taten.

EDUARD GOLDSTÜCKER
Botschafter Böll

Nicht des Stabreimes wegen wähle ich diesen Titel und auch nicht deshalb, um Heinrich Böll, dessen Einstellung zu hohen geistlichen und weltlichen Würden ich kenne, ein solches Amt zuzumuten, sondern aus dem einfachen Grunde, weil er es seit gut einem Jahrzehnt *spiritaliter* ausübt. Besonders in den östlich und südöstlich der Bundesrepublik liegenden Ländern ist das der Fall. Bölls Werke sind in Moskau früher angelangt als Konrad Adenauer und haben seither eine millionengroße und dankbare Leserschaft gefunden. In anderen sozialistischen Ländern ist Bölls Wort freundschaftlich aufgenommen worden, lange bevor die Frage der Aufnahme von diplomatischen Beziehungen mit der Bundesrepublik bei den zuständigen Stellen überhaupt zur Erörterung kam.

In der Tschechoslowakei gehört Böll zu den meistgelesenen deutschsprachigen Schriftstellern und steht an vierter Stelle hinter Lion Feuchtwanger, Stefan Zweig und Erich Maria Remarque. Ihm folgt in der allerletzten Zeit kein anderer als Karl May, dessen Beliebtheit, auch unter Erwachsenen, von den Winnetou-Filmen angeregt wurde. Diese Gesellschaft ist gewiß etwas überraschend, doch ist sie weder künstlich noch zufällig zustande gekommen. Ihre Zusammenstellung spiegelt nämlich ziemlich genau die Bedürfnisse breiter Schichten von tschechischen und slowakischen Lesern wider und zugleich die Möglichkeit der Erfüllung dieser Bedürfnisse. Sie zeugt von der Sehnsucht, Menschenschicksale verschiedener Völker und Zeiten mitzuerleben, an ihren Erfahrungen beteiligt zu sein und den Hauch der großen Welt jenseits der Landesgrenzen und des heutigen Tages mitzuspüren, und zwar dort, wo dies auf eine verhältnismäßig leicht zugängliche Art, doch auf einem gewissen Bildungsniveau zu haben ist.

Diese Konstellation ist in den Jahren entstanden, wo die einheimische und von anderen sozialistischen Ländern importierte Literatur diese unartikulierten Bedürfnisse der Leser nur in geringem Maße befriedigte, da sie, auf politisch didaktische Wirkungen berechnet, das Rezeptionsvermögen der breitesten, an den Umgang mit Literatur noch kaum gewöhnten Massen zum Kriterium hatte und immer mehr ins Schematische und Provinzielle verfiel. Von den damals zugänglichen – im doppelten Sinne des Wortes – deutschsprachigen Autoren waren es eben die genannten, die mit Heißhunger aufgegriffen wurden und seither dem Herzen unserer Leser nahe geblieben sind.

Heinrich Böll ist unter ihnen der einzige Repräsentant der zeitgenössischen sit venia verbo bundesrepublikanischen Literatur. Während Lion Feuchtwanger seinen Lesern die Teilnahme an Menschenschicksalen in verschiedenen historischen Epochen und Himmelsstrichen auf eine ziemlich sophisticated Art vermittelt, während sie Stefan Zweig »überzeugend« in die Welt großer Leidenschaften und gekrönter Köpfe einführt, während Erich Maria Remarque sie mit der Illusion der Illusionslosigkeit beschenkt, sie durch die Landschaft unserer Epoche der wohlberechneten Grenze zwischen Zynismus und Sentimentalität entlangführt und sie auf diese Weise als erwachsene Zeitgenossen in sein Vertrauen zieht, ist die Botschaft Heinrich Bölls wesentlich anders. Von der überraschenden Karl-May-Renaissance sei nur soviel gesagt, daß sie unzweifelhaft mit seinen primitiv-makellosen, heroischen, simpel-rechtschaffenen Menschentypen zusammenhängt, die in einer Zeit, wo die Begriffe von Wahrheit und Gerechtigkeit ins Schwanken geraten sind, neue Anziehungskraft erlangten.

Ja, Heinrich Böll vermittelt vor allem Einblicke in das Leben des deutschen Menschen im und nach dem zweiten Weltkrieg, und das ist in unseren Jahren an und für sich ein ständiger Gegenstand eines neugierigen Interesses der Nichtdeutschen, vor allem der Nachbarvölker und ganz besonders derjenigen, die durch Deutschland viel zu leiden hatten. Es darf nämlich nicht vergessen werden, daß man bei uns – und sicher nicht nur bei uns – in der postnazistischen Zeit deutsche Bücher mit der mehr oder weniger bewußten Frage liest, was aus den Deutschen geworden und was von ihnen zu erwarten ist. Dies hat nichts mit Tagespolitik zu tun, sondern ist eine verständliche psychologische Einstellung, auf Grund derer man an deutsche Geistesprodukte a priori anders herangeht als, sagen wir, an französische oder italienische.

Heinrich Böll ist es von allen seinen Schriftstellerkollegen am meisten gelungen, den deutschen Menschen seinen östlichen Nachbarn verständlich, ja sympathisch zu machen. Allerdings ist es der Böllsche Typus des deutschen Menschen, das heißt einer, der zwar ein kleiner, nicht aber ein durchschnittlicher Zeitgenosse ist, denn er ist sich dessen bewußt, daß er in seinem Lande zur Minderheit gehört, zu denen, die, um in Bölls Terminologie zu sprechen, von dem Sakrament des Lammes genossen haben, sich im eigenen Lande nicht ganz zu Hause fühlen und ein Unbehagen in bezug auf die Gegenwart und Zukunft ihrer Gesellschaft nicht loswerden können.

Ein solches Unbehagen jedoch, mutatis mutandis, ist in unseren Jahren sehr verständlich geworden, denn es stellt ein universelles Phänomen dar, da die volle Identifizierung des einzelnen mit seiner Gesellschaft immer schwerer wird. Und so schafft Böll in seinen Einzelgängern, die in ihrer Isolation immer mehr Züge von Sonderlingen annehmen – und so eine urdeutsche Tradition weiterführen –, mit seinem Anhauch von Bitterkeit, die jedoch vor den Mächten des Bösen zu kapitulieren nicht gewillt ist, Sinnbilder, die ihre Zeitgenossen in vieler Herren Ländern brüderlich ansprechen.

Dieser Nähe hat Böll noch eine Brücke gebaut, und zwar mit seiner Sprache. Sein Gefühl der Heimatlosigkeit führte ihn dazu, seine Heimat außer in seinem religiösen Glauben in der Sprache zu sehen, in der gegenwärtigen Umgangsprache. Da er immer wieder mit ihr ringt, bis sie ihn segnet, kann sein Wort leichter auch all diejenigen erreichen, die in anderen Ländern im Grunde dieselbe Sprache nur in anderen Zungen sprechen.

Mit Verwunderung hat Heinrich Böll unlängst festgestellt, daß man sich in Rußland mit seinem Katholizismus mehr befaßt als in der Bundesrepublik. Dies ist, glaube ich, darauf zurückzuführen, daß er sich in diesem Punkt von vielen seiner Leser im Osten, und besonders von denen, die über Literatur schreiben, unterscheidet. Das Abweichen fällt immer mehr auf als das Übereinstimmen.

Außerdem ist man doch neugierig, die Wege der katholischen Inspiration eines bedeutenden modernen Schriftstellers zu ergründen. In diesem Sinne ist Heinrich Böll Botschafter in partibus infidelium. Nicht aber, was den eigentlichen Inhalt seiner Botschaft betrifft. Denn die wird aufgefaßt als ein trotz allen skeptischen Vorbehalten nie aufgegebenes Ringen um Menschlichkeit zu einer Zeit, wo sie selten und schwer erreichbar geworden ist. Und darin sind wir uns über Grenzen einig.

GEORG LUKÁCS
Lob des neunzehnten Jahrhunderts

Theorie wie Kritik der Literatur haben, ausgesprochen oder als implizites Axiom, eine tiefe Verachtung für das 19. Jahrhundert. Hier ist keine ästhetische Polemik dagegen beabsichtigt. Die Ablehnung soll als symptomatische Tatsache akzeptiert und nur in ihren – das Wesen des Menschen betreffenden – Konsequenzen betrachtet werden.

Natürlich darf das 19. Jahrhundert nicht isoliert, schlagwortgemäß erscheinen; seine Existenz war ja auch in der Wirklichkeit keine isolierte. Sein Menschenbild, seine Ethik und seine Ästhetik sind Momente einer historischen Kontinuität: Versuche von Antworten auf Fragen der historischen Kontinuität, unter den besonderen Bedingungen, daß die große Schlacht der Französischen Revolution um die Verwirklichung der Aufklärungsideale bereits geschlagen war, daß ihr Sieg den endgültigen Durchbruch der kapitalistischen Produktion in Europa herbeigeführt hat. Das echte Menschsein blieb zwar als höchster Wert geltend, seine Verwirklichung erfolgte aber nunmehr inmitten einer Wüste, die die entfremdenden gesellschaftlichen Mächte um sie geschaffen hatten, in der der Mensch praktisch als zur Ohnmacht verurteilt erscheinen mußte. Aber der Protest blieb in der Stimme der wahren Repräsentanten des 19. Jahrhunderts doch immer laut vernehmbar.

Die noch dramatischeren Geschehnisse, die auf die Jahrhundertwende folgten, haben das Weltbild radikal verändert. Wenn man authentischen Interpreten glauben darf, so ist ein radikal Neues entstanden, das sämtliche Lebensäußerungen der Menschen von oben bis unten, von unten bis oben ins Gegenteile umgekrempelt hat. Diese Wandlung erschien derart überwältigend, daß alle bisherigen Kategorien des menschlichen Daseins zunichte wurden, daß man auch die Vergangenheit im Lichte des neu entdeckten Weltbilds zu sehen sich gezwungen fühlte.

Der überaus geistvolle Jan Kott hat in suggestiver Weise auch bei Shakespeare die Kategorien des Daseins nach Auschwitz, angesichts der Atombombe entdeckt. – Dazu mußte freilich aus dem Krieg der Rosen, der faktisch das moderne England entstehen ließ, kraft der neuen, der »ewigen« Condition humaine eine Art der Hitlerei gemodelt werden. – Wie dem auch sei, Kott hat scharfsinnig erkannt, daß es in einer solchen Welt keine Charaktere mehr gibt, daß die Tragik vom Absurden verdrängt wurde. Und da Kott ein folgerichtiger Denker ist, bleibt er bei dem Formal-Ästhetischen nicht stehen, sondern geht im Verallgemeinern konsequent weiter: »Das Absolute ist mit keinen letzten Gründen begabt. Es ist lediglich stärker. Das Absolute ist absurd.« Daß sich dazu der Mensch der so begrabenen – vorabsurden – Vergangenheit wieder melden und sagen muß, daß Kotts Shakespeare ein Shakespeare ohne Horatio und Brutus ist, daß im Lear keineswegs beide Wertordnungen, die des Mittelalters und der Renaissance, zerbrechen, sondern im Gegenteil in der Sturmszene, in Lears neuen Einsichten die englische Renaissance über sich hinauswächst, tut nichts zur Sache.

Nämlich zur Sache dieses Bildes von heute: des Absurden als unwiderstehlicher Weltmacht, als absoluter Gehaltlosigkeit aller Mächte, die das Leben der Menschen bestimmen. Auschwitz und die Atombombe sind wichtige Aufschriften, überzeugende Rechtfertigungen für ein Verhalten dieser Art: was es wirklich ist, muß sich allerdings im Alltag bewahrheiten und bewähren.

Das geschieht auch immer und überall. Dabei verwandelt sich jedoch unversehens die drohende Absurdität als Absolutes in eine allseitige, komfortable Manipulierbarkeit des Alltagslebens. Im Schatten von Auschwitz und der Atombombe lebt der Mensch ein wohlgehütetes Alltagsleben. Er wird dabei von einem ungeheuren Manipulationsapparat, der freilich auch für Auschwitz und Atombombe ebenso nötig war, sorgsam betreut und mit sanfter Unwiderstehlichkeit bevormundet. Vom körperlichen Sein bis zum öffentlichen Leben dehnt sich dieses grenzenlose Gefüge aus, und ein Widerstand dagegen wäre nach der herrschenden Lehre einfach lächerlich. Manipuliertwerden ist eben unsere Condition humaine. Der Apparat sorgt dabei für das Geistige und Moralische ebenso wie für das

Körperliche; er ist in seiner Totalität massenhaft, wendet sich aber stets an jeden einzelnen Menschen gerade in seiner Einzelheit. Das Haarwasser Mr. L. besorgt einem jeden seiner Gebraucher zwei schöne Frauen, die vom männlichen Geruch hingerissen ihn anbeten; die Gauloise-Zigarette bringt in ihm überlegene Lebensweisheit hervor usw. usw. Und so geht es, bis zum Apparat, der Staat und Gesellschaft manipuliert. Man kann beim Verhalten zu ihm ebenso komfortabel wie beim Haarwasser zwischen verschiedenen Marken wählen. Man kann sich begeisterungsfähig von einer »Wahllokomotive« mitschleppen lassen, oder man kann einsam auf den Zinnen einer extremen Opposition stehen, alles Vorhandene vernichtend kritisieren – vorausgesetzt, daß man als wohlerzogen-zeitgemäßer konformistischer Nonkonformist nie mit einer Äußerung Sand in die Manipulationsmaschine streut. Die entideologisierte Allgemeinheit – ein politisch-soziales Äquivalent für die ästhetische Absurdität – hat einen ebenso großen Spielraum für diese Praxis wie die Speisekarte in einem guten Restaurant.

Mit Ausnahme der bildenden Kunst, wo zu große kapitalistische Interessen investiert sind, um Meinungsspielräume dulden zu können, beherrscht dieser allmächtige entideologisierte Komfort mit leichter Hand die glatt funktionierende Welt der Absurdität. So entstehen auf allen, früher ideologisch genannten Gebieten wechselnde Formen der »großen Koalition«: das Reduzieren einer jeden Opposition auf eine praktisch ohnmächtige Respektabilität. Man nehme etwa Religion und Atheismus. Sir Julian Huxley lobt den so modern geschulten theologischen Manipulator Teilhard de Chardin, dem es gelang, in eine – wissenschaftlich allerdings völlig irreale – Physik Christus als Prinzip X hineinzumanipulieren: er hätte dem religiös Gesinnten die diesseitige Welt religiös schmackhaft gemacht und den materialistisch Eingestellten die Möglichkeit genommen, die spirituellen Erfahrungen, dem religiösen Gefühl Wichtigkeit abzuerkennen. Wenn ich noch hinzufüge, daß der bekannte Physiker Pasqual Jordan uns gelehrt hat, in der Entropie das physikalische Spiegelbild oder den physikalischen Unterbau der Erbsünde zu erkennen, so ist das Bild einer wechselseitig wohlgeordneten Respektabilität von Naturwissenschaften und Christentum voll abgerundet.

In einer nicht so vollendet manipulierten Welt wäre damit jeder Atheismus geistig diffamiert. Davon ist jedoch, was die kompetenten Zeitgenossen betrifft, keine Rede. Der Atheismus der manipulierten Gesellschaft ist ebenfalls respektabel geworden, und es finden sich sogar Marxisten, die ihrerseits bei Teilhard de Chardin eine Annäherung der Theologie an ihre eigene Weltanschauung begrüßen. Wenn sie dabei die Teilhards an den Neopositivismus meinten, hätten sie nicht einmal unrecht – aber ist für den Marxismus auch dieser nicht eine gegnerische Weltanschauung? Jedenfalls ist in angesehenen Kreisen die Tendenz zum Zusammenmanipulieren aller Gegensätze die dominierende. Wenn jedoch Böll aus einem katholischen Autor zustimmend zitiert, daß die »Betriebsführung« der katholischen Kirche gleich hinter »Standard Oil« den zweiten Platz einnimmt, so hat er das wohl kaum als Lob gemeint.

Das 19. Jahrhundert sah in ähnlichen Fällen Widersprüche, Gegensätze, ja unlösbare Konflikte. Ich berufe mich dabei nicht auf Marxisten oder Atheisten, sondern auf Dostojewski und Tolstoi. Die Legende vom Großinquisitor zeigt gerade den unüberbrückbaren Abgrund zwischen dem Verhalten Jesu zum Leben und dem der normalen christlichen Lebensführung von heute. – Hier berührt sich Dostojewski sehr eng mit Kierkegaard. – Die intellektuell-moralischen Tragödien – Tragödien und nicht Relevationen des Absurden – von Stawrogin, Kirilow, Iwan Karamasow und anderen spielen sich ausnahmslos in der Atmosphäre von Situationen der Wahl und der Entscheidung ab, in Situationen, die den Menschen insofern mit sich selbst konfrontieren, als seine Wahl darüber entscheidet, ob er in ihr sich selbst findet oder sich selbst verliert.

Damit befinden wir uns mitten in der – so tief verachteten – Problematik des 19. Jahrhunderts. Das Zerschlagen der feudalen, der ständischen Gesellschaft hat die Individualität des Menschen für ihn selbst freigesetzt, aber zugleich zur Aufgabe gemacht. Worum es hier geht, hat Ibsen in ›Peer Gynt‹ in plastischer Allgemeinheit ausgesprochen. Der Dovre-Alte stellt die Frage, was der Unterschied zwischen Mensch und Troll sei. Die Antwort ist einfach: der Mensch wird Mensch, indem er selbst sein will; der Troll lehnt dieses Sollen, ein jedes Sollen ab: er ist sich selbst genug. Jahrzehnte später im ›Rosmersholm‹ taucht dieselbe Frage prosaischer auf. Die Allmächtigkeit des Politikers Peder Mortensgård wird ironisch in den Himmel gehoben: er kann alles, was er will, denn er will nie mehr, als was er kann. Er ist sich selbst genug. Er ist kein Mensch, er ist ein Troll.

Dahinter steht ein höchst einfacher Tatbestand. Jeder Mensch ist zwar für sich selbst unmittelbar eine unaufhebbare Gegebenheit, nämlich er selbst als partikularer Mensch, als naturhaft-gesellschaftliche Einzelheit. Will er aber als das, was er wirklich ist, existieren, nicht bloß als eine unmittelbare Gegebenheit seiner selbst, also – menschlich gesprochen – zugleich als seiend und nicht seiend, als ein Sein von bloßen Möglichkeiten, so muß er den Sprung von der bloßen Unmittelbarkeit des Trollseins zum echten Menschsein wagen und vollziehen. Das ist, aufs Allerallgemeinste reduziert, das große Thema des 19. Jahrhunderts. In dieser Allgemeinheit gilt es für den ›Wilhelm Meister‹, für die ›Verlorenen Illusionen‹ nicht mehr und nicht weniger als für ›Auferstehung‹ oder für ›Hans im Glück‹.

Die Manipulationsphilosophie weiß alles; folglich auch dies. Und sie hat sogar – ausgerechnet als eine Anleihe aus Marx – eine treffende Kennmarke dieser Problemlage lanciert. Natürlich wird die zum Modeschlagwort gewordene Entfremdung gemeint. Sie ist bereits in den großen Manipulationskreislauf eingefügt und funktioniert bei der Gauloise-Zigarette nicht weniger exakt als bei dem inneren Verhalten zu Auschwitz. Die Manipulationsphilosophie hat die Entfremdung natürlich, wie alles, »vertieft«. Sie ist nicht mehr die konkrete Entfremdung des Menschen von sich selbst, die aus der konkreten Wechselwirkung seiner konkreten menschlichen Möglichkeiten zu den ebenfalls konkreten Möglichkeiten, die sein jeweiliges gesellschaftliches Sein ihm zuweist, real entsprungen ist, sondern ist ebenfalls eine überzeitliche Condition humaine, einerlei, ob sie als »Geworfenheit« oder sonstwie manipuliert-mythisch entsteht. Der Unterschied ist wieder, ob die Komponenten der Konfrontation reale sind: reale Kräfte, Tendenzen, Möglichkeiten usw. des Lebens in der Gesellschaft, ob der Mensch in dieser Arbeit des Lebens an sich selbst zur Selbstformung gelangen oder dem Geformtwerden der unwiderstehlichen Manipulation verfallen wird: ob er dann in jeder Sinnlosigkeit, wenn sie nur resolut sinnlos ist, einen kulinarischen Selbstgenuß finden kann. So entsteht unser großes Panoptikum der absurden Trollwelt von der »action gratuite« Gides bis zur »Tiefe« des Nihil Becketts.

Die Grundlage bleibt immer, daß jeder Kampf, jeder Konflikt seinen Sinn verloren hat, entideologisiert wurde und damit die Kraft eingebüßt hat, auf das Menschenleben, wenn auch durch Tragödien hindurch, sinngebend, gattungsformend einzuwirken. Sind wir also nicht in einem mit allen raffinierten Tricks der Seelenmanipulation ausgestatteten Paradies des Alleskonsumierens, des Gehlenschen Endes der Geschichte angelangt? Ich glaube: doch nicht, oder wenigstens doch nicht vollständig. Ökonomie und Politik wirken zwar spontan in der Richtung auf eine Panmanipulation. Es fragt sich nur: Wie lange? wann und wie der Umschlagspunkt erreicht wird? Und auch der geistige wie der soziale Apparat weist doch immer wieder Löcher auf.

Wie bis jetzt sei auch im folgenden von Literatur die Rede. Daß Ökonomie und Gesellschaft heute entfremdend wirken, kann – objektiv – weder gedanklich noch institutionell aufgehoben werden. Wohl aber kann, auch heute, jeder Mensch jederzeit erklären: Ich mache *meine eigene* Entfremdung nicht mehr mit, auch wenn ich dabei tragisch untergehe, was freilich objektiv auch nicht ein fatales Schicksal ist. Und immer wieder tauchen bei bedeutenden Schriftstellern unserer Tage Gestaltungen auf, die in dieser Weise die Entfremdung, die Manipulation, die Entideologisierung kündigen und den Weg zum Wieder-Mensch-Werden des Menschen antreten. Man denke an den späten O'Neil, an das Ende der Laufbahn Thomas Wolfes, ›You Can't Go Home Again‹, an Styrons ›Set This House on Fire‹, an Elsa Morantes ›Lüge und Zauberei‹, an Sempruns ›Große Reise‹, an Hochhuths ›Berliner Antigone‹ usw. usw. Nichts erinnert in den meisten Werken dieser Art an die schriftstellerische Technik des 19. Jahrhunderts. »Nur« die Kleinigkeit, daß die so gestalteten Menschen, indem sie in ihrem eigenen Leben sich von der Macht der Entfremdung lossagen, auch innerlich den Kampf des Menschen gegen seine Trollhaftigkeit, den Kampf des Menschseins, der Menschengattung gegen die bloß unmittelbare Partikularität aufnehmen.

Ich hoffe, Heinrich Böll wird es einem alten Mann nicht übelnehmen, daß er von solchen tief veralteten Erwägungen ausgehend mit seinem Schaffen sympathisiert.

Der »sinnlose« Schuß einer Verrückten, mit dem ›Billard um halbzehn‹ endet, ist eine der wenigen menschlich echten Bewältigungen der faschistischen Vergangenheit in Deutschland, gerade weil in diesem Bewältigungsversuch auch die Vorgeschichte und die Nachgeschichte Hitlers mitgemeint ist.

Ich protestierte als philosophischer Materialist gegen eine theoretische Versöhnung mit Christus als Prinzip X, ich betrachte aber jeden, der sich weigert, sich vor dem »Sakrament des Büffels« zu beugen, der dem »Sakrament des Lamms« praktisch die Treue hält, als Verbündeten in jenem großen Kampf, der für das Menschbleiben, für das Menschwerden des Menschen noch ausgefochten werden muß.

Es hieße die Leser unseres Buches unterschätzen, wollte sein Herausgeber versuchen, die Anmerkungen und Kommentare der zweiundvierzig Autoren noch seinerseits mit Anmerkungen und Kommentaren zu versehen: Diese Ansichten und Einsichten in Sachen Böll sprechen, glaube ich, für sich und bedürfen somit keinerlei Erläuterung. Und eines Resümees?

Gewiß weisen viele der hier vereinten Arbeiten, so verschieden sie auch sind, Gedanken und Thesen auf, die sich auf einen oder doch auf mehrere gemeinsame Nenner bringen lassen. Die Sammlung mag diese oder jene Folgerungen nahelegen, aus dem Ganzen könnte man wohl die Summe ziehen, eine handliche Zusammenfassung ist durchaus denkbar.

Aber ich werde mich hüten, mit einem solchen Resümee aufzuwarten: Es wäre mit dem, was dieser Band erreichen möchte, unvereinbar. Doch mag es nicht ganz überflüssig sein, über seine Entstehung und über das Ziel, das mir vorschwebte, einige Worte zu sagen.

Am 21. Dezember 1967 wurde Heinrich Böll fünfzig Jahre alt. Dieses Faktum hat das vorliegende Buch angeregt und ermöglicht. Aber der Geburtstag hat nicht seine Art bestimmt: Denn es will Böll, soviel wir ihm auch zu verdanken haben, weder würdigen noch feiern oder rühmen. Es stellt sich vielmehr eine andere Aufgabe, die ungleich wichtiger und dringlicher zu sein scheint.

»Wenn ein großes Meisterwerk Erfolg hat«, schrieb Kurt Tucholsky, »so kann man in neunzig Fällen von hundert darauf schwören, daß sich das Publikum aus dem Ding etwas zurechtgemacht hat, das nur noch gerade die äußeren Umrisse mit dem ursprünglichen gemein hat. Es gibt einen Publikumshamlet, einen Publikumsbeethoven, einen Publikumsrembrandt...«

Der junge Tucholsky – die Äußerung stammt aus einem Feuilleton vom Jahre 1919 – spielt damit auf eine uralte Erkenntnis und Erfahrung an: Die Kunst ist immer Mißverständnissen und Mißdeutungen ausgesetzt; sie waren und sind unvermeidbar. Und Werke, die jeglichen Mißbrauch von vornherein ausschalten, lassen sich schwer vorstellen und sind auch nicht wünschenswert: Sie müßten armselig sein und sich wohl eher an der Grenze der Kunst befinden.

Wenn sich jedoch oft die Objekte, die allgemein geliebt und geschätzt werden und große Popularität genießen, im Grunde von dem mehr oder weniger unterscheiden, was der Künstler tatsächlich geschaffen hat, so ist dies gewiß nicht nur dem Publikum zuzuschreiben, sondern auch und vor allem dem Einfluß jener, die sich um die Vermittlung der Kunst und um ihre Rezeption bemühen – also unter anderem dem Einfluß der Kritiker.

Sie haben das Recht und die Pflicht, das Kunstwerk zu verdeutlichen; sie tun es seit Jahrhunderten, obwohl sie natürlich wissen, daß derartige Versuche der Verdeutlichung fast immer auf die Einengung, Vergröberung und Verflachung dessen hinauslaufen, was der Künstler gewollt und geleistet hat. Sie suchen und liefern Formeln, die den Gegenstand der Betrachtung begreiflich und erfaßbar machen sollen, obwohl sie doch wissen, daß sich angesichts des lebendigen Kunstwerks die Formeln letztlich als ohnmächtig erweisen. Die Kritik, schrieb Robert Musil, sei eine »Übersetzung des teilweise Irrationalen ins Rationale«, die allerdings nie völlig gelingen könne: »Aber was Vereinfachung, Auszug, ja Auslaugung ist, hat zugleich mit den Nachteilen auch die allseitige Beweglichkeit und den großen Umfang der Verstandesbeziehungen. So ist sie ein Weniger und ein Mehr ...«

Wer sich also um die Verbreitung der Kunst bemüht, trägt, wie sehr er es auch vermeiden möchte und wie sehr ihm davor grauen mag, zu Klischeevorstellungen des Publikums bei, das sich nicht nur, um bei Tucholskys Formulierung zu bleiben, »aus dem Ding etwas zurechtgemacht hat«, sondern dem auch aus dem Ding etwas zurechtgemacht wird. Und je stärker das Echo, dessen sich ein Künstler oder Schriftsteller erfreut, desto zahlreicher und intensiver die Versuche, ihn einzuordnen und einzustufen, wenn nicht gar abzustempeln und zu etikettieren.

Aber eben weil die Kritik, auch die auf hohem Niveau, Klischeevorstellungen des Publikums begünstigen kann und bisweilen sogar begünstigen muß, ist sie zugleich berufen, ihnen bei jeder sich bietenden Gelegenheit entgegenzuwirken. Die Kritik ist ein Prozeß, der stets zwischen Vertrauen und Mißtrauen schwankt: wie der These die Antithese folgt und dem Spruch der Widerspruch, so der Vision die Revision.

In unseren Tagen hat die Gefahr, die jegliche Kunstrezeption bedroht, ihre Aktualität nicht eingebüßt. Im Gegenteil: Im Zeitalter des Fernsehens, des Films und des Rundfunks, der Illustrierten und der Werbung werden Künstler und Schriftsteller schneller denn je bekannt und berühmt, und sie sehen sich andererseits schneller denn je unzähligen Mißverständnissen ausgesetzt.

Das gilt auch für Heinrich Böll. In verhältnismäßig kurzer Zeit haben seine Romane und Geschichten Millionen von Lesern in beiden Teilen Deutschlands, weitere Millionen in der Sowjetunion und zumindest Hunderttausende in nahezu allen zivilisierten Ländern des Erdballs gefunden. Sein Werk vermochte sich über alle sprachlichen und nationalen, politischen und religiösen Schranken hinwegzusetzen und sogar dort zu wirken, wo das Publikum bisher nicht die geringste Vorstellung von der Stadt Köln hatte und vielleicht auch keine von der Bundesrepublik Deutschland.

Ein so außergewöhnlicher Erfolg in so unterschiedlichen Kulturkreisen und Welten hat natürlich besondere Ursachen und Gründe, die sich oft schwer ermitteln lassen und die nicht nur erfreulich zu sein brauchen. Denn es ist nicht ausgeschlossen, daß dem Erzähler Böll, ähnlich wie manchen anderen berühmten Schriftstellern unseres Jahrhunderts, die Schwächen und Makel seines Werks fast noch mehr Bewunderung eingebracht haben als die starken Seiten seines Talents. Und in der Regel hängen mit einem solchen Erfolg auch allerlei Mißverständnisse und Irrtümer, Mißdeutungen und Vorurteile zusammen. Ihnen gilt es entgegenzutreten.

Wer aber dem bewußten oder unbewußten Mißbrauch eines Künstlers und den Klischeevorstellungen, die sich um ihn gebildet haben, begegnen will, tut gut daran, sich vor allem an sein Werk zu halten. So möchte das vorliegende Buch in erster Linie klären und aufhellen: Es versucht, die Eigenart Bölls zu erkunden und zu beschreiben. Die Autoren nehmen seine Prosa beim Wort und setzen sie dem zweiten Blick aus. Seine Bücher werden beklopft und kritisch betrachtet, charakterisiert und interpretiert, befragt und angezweifelt.

Naturgemäß sind es zunächst die Literaturwissenschaftler, die Germanisten und die Kritiker, die sich hier äußern. Zugleich schreiben über Böll seine Kollegen, die Schriftsteller, ältere ebenso wie jüngere. Da aber sein Werk ein Phänomen ist, dessen Ursachen und Wirkungen besonders weit über das Literarische hinausgehen, wird es in diesem Buch auch von Philosophen, Soziologen und politischen Publizisten untersucht, die es aus ihrer Sicht behandeln.

Schon dem Inhaltsverzeichnis kann man entnehmen, daß in unserem Band Mitarbeiter zu Worte kommen, die nicht nur verschiedene Generationen, sondern auch verschiedene Anschauungen und Richtungen repräsentieren. Doch ging es nicht etwa um eine wie auch immer verstandene Vollständigkeit, wohl aber um die Vielfalt der Positionen und Gesichtspunkte, der Methoden und Stile.

Die Anlage und die Grenzen der Sammlung ließen es zwar ratsam erscheinen, sich auf Autoren aus der deutschsprachigen Welt zu beschränken, aber andererseits war es um des hier gestellten Zieles willen undenkbar, auf die Mitwirkung ausländischer Wissenschaftler ganz zu verzichten. So finden sich in diesem Band Beiträge von Cesare Cases (Rom), Eduard Goldstücker (Prag), Gustav Korlén (Stockholm), Georg Lukács (Budapest) und Roy Pascal (Brimingham).

Die Gliederung des Buches und die Reihenfolge, in der die Aufsätze geboten werden, richten sich lediglich nach thematischen Kriterien.

Fast immer steht im Vordergrund die auf einen bestimmten Aspekt oder auf einen klar umgrenzten Ausschnitt konzentrierte Betrachtung, die dicht am Gegenstand bleibende Einzelanalyse. Aber erneut zeigt sich, daß wer von einer seiner Arbeiten spricht, meist – ob er es ausdrücklich betont oder nicht – den ganzen Böll im Sinn hat. Und das ist durchaus legitim. Denn mag auch Böll nichts Vollkommenes geschrieben haben, so ist er doch in jedem seiner Werke vollkommen zu finden. Von keinem deutschen Schriftsteller unserer Zeit kann wohl mit gleichem Recht gesagt werden, daß alle seine Arbeiten, die großen und die kleinen, die zentralen und die peripheren, die gelungenen und die mißglückten, Fragmente einer einzigen Konfession sind.

Freilich ergeben die hier vereinten Aufsätze kein einheitliches Bild des Schriftstellers Böll. Sie weisen sogar zahlreiche Divergenzen, Gegensätze und Widersprüche auf. Das hat mich, offen gesagt, nicht im geringsten gestört oder betrübt. Ein homogenes oder gar ein harmonisches Porträt wäre mit Sicherheit ein falsches gewesen.

Und an nichts war weniger gedacht als an ein Rezept für die Böll-Deutung oder an eine Gebrauchsanweisung für die Böll-Leser. Vielmehr zeigt die Sammlung, daß es verschiedene Möglichkeiten gibt, sein Werk zu sehen und zu begreifen, und daß sich diese Möglichkeiten nicht gegenseitig ausschließen müssen.

So mag das vorliegende Buch verstanden werden nicht nur als ein kritisches Plädoyer für Heinrich Böll, der dem Amt des Schriftstellers in Deutschland eine neue Würde zu verleihen vermochte, sondern auch als ein Bekenntnis zur Toleranz in Sachen Literatur.

MARCEL REICH-RANICKI

Hamburg, Ende Januar 1968

Wie sich die deutsche Literatur in den 60er Jahren mit der Herausforderung durch ein neues Krisenbewußtsein auseinandersetzte, dokumentiert der von Renate Matthaei herausgegebene Band »Grenzverschiebung. Neue Tendenzen in der deutschen Literatur der 60er Jahre«, der Textbeispiele, bio-bibliographische Daten, Statements, Fotos, Illustrationen und Kritiken zum Werk folgender Autoren bringt: Artmann, Bayer, Becker, Bense, Bernhard, Bichsel, Born, Brandner, Bremer, Brinkmann, Brock, Chotjewitz, Delius, Elsner, Fichte, Fried, Frischmuth, Fröhlich, Grominger, von der Grün, Handke, Harig, Heißenbüttel, Herburger, Jandl, Jonke, Jelinek, Karsunke, Kriwet, Lettau, Mayröcker, Mon, Novak, Rasp, Rühm, Roggenbuck, Rot, Runge, Spoerri, Wallraff, Weiss, Wellershoff, Wiener, Wolf, Wondratschek. »Grenzverschiebung« enthält außerdem Beiträge zu »Theorie und Programm« der Literatur der 60er Jahre von: Helmut Heißenbüttel, der Gruppe 61, Dieter Wellershoff, Franz Mon, Reinhard Baumgart, Max Bense, Hans Magnus Enzensberger, Peter Schneider.

Grenzverschiebung

Neue Tendenzen in der deutschen Literatur der 60er Jahre k&w

Herausgegeben und mit einem Vorwort von Renate Matthaei
392 Seiten
Broschur: DM 36,—
mit Fotos der Autoren und Abbildungen

k&w

VERLAG
KIEPENHEUER
& WITSCH

Literatur der Gegenwart

Stefan Andres:
Der Knabe im Brunnen
6 / DM 3,80
Die Dumme
798 / DM 3,80
Die Versuchung des
Synesios. Roman
974 / DM 7,80

H. C. Artmann:
Die Anfangsbuchstaben
der Flagge. Geschichten
sr 85 / DM 2,80
Das im Walde verlorene
Totem
Prosadichtungen
sr 112 / DM 3,80

Horst Bienek:
Nachtstücke
Traumbuch eines
Gefangenen
sr 63 / DM 2,80
Die Zelle. Roman
sr 91 / DM 3,80

Bakunin; eine Invention
sr 121 / DM 3,80

Heinrich Böll:
Der Zug war pünktlich
Erzählung
818 / DM 2,80
Gruppenbild mit Dame
Roman
959 / DM 5,80

Milan Kundera:
Der Scherz. Roman
705 / DM 5,80

Siegfried Lenz:
Deutschstunde. Roman
944 / DM 6,80

Pier Paolo Pasolini:
Teorema
oder Die nackten Füße
sr 95 / DM 3,80

Alexander Solschenizyn:
Ein Tag im Leben des
Iwan Denissowitsch
751 / DM 2,80
Zwischenfall auf dem
Bahnhof Kretschetowka
Erzählungen
857 / DM 2,80

Wladimir Woinowitsch:
Zwei Freunde. Roman
982 / DM 4,80

Das Profil
eines Programms

Belletristik
Romane, Erzählungen, Lyrik, Essays, Hörspiele

Sachbuch
**Kunst, Musik, Augenzeugenberichte, Biographien, Länder,
Reisen, Politik**

dtv junior
**Illustrierte Lesebücher, Sach- und Beschäftigungsbücher
für Kinder und Jugendliche**

Wissenschaft
**Sprachwissenschaft, Literaturwissenschaft, Musik, Politik,
Geschichte, Soziologie, Biologie, Physik, Medizin,
Rechtswissenschaft und andere Gebiete**

Nachschlagewerke
**dtv-Lexikon in 20 Bänden, dtv-Lexika der Physik, der Antike,
Weltgeschichte des 20. Jahrhunderts
dtv-Wörterbücher zur Geschichte, Psychologie, Geologie,
Medizin
dtv-Atlanten zur Anatomie, Astronomie, Biologie,
Mathematik, Weltgeschichte**

**Deutscher
Taschenbuch
Verlag**